本成果受到中国人民大学"985 工程"的支持

汉语修辞艺术谈

王漫宇　编著

中国人民公安大学出版社
·北 京·

图书在版编目（CIP）数据

汉语修辞艺术谈/王漫宇编著.—北京：中国人民公安大学出版社，2015.9
ISBN 978-7-5653-2348-5
Ⅰ.①汉… Ⅱ.①王… Ⅲ.①汉语—修辞 Ⅳ.①H15
中国版本图书馆 CIP 数据核字（2015）第 211814 号

汉语修辞艺术谈
王漫宇　编著

出版发行：	中国人民公安大学出版社
地　　址：	北京市西城区木樨地南里
邮政编码：	100038
发　　行：	新华书店
印　　刷：	北京市泰锐印刷有限责任公司
版　　次：	2015 年 9 月第 1 版
印　　次：	2019 年 3 月第 2 次
印　　张：	15.5
开　　本：	787 毫米×1092 毫米　1/16
字　　数：	270 千字
书　　号：	ISBN 978-7-5653-2348-5
定　　价：	48.00 元
网　　址：	www.cppsup.com.cn　www.porclub.com.cn
电子邮箱：	zbs@cppsup.com　zbs@cppsu.edu.cn

营销中心电话：010-83903254
读者服务部电话（门市）：010-83903257
警官读者俱乐部电话（网购、邮购）：010-83903253
教材分社电话：010-83903259

本社图书出现印装质量问题，由本社负责退换
版权所有　侵权必究

序　言

路宝君

中国传媒大学文学院教授，硕士生导师
中国传媒大学语言文学部和广电文学系前副主任
北京市艺术类高校毕业论文设计、授予学士学位
质量检查组前副组长、代组长
北京自修大学前副校长

  《汉语修辞艺术谈》是漫宇老师几十年修辞学研究和写作教学活动的一个有声有色的总结。声，可以听其言说，甚至从中依稀可想见他授业时的表情和手势；色，则是那本副产品——有光有彩的人大学生习作集《"798"一角有架琴》。

  著名的语言学家、一代名师张寿康和王国璋两位先生曾有遗训：作为非语言文学专业的基础课，应把语法修辞和写作这两门学科的教学活动结合起来，构成一个新型的讲授体系。漫宇对此一直遵循恪守，从20世纪80年代中期至今始终进行着艰苦的探索。90年代初以写作为主体，结合语言的规范与艺术的运用，结合自己的语法与修辞的教学实践，编著了一套《作文指南》丛书，共六册：《怎样叙述》、《怎样描写》、《怎样抒情》、《怎样说明》、《怎样议论》、《怎样运用语言》（与付友梅合作），由金盾出版社出版发行。而后经过修辞和写作两科的科学整合，在中国人民大学非中文类专业的课堂上，讲出了一门以语言艺术为主体，让学生感到学习起来有趣有味有益有获的备受好评的课。他不再静态地孤立地讲修辞，而是从青年学生观察和反映生活的心理活动出发，与写作行为的整个过程结合起来，动态地传授修辞理论和修辞知识。

  这与著名的教育家、语言学家、中国现代修辞学的奠基人陈望道先生早年的从教与研究的经历，似乎具有某种程度的偶合性。复旦大学中文系的语言学博士霍四通写道："陈望道后来回忆自己研究修辞学的直接起因，也常说是由于学生不会写文章，可见教学的推动是非常重要的一个因素：'（很多学生）问我文章怎样作，许多翻译文章翻译得很生硬，于是逼我去研究

修辞.'所以,他根据自己在日本所学的知识,先为作文法的课程写了《作文法讲义》,在国内产生了较大的影响,这为他进一步写作修辞学课程讲义《修辞学发凡》积累了一定的经验。"① 或许不妨这样说,漫宇有意无意地也走上了陈望道先生的成功之路。

他的讲稿打破了修辞的老三大块,即炼词、选句、设格,设计了与写作活动相结合的新三大块:其一,锤炼语句讲求三性三美;其二,选用句式讲求灵活多变;其三,情意表达讲究丰富多彩。其中三性与三美:准确性、形象性、生动性;模糊美、声音美、繁简美,所用的概括性词语,乍见似乎令人失望,给人以老生常谈之感,但如果你去听课抑或阅读教材,就会深感教师那种理论结合实际,知识与应用接通的辩证思维,那种别开生面的颇具启示性的独到阐释,真是饶有新意,实用有效啊!而且还注重了修辞和写作学科的综合性的特征,将心理学、逻辑学、美学的有关内容也渗透其间,使写作行为主体在富有文化底蕴和正确的美感价值取向的基石上,既提升了语言鉴赏水平,也造就了语言表达能力。教材在引例的解读和诠释方面也有一个显著特点,就是除以正面例证的条分缕析为其重点之外,也不乏负面例子的精评细改,这种比较修辞学和比较写作学的描写方法的成功运用,确乎有助于增强青年学生有学有识之眼光的亮度。

倘若说起教材的整体框架尚存不甚完美之处,那就是对于修辞与写作活动中的语体问题,缺乏充分的阐述。由于中学阶段的作文教学,在语体知识理论方面往往很少涉及,因而常见学生在写公文时掺进了散文描写的言辞,在交代新闻通讯的时间地点两个要素时又套用上通知格式的语句……诚然,新时代的语体发展,有了融合交叉的趋向,譬如应用语体的文学化,文学语体的应用化等言语现象;但这种结合乃是特意为之的熔铸一体,而并非不明其差异性的生硬拼凑。

这部渗透着教学与研究甘苦的讲稿,得到中国人民大学"985 工程"的大力支持,得以问世,是可喜可贺的。

2014 年 12 月 1 日于南京江宁

---

① 霍四通. 中国现代修辞学的建立:以陈望道《修辞学发凡》考释为中心. 上海人民出版社, 2012.

目　　录

第一章　修辞概说 ……………………………………………………（ 1 ）

  第一节　修辞的含义 …………………………………………………（ 1 ）

  第二节　修辞的原则 …………………………………………………（ 2 ）

    一、适应语境 ………………………………………………………（ 3 ）

    二、适应语体 ………………………………………………………（ 10 ）

  第三节　修辞与其他学科的关系 ……………………………………（ 12 ）

    一、语音是语言的物质形式 ………………………………………（ 12 ）

    二、词汇是修辞不可少的语言材料 ………………………………（ 12 ）

    三、语法是修辞的基础 ……………………………………………（ 12 ）

    四、逻辑也是修辞的基础 …………………………………………（ 14 ）

第二章　锤炼语句讲求"三性"、"三美" ……………………………（ 16 ）

  第一节　准确性 ………………………………………………………（ 16 ）

    一、何谓准确性 ……………………………………………………（ 16 ）

    二、如何做到"准确" ……………………………………………（ 18 ）

  第二节　形象性 ………………………………………………………（ 30 ）

    一、语言形象性的构成 ……………………………………………（ 30 ）

    二、语言形象性的作用 ……………………………………………（ 37 ）

    三、运用中应注意的问题 …………………………………………（ 43 ）

  第三节　生动性 ………………………………………………………（ 44 ）

    一、生动语言的特点 ………………………………………………（ 44 ）

    二、生动语言的构成 ………………………………………………（ 45 ）

    三、生动语言的文学功用 …………………………………………（ 59 ）

  第四节　模糊美 ………………………………………………………（ 62 ）

    一、交际活动需要模糊语言 ………………………………………（ 62 ）

    二、模糊语言的类型 ………………………………………………（ 64 ）

三、模糊语言的表达作用 ………………………………（67）
　　四、模糊语言与晦涩语言的区别 ………………………（70）
第五节　声音美 ……………………………………………（72）
　　一、声音美的特点 ………………………………………（72）
　　二、声音美的构成 ………………………………………（73）
　　三、避免同音拗口 ………………………………………（78）
第六节　繁简美 ……………………………………………（79）
　　一、崇尚简洁，也讲究繁复 ……………………………（79）
　　二、简洁 …………………………………………………（80）
　　三、繁复 …………………………………………………（85）

第三章　选用句式讲求"灵活多变" …………………（90）

第一节　整句、散句 ………………………………………（90）
　　一、整句、散句的特点 …………………………………（90）
　　二、整句 …………………………………………………（91）
　　三、散句 …………………………………………………（96）
　　四、整散句的变换 ………………………………………（98）
第二节　肯定句、否定句 …………………………………（99）
　　一、什么是肯定句、否定句 ……………………………（99）
　　二、否定句的类型 ………………………………………（100）
　　三、否定句的运用与作用 ………………………………（103）
　　四、肯定句否定句的变换 ………………………………（105）
第三节　长句、短句 ………………………………………（106）
　　一、长句 …………………………………………………（106）
　　二、短句 …………………………………………………（108）
　　三、长、短结合 …………………………………………（109）
　　四、长句变短 ……………………………………………（110）
第四节　倒装句 ……………………………………………（111）
　　一、谓语移位 ……………………………………………（111）
　　二、定语移位 ……………………………………………（112）
　　三、状语移位 ……………………………………………（112）
　　四、分句移位 ……………………………………………（116）
第五节　主动句、被动句 …………………………………（117）
　　一、被动句的形式特点 …………………………………（118）

二、被动句的表达作用 …………………………………………（119）
　　三、被动句的运用 ……………………………………………（120）
第六节　省略句 …………………………………………………（122）
　　一、省略句的类型 ……………………………………………（122）
　　二、省略句的表达作用 ………………………………………（124）
　　三、省略句的运用 ……………………………………………（126）
第七节　文言句、新兴句 ………………………………………（126）
　　一、文言句 ……………………………………………………（126）
　　二、新兴句 ……………………………………………………（129）

第四章　情意表达讲究丰富多彩（上） …………………（132）

第一节　抒写——形象鲜明 ……………………………………（133）
　　一、比喻 ………………………………………………………（133）
　　二、借代 ………………………………………………………（144）
　　三、比拟 ………………………………………………………（151）
　　四、夸张 ………………………………………………………（155）
　　五、示现 ………………………………………………………（161）
第二节　形式——优美醒目 ……………………………………（165）
　　一、反复 ………………………………………………………（165）
　　二、对偶 ………………………………………………………（170）
　　三、排比 ………………………………………………………（175）
　　四、顶针 ………………………………………………………（180）
　　五、回环 ………………………………………………………（184）

第五章　情意表达讲究丰富多彩（下） …………………（188）

第三节　语意——突出有力 ……………………………………（188）
　　一、对比 ………………………………………………………（188）
　　二、衬托 ………………………………………………………（193）
　　三、设问 ………………………………………………………（198）
　　四、反问 ………………………………………………………（204）
　　五、层递 ………………………………………………………（209）
第四节　表达——委婉含蓄 ……………………………………（213）
　　一、双关 ………………………………………………………（213）
　　二、反语 ………………………………………………………（217）

三、婉曲 ……………………………………………………（219）
第六章　结合运用，功效倍增 …………………………（223）
　第一节　什么叫"结合运用" ……………………………（223）
　第二节　"结合运用"的形式 ……………………………（224）
　　一、融合式 ………………………………………………（225）
　　二、组合式 ………………………………………………（227）
　　三、混合式 ………………………………………………（228）
　第三节　"结合运用"的功效 ……………………………（230）
　　一、刻画人物的性格 ……………………………………（231）
　　二、揭示事物的内涵 ……………………………………（232）
　　三、抒发丰富的感情 ……………………………………（232）
　　四、创造动人的意境 ……………………………………（233）
　　五、渲染事物的景色 ……………………………………（234）

后记 ………………………………………………………（236）

第一章　修辞概说

第一节　修辞的含义

"修辞"一词，最早见于《易经·乾·文言》中的"修辞立其诚"一句话。经过几千年的语言实践活动，其内涵不断扩大，不断丰富，一直沿用至今。但是，"修辞"的含义是什么？人们的理解和认识却不尽相同。

有人认为，修辞就是指修辞活动。这种看法，大约受"修辞立其诚"的影响。这里把"修辞"视为动宾关系的组合，因此，它指的是修辞活动或行为。如果对修辞只作这样的理解，则容易局限于研究个别现象，不利于建立修辞学的完整体系。

有人认为，"修辞学是美辞学"，修辞是美化语言的。这固然是修辞的功能之一，但修辞的范围、对象及内容却远不止"美化"。例如，科学技术领域和公文事务范围的语言运用，主要不在于如何形象、如何生动，或者音节韵律如何和谐优美，而是着眼于清晰、确切、严谨、有力。"美辞学"这种看法，大大缩小了修辞学研究的范围。许多教科书只讲修辞格的运用，甚至夸大了其作用，而忽视词语、句式的运用以及语体风格的特点，大概与此看法有关。

有人认为，"作文的全般过程为修辞学的过程"。很明显，这是将文章学和修辞学等同起来了。我们知道，任何一篇文章，最后都要借助语言材料和语言手段来完成。但是，文章的构思过程，诸如立意、选材、剪裁、结构、技法等，自有其规律，这与修辞学所揭示的运用语言的规律和方法毕竟不是一回事。这种看法，仍旧没有把修辞学当作独立的一门学科来看待，无形中扩大了修辞学研究的范围，模糊了修辞学研究的任务和对象。那么，修辞的含义究竟是什么呢？我们认为，所谓"修辞"，不外乎有两个含义：

(一) 修辞活动

我们说话或写文章，总要斟酌词语、选练句式、讲求表达的方式方法，或者对篇章进行修饰与调整，以期告知别人、说服别人或者感动别人。这种

◎汉语修辞艺术谈

运用语言手段的种种努力，就是修辞活动。唐代贾岛"推敲"的故事，宋代王安石改定一个"绿"字的故事，欧阳修删繁就简、勇于割爱的故事，都是进行修辞活动的佳话。鲁迅说："正如作文的人，因为不能修辞，于是不能达意。"（《致李桦》）文中的"修辞"，就是指修辞活动。

（二）修辞学

简括地说，修辞学是研究成功的语言交际规律的科学，或者说修辞学是研究如何提高语言的表现力和感染力的科学。具体地说，它的任务在于揭示选用词语、选择句式、讲究修辞方式和修饰调整篇章的规律，从而指导语言的实践。

修辞学研究的对象，不只是书面语表达的艺术，还应包括口语表达的艺术。就书面语而言，它不仅要涉及文艺语体，还要涉及政论、科技、事务等语体。有人只注意书面语体，忽略口语语体；或者在书面语中，只注意文艺语体，而忽视其他语体，这不能不说是一种偏向。其实修辞学所总结的规律，应具有普遍的指导作用。毛泽东要求党政干部"要学点修辞"，这里的"修辞"，当指修辞学而言。

修辞活动和修辞学之间有着密不可分的关系。修辞活动是普遍的、客观的存在的，它是修辞学研究的对象，是修辞学赖以产生、发展的基础。如果没有修辞活动这一客观事实，也就没有修辞学。而修辞学又是修辞活动的理论指导，当人们的修辞活动接受修辞理论的指导时，才会不断提高运用语言的技能技巧，增强语言的表现力量。

修辞活动带有明显的客观性，修辞学则带有明显的主观性。

第二节　修辞的原则

修辞学所归纳的运用语言的规律，带有普遍的指导意义。它虽然源于实践，而一旦上升为理论，再去指导实践的时候，便要受到许多实际条件的制约。例如，用"红活圆实"来描写少年闰土的手，准确而形象，而用以描写被生活折磨得木偶似的中年闰土的手，则万万使不得。"燕山雪花大如席"比喻夸张，是千古名句，若说"广州雪花大如席"，便成了笑话。表现对象（人与环境）变了，语言也应随之而变。正如老舍先生所说："经过一个相当长的时间，我才慢慢地明白过来，原来语言的运用是要看事行事的。我们用什么话语，是决定于我们写什么的。比方说，我们今天要写一篇什么报告，我们就须用简单的、明确的、清楚的语言，不慌不忙，有条有理地去写。光说俏皮话，不会写成一篇好报告。反之，我们要写一篇小说，我们就应当用更活泼、更带感情的语言了。"(老舍《我怎样学习语言》)可见,修辞要看内容,要看文体,它制约着语言的运用及其效果。所以,陈望道先生在《修辞学发凡》里指出:"修辞以适应题旨情境为第一义。"现在有人提出,"得体性"是修辞的最高原则,这是对"题旨情境说"的丰富与发展。其实,任何成功的语言交际,都是在交际环境的制约下,考量交际对象,确定交际内容和目的,进而选择恰当的语言技巧与方法,以求使语言的运用达到"适度",即既无"过",也无"不及"的境界。我们都有这样的经验:话,说得过了头(过度),或者说得不到位(没力度),都难以收到理想的交际效果。要想使语言表达做到"得体",须从以下几个方面入手:

一、适应语境

语境,就是语言环境。它包括的范围比较广泛,凡是制约语言运用的客观与主观条件,都是语境。下面仅就常见的几个方面谈一谈。

(一)场合对运用语言的制约

人们运用语言表情达意,总要受一定的情况和条件(自然的和社会的)的制约。用词造句也好,采用修辞方法也好,一定要注意运用语言的场合,否则,难以达到预期的目的。《文汇报》曾报道过一件事:某新郎新娘举行婚礼的那天,对门邻居家死了人,准备火化。同一天,同一院内,一喜一悲。怎么办?两家都发扬了高风格,互相体谅,各自克制。因为在这种场合下,办喜事的,若是笑语喧哗,喜形于色,必然给死者家属带来强烈刺激;办丧事的,如果哭天喊地,不能自已,也必然给婚礼涂上暗淡的色彩,这是两家人感情上都难以接受的。这件事说明,人们的言行举止要受各种条件,尤其是客观语境和主观心理的制约,我们在修辞的时候,不能不考虑言谈话语如何适度,如何得体。

的确,一些词语,一些修辞方法,孤立地看,很难断定它有怎样的表达效果或者产生怎样的影响。但是,一旦将其置于一定的场合,效果之好坏,便泾渭分明了。例如,"经济搞上去,人口降下来"这一标语,如果写在熙熙攘攘的街头巷尾,或者人员会集的影剧院门口,协调得体,确有宣传教育作用。而有人却偏偏把它写在火葬场入口处的墙上。要知道,这里来来往往的人们,多是死者的亲朋好友,此刻心里最为悲痛,一是无心看,二是即便看了,会作何感想呢?定然会引起反感。因为在这种场合下,标语的内容与场合气氛、人们的心理状态及情感趋向是矛盾的,格格不入。

中国人打招呼往往说"干吗去"、"吃了吗",外国人不习惯,误以为要探寻他人的隐私,或干涉他人的私事。其实这是一些亲切的美好问候。不过，也要看在何时何地说这番话，也不能随意乱用。假如你正去厕所，若问"你干吗去?"你会很尴尬；假如你从厕所出来，若问"你吃了吗?"你将会很难堪，无言以对。并非这些问候的话语不好，而是时间地点不合适，总之，场合不对，它会引起人们不愉快的联想。

以上所述，说明修辞活动考虑场合的必要性。善于修辞的人不仅注意场合，而且还会巧妙地利用某场合（社会的与自然的）来组织语言，进行有力的表达。

我国领导人访问尼泊尔时说，"中尼两国人民的友谊像喜马拉雅山一样万古长存"，利用身边的自然条件，让人感到亲切、真挚。若说"像富士山一样"，那就风马牛不相及了。又如，康有为站在谭嗣同墓前，处于这样一个特别的场合，号啕大哭或默鞠三躬而去，均非康有为之所为。期间，他情系生死之间，材取姓名之中，于是吟出一副对联："复生不复生矣，有为安有为哉!"（"复生"是谭嗣同的字）联中后面的"复生""有为"都是拆词生意，抒发了康有为此时此刻深沉的缅怀、极度的哀伤、无限的愧疚以及难言的无奈，巧妙至极。

据传20世纪50年代初，钱三强、赵九章等好几位科学家外出访问、考察。途中几位老先生为打发时间，便对起了对联。华罗庚说："我上联有了：'三强韩赵魏'。"请大家对下联。大家对不上，他便说出了下联："九章勾股弦"。你看，一语双关，把在场的人物（钱三强和赵九章）以及与之相关的历史、文化都汇集起来，构成了这一绝妙的对联。

充分利用语境（场合）的例子举不胜举，或触景生情，或借景抒情，或借事明理，都是制约中利用，利用中制约的。

（二）注意上下文

"上下文"也是一种语言环境，而且是很重要的语言环境。修辞，为什么要注意上下文意呢？简单地讲，因为一段谈话或一篇文章，都是有机的整体，是语段与语段，句子与句子乃至词语与词语互相制约又互相协调的有机整体。南朝的刘勰就认识到了这一点。他说："夫人之立言，因字而生句，积句而成章，积章而成篇。篇之彪炳，章无疵也；章之明靡，句无玷也；句之清英，字不妄也。振本而末从，知一而万毕矣。"（《文心雕龙·章句》）【人们从事写作，用词连作句，积句组成章，按章再组成篇。通篇写得光彩灿烂，是由于各章节没有瑕疵（毛病）；每个章节写得明白细致，是由于每个句子没有毛病；每个句子写得清新挺拔，是由于每个字都不乱用；这好比摇动根干枝叶也跟着动摇一样，懂得这一基本的道理，各种各样的事例都可以概括进去了。】看来，由字到篇的各个组成部分，从形式到意义，都有互相制约的关系。因此，选炼词语，调整句式，择取修辞方法，就不能局限在某个句子的范围之内加以推敲，还应同整篇、整段以及其他语句所表达的意思联系起来，加以权衡，才能使它们各得其所，各尽其能。

1. 从篇章着眼，加以调整

诗人李瑛的《滔滔涅瓦河·寄红场》一诗，初稿开头是这样写的：

> 初冬的北京：星繁。菊黄。/我漫步在天安门广场上。

接着描述的是莫斯科红场，不同历史时期的不同景象。假如不从全诗着眼，很难说这两行诗有什么毛病。而从全诗所描写的内容和所表达的感情来看，这两行诗没有存留的价值，定稿时删掉了。又如西江月的《自度曲·丁香花》初稿为：

> 【晨起散步天气新，】白紫丁香紧相邻【。】（,）【百花丛中独一族，】花开卓不群。白【然然】（蒙蒙）一片轻如雾，紫莹莹一团暗似云。清风送来无影香，不【能】（可）触，只【可】（能）闻。淡淡飘来无复有，浓浓袭来浸满身。都说那美酒莫过杏花村，殊不知，【树】（花）下醉倒了赏花人。（【】表示删除，()表示新增）。

定稿为：

> 白紫丁香紧相邻，花开卓不群。白蒙蒙一片轻如雾，紫莹莹一团暗似云。清风送来无影香，不可触，只能闻。淡淡飘来无复有，浓浓袭来浸满身。都说那美酒莫过杏花村，殊不知，花下醉倒了赏花人。

定稿比初稿简约、明晰。删除开头一句是对的，因为作者所描写的不是特指的"晨起散步"所看到的丁香花，而是写白、紫丁香花紧相邻所展现的有别于其他的美的状态，以及作者此时看到这一状态时的特殊感受。

2. 从段落着眼，加以调整

例如，杨朔在《雪浪花》一文里的一处修改：

> 老泰山……大声对我笑着说："瞧我磨的剪子，多快。你想剪天上的云霞，做一床天大的被，也剪得动。"
>
> 西天上正飞着一片金光灿烂的晚霞，把老泰山的脸映得红彤彤的。

定稿时，作者将"飞"字改成"铺"字。这个"飞"字不是很生动形象吗？诚然，只就这一句话来看，不能说它不生动形象，但与上段所描绘的情景联系起来，不难看出"飞"字用得并不恰当，换成"铺"字才好。虽然上段并没有明确指出云霞是飞动的还是静止的，但老泰山的话，已暗示出是"静态"的云霞了。因为，只有当晚霞处在薄而静的状态时，才会呈现出五光十色锦缎般的样子，而只有这种样子，才能诱发出剪下来做成漂亮的被子的想象，以此夸耀自己的手艺。既然如此，换成动态感不强而又形象的"铺"字，才能使上下文描写一致，语意贯通。

3. 从语句着眼，加以调整

除了关照段与段之间的关系外，还应进一步着眼于语句之间的意义联系，加以推敲、调整。例如，鲁迅在《坟·题记》里，初稿写道：

　　我的可恶有时自己也觉得，即如我的戒酒，吃鱼肝油，以望延长我的生命，倒不是为了我的爱人，大大半是为了我的敌人……

"倒不是为了我的爱人"与"大大半是为了我的敌人"配合起来，语意不明晰。既然"不是……"，又说"大大半是……"，那么，"小小半"是为了谁呢？语意不连贯，欠周严。因此，定稿改为：

　　"倒不尽是为了我的爱人，大大半乃是为了我的敌人。"

这就把延长生命有"为爱人"的一面，而更重要的是与论敌继续斗争的意思，表达得清晰严谨，无懈可击。再如《自度曲·丁香花》的"百花丛中独一族"，与后一句"花开卓不群"的语意重复，删掉使表意更为简洁、突出。

总之，正如老舍先生所说的，讲话或者写文章，"其中的语言都是原原本本的，像清鲜的流水似的，一句连着一句，一节跟着一节……"（老舍《我怎样学习语言》）它是一个完整的机体，修辞不能不注意上下文意。

（三）服从题旨

所谓题旨，就是所表述的内容和所期望达到的目的。语言是信息的载体，也是情感的载体。这与运送货物和传递情报相类似，人们总是根据货物的性质、情报的缓急以及供需的要求而选择交通工具的。运用语言传递信息和情感，也有一个根据表达内容和目的而选择语言材料和语言手段的问题。从语言交际的实际来看，不论斟酌词语，还是调整句式，或者采用修辞方法，只有当所用的语言艺术手段与为一定的目的而表达的思想内容相适切的时候，才能让人家看得明白，看得有趣，进而引起情感的共鸣。总之，题旨决定语言艺术手段，不同的题旨要求不同的语言艺术手段与之相适应，这是不言而喻的。

古人讲"情欲信，辞欲巧。"（《礼记·表记》）真实的情感与语言艺术手段和谐统一，才能获得良好的表达效果。即使借助的物象一样，采用的修辞方法也相同，但由于题旨各异，其效果也迥然不同。例如，朱自清在《荷塘月色》里描写荷花，用了比喻；而孙犁在《荷花淀》里也描写荷花，也用了比喻。但是，朱自清用色彩素雅而姿态娇美的事物设喻来描绘荷花的形象，给人以优美的感受；孙犁却择取了牢不可破和勇敢机敏的喻体，来描绘荷叶荷箭有力挺起的形象，给人以壮美的感受。虽然对象和方法类似，但效果却如此不同，题旨不同使之然。前者寄托了作者的憧憬，是对黑暗现实的否定；后者写出了战场上的人物感受，是抗日情怀的抒发。可见，任何技巧方法，都是为内容和目的服务的，修辞的艺术也不例外。我们应力避不顾题旨而醉心于方法技巧的毛病。否则，言不及义或华而不实，令人生厌。

正因为如此，我们的写作或谈话，首先一定要确定"题旨"，不然，语言的运用就会陷入盲目。例如，汶川大地震时，一位记者随机采访一位正在救人的解放军战士，对话如下：

记者：您辛苦了。

战士：不辛苦。

记者：您什么时候到这里的？

战士：前几天。

记者：这都是咱们的军车吧？

战士：是。

记者：有多少辆？

战士：不知道。

记者：听说你们要转到别的地方去？

战士：不知道。

记者：还回来吗？

战士：不知道。服从命令。

记者：谢谢！

时间就是生命，在抢救生命的紧急时刻，记者的这番聊大天似的问话，随心所欲，杂而乱，主旨是什么呢？不清楚。在那个宝贵而紧张的时刻，这一采访，会令人不快的。

（四）考虑对象

我们说话，是给别人听的，我们写文章，是给别人读的。不为听、读者的说、写活动，是没有多大意义的。因此，说写者总是希望他的接收对象明白自己的意思，理解自己的感情，换句话说，就是要说服别人，打动别人。但是，接收对象的社会地位、政治观点、文化修养、审美标准、理解能力以及所处环境等各不相同，这就要求我们必须根据不同对象的可接受性，来运用语言斟酌修辞。毛泽东在《矛盾论》里阐述内外因的辩证关系时，用温度之于鸡子和石子的不同作用设喻，深入浅出，形象易懂；鲁迅在《故乡》里描写杨二嫂的体型，用"细脚伶仃的圆规"设喻，启发想象，如见其人；

— 7 —

郭沫若在《屈原》里写婵娟斥责宋玉的一句话："宋玉……你是没有骨气的文人"，将"是"改为"这"，强化了感情，易于激起观众的共鸣，都是充分地考虑了对象的可接受性和表达效果而进行修辞的范例。

考虑对象，就是在修辞的过程中要充分地考虑接收对象的可接受性，以求得最佳的表达效果。据报载，一位小学教师，在讲解了《指南针》课文后，为了让学生牢固地掌握指南针的用途，在甲班提问道："指南针有什么用途？"学生回答"可以指方向"就完了。回答虽然不错，但老师并不满意。在乙班他这样提问："请想一想，在什么地方，什么人使用指南针？"学生活跃起来了：从天空想到大海，从高山想到丛林，从飞行员想到潜水员，从勘探队员想到旅行家。哪一种提问好呢？这要看接收对象和效果。对小学生来说，前者虽然用字少，似乎简练了，但限制了学生的联想和想象，只是记住了抽象的概念。后者，虽说句子长了一些，但富有启发性，能够调动学生的联想和想象的活力，借助具体的人和事，加深理解，巩固记忆，生动活泼。"弹琴要看听众，射箭要看靶子"，修辞也需全面、深入地考虑接收对象的可接受性，不然，便不能有效地表情达意。这样的事例并不少见。例如，某电视台的一场儿童节目，主持人对一个小孩说，听说你是三国通，小孩儿很自信地说"是"。主持人说："那我问问你：诸葛亮何许人也？"小孩呆住了。主持人又摇头晃脑地问："何许人也？何许人也？"这孩子彻底傻了。此时，台上乱了，台下也乱起来了。主持人为了打圆场，说："孩子，别紧张。我是问'诸葛亮是干什么的'"小孩一拍大腿说："咳，那你不早说！"为什么不用三四岁孩子能听懂的话交流呢？

考虑对象，不仅要考虑其接受能力，还要考虑可能影响表达效果的其他因素，以消除语言沟通的障碍，让人听懂，而且爱听。如有疏忽，难有好的效果。据说某单位请美学家王朝闻作报告，主持人致辞说：今天我们很荣幸地请来大美学家王朝（cháo）闻先生作报告，大家热烈欢迎！王老先生上台落座，说："我首先声明，我不叫王朝（cháo）闻，如果像主持人所说，那就应了一句歇后语了——马汉放屁，王朝闻。你们看，包公一出来，王朝、马汉紧随其后。马汉一放屁，王朝不就闻着了吗？我不干！"台下哄堂大笑，接着又说："我叫王朝（zhāo）闻。孔夫子说，朝闻道，夕死可矣。"主持人此时难堪、尴尬的样子，可想而知。主持人的"开场白"既是对听众说的，又是对报告人说的，马虎不得。假如主持人事先找些资料，做些了解，不至于连报告人的名字都读错了。那么，他的谈话也就不会如此的不得体、如此的失礼，自然也就不会闹出这样的笑话来。

(五) 注意身份

修辞，还应注意说写者自己的身份，尤其在某种场合里，处于某种情景之中，用话语进行交际的时候。所谓"身份"，是指说写者在同听读者的交际过程中所处的地位。根据自己所处的地位，斟酌词语，考虑表达的方式方法，才有可能真切地、有效地把思想感情传达给对方。《光明日报》曾登载过一篇回忆录《知音曲》，里面记载了陈毅和周谷城的一段对话：

（周谷城）说："感谢解放军打进上海，把我们解放了！"话音未落，陈毅同志笑着接话茬道："不要说解放，是会师，解放军从外面打进来，你们从里面打出来，我们是共同会师！"一句话，说得在场的许多人都动了感情。

上海解放前夕，周谷城曾遭国民党当局关押，随着上海的解放而得到解放。在这种场合下，用"解放"和"感谢"来表达他的感激之情，符合其身份，也很妥当。而陈毅说"不要说解放"、"是会师"，是别人绝对不会说的。作为党、政、军的代表，他的谈话，反映了历史的真实，态度如此谦虚谨慎，情辞如此真挚坦率，完全符合其领导身份和性格特征。许多人听后都动了感情，原因就在于此。

在文学作品中，刻画人物的时候，也需注意人物的身份。人物各式各样，社会地位、文化教养、性格特征以及心理状态各不相同。将人物置于一定的情节之中，展示其言行举止和性格特征的描写语言，也要符合其身份及性格特征，才能给读者以真实可感的印象。《祝福》里写祥林嫂刚刚死去时周围人的反应，就很典型。

傍晚，我竟听到有些人聚在内室里谈话，仿佛议论什么事似的，但不一会儿，说话声就止了，只有四叔且走而且高声地说：

"不早不迟，偏偏要在这时候——这就可见是一个谬种！"

我先是诧异，接着是很不安，似乎这话与我有关系。试望门外，谁也没有。好容易待到晚饭前他们的短工来冲茶，我才得了打听消息的机会。

"刚才，四老爷和谁生气呢？"我问。

"还不是和祥林嫂？"那短工简捷地说。

"祥林嫂？怎么了？"我又赶紧问。

"老了。"

"死了？"我的心突然紧缩，几乎跳起来，脸上大约也变了色。

一家之主的鲁四老爷，先是埋怨，继而怒骂，并有意回避一个"死"字。短工处于被雇佣的地位，必须遵从鲁家的习惯，只好用一种代替"死"的隐语"老了"作答。而"我"不信鬼神，又与鲁四老爷是叔侄关系，便直接说"死了"。这虽然是一些细节，但什么身份的人物用什么言语才得体，作者考虑得非常周密。

在艺术作品中，类似的例子不胜枚举。例如，某电视剧里描写干部、村民对话的一个细节：

村民：镇长，那件事怎么样了？

镇长：那件事已经定下来了。

这个村民回到家里，当别人问起此事，他高兴地说："那件事儿啊，是杀猪砍屁股——腚（定）下来了！"
一语双关，表现了人物幽默的性格，兴奋的心情，烘托了生活气息。村民可以，镇长则不可，因为身份不同。你不信吗？倘若我们的校长在大会上宣布："我们的教学规划，经研究，已经是杀猪砍屁股——腚（定）下来了。"岂不荒唐可笑，成何体统！

从上面的例子可以看出，修辞不能不考虑身份，包括作品中人物的刻画描写。可以说，交际者的身份，是运用语言进行修辞的依据之一。

二、适应语体

语言的运用，还需适应语体的要求，方可达到好的效果。

语体就是人们为了适应不同交际需要而形成的语文体式，也叫"文体"。语体的产生和存在，在中国有着悠久的历史。随着社会的发展，人们的交际活动日趋频繁，内容丰富多彩，形式多种多样，这就对语言的运用提出了不同的要求。与此同时，大量的词汇和表达方式，也不断地涌现。为适应不同交际的不同需要，这些语言材料的功能也在不断地分化。因此，以不同交际的多方面的需要为基础，以语言材料的功能分化为条件，语体便自然地产生，并不断地发展起来。

语体大致分为以下四类：

（一）事务语体

一般分为日常应用文、公文文件、规章制度三大类。要求语言准确、简明、平实，以便于处理事务。

（二）政论语体

这是为适应对社会政治生活的各种问题进行阐述的需要而形成的一种语文体式。要求语言准确、周密、富有逻辑性，以便阐明道理，以理服人。但是，也不排除形象性和生动性，以便晓之以理，动之以情，增强感染力。

（三）科技语体

科技语体，是为了对社会科学和自然科学的各种问题进行阐述而形成的语体。例如，专著、学术论文、科学报告等。要求语言准确、严谨、逻辑性强。有些修辞手法如夸张、比喻、双关、反语等，不用，或慎用。

（四）文艺语体

文艺语体，是为适应对现实生活进行艺术反映的需求而形成的语体，包括韵文和散文两大类。例如，诗歌、词、曲、小说、传记、报告文学、杂文和小品等。文艺语体要求语言形象生动，富于感情色彩。

不同的语体，对语言有不同的要求，选词造句，选择修辞方法，都应遵循这一规则，方能收到"得体"的理想效果。试比较下面两段文字：

《辞源》写道：

[蜜蜂]昆虫名。又名蜡蜂、䗬。成群居住，每群有一雌蜂，称为蜂王，专营生殖。雌蜂、工蜂尾部针刺有毒。工蜂采花酿蜜，供食用。蜜与蜜蜡皆入药。

杨朔《荔枝蜜》写道：

蜜蜂这物件，最爱劳动。广东天气好，花又多，蜜蜂一年四季都不闲着，酿的蜜多，自己吃的可有限。每回割蜜，给它们留一点点糖，够它们吃的就行了。它们从来不争，也不计较什么，还是继续劳动、继续酿蜜，整日不辞辛苦……

前例属科技语体，要求用准确、鲜明、简练的语言，对"蜜蜂"作科学的说明，使读者获得理性的认识，无须用藻丽华美的语言来形容抒写。而后例，属文艺语体，是散文，须以形象引人，以感情动人。因此，文中用了拟人的修辞方法，把"蜜蜂"当成具有崇高思想和美好情感的"人"来写。作者正是通过栩栩如生的描写，把自己的感情传达给读者，使读者受到感染，引起共鸣。假如，在《辞源》里用杨朔《荔枝蜜》中对蜜蜂的描写代替"工蜂采花酿蜜"，或者在《荔枝蜜》里插进前例这段文字，那将不伦不类，读来令人生厌。俗话说"量体裁衣，看菜吃饭"，同理，运用语言也要看内容，看语体。这样才能自然得体，完成交际任务。

任何事物都不是绝对的非此即彼。通用的语言材料适用于各种语体，不言而喻。有时语言材料的选择，也有其灵活性，比如经常用于文艺语体的比喻等修辞方法，也可用于科技语体，但其功用不同，前者是为塑造形象，抒发情感，感染读者；后者则是借助形象，深入浅出地说明事理，给人以理性的启迪。

第三节 修辞与其他学科的关系

修辞学作为语言学的一个部门，有其相对的独立性，而又同其他学科有着密切的关系，说它属于"边缘学科"，不无道理。所以，我们在谈了修辞的含义和原则之后，再简略地谈谈修辞与左邻右舍的关系，有助于全面地了解修辞学的性质。

修辞活动是一个复杂的过程，可以说是语音、词汇、语法综合运用的过程。在这一过程中，又同逻辑思维、形象思维、心理活动、审美活动有着密不可分的关系。在研究修辞现象时，就不能不涉及上述诸种因素。因此，修辞学带有综合性特点。

一、语音是语言的物质形式

现代汉语语音有其独具的特点：韵母多（35个）声母少（21个），声音响亮悦耳；普通话的音节又有高低升降四个声调。如果能充分注意并巧妙利用这些特点，使声调不同的词交错搭配有致，不仅可以使诗歌具有鲜明的节奏与和谐的韵律，即使一般的谈话和文章也会有抑扬顿挫的节奏感，这将增强语言的音乐性，读起来朗朗上口，听起来和谐悦耳。

二、词汇是修辞不可少的语言材料

汉语的词汇数量巨大，种类繁多，为我们遣词造句提供了丰富多彩的语言材料。比如，认识了同义词之间词义的细微差别，可以准确地描述千差万别的客观事物和展现丰富细腻的情感世界；对比强烈的反义词，可以凸显出事物的性状特征。可用词的同音现象构成一语双关之妙，也可用词的不同色彩表达爱憎分明之情。成语言简意赅，有画龙点睛之功用；俗语形象生动，有含蓄幽默之情趣，这都是善于修辞者不会遗忘的，也是研究修辞者不可忽视的。

三、语法是修辞的基础

语法研究组词成句的规律，是讲这种说法通不通、对不对的问题；修辞研究提高语言表现力的规律，是讲这种说法好不好、美不美的问题。二者虽然不同，但关系密切。首先，修辞必须在语法正确的基础上进行，如果说、写的话不合乎语法规范，无论用什么修辞手段也是无济于事的。例如：

红楼梦至今仍脍炙人口，它的作者曹雪芹也是历经千辛万苦，呕心沥血的结果。

　　影片用我们考察队员在南极考察期间所遇到的"奇"来展现的冰雪世界，突变天气，稀世生物，神奇景象。

前一例，前一分句说的是结果，后一分句应该说原因，但这两个分句之间没有因果关系。另外，后一分句的主语是"作者曹雪芹"，谓语是"是"，宾语是"结果"，主、谓、宾不搭配。既然语法上有这些毛病，尽管句中用了不少成语来修饰形容，也还是没有表达出一个可以使人理解的意思。

　　后一例，原本是："影片"——"展示"——"冰雪世界……神奇景象"。主谓宾搭配合理，意思清晰明白。可是在"冰雪世界"前错用一结构助词"的"，就使这句话成了一个复杂的偏正结构，而失去了谓语，因此人们难以理解表达的是什么意思。这种情况下，采用什么修辞手法，都是于事无补的。

　　其次，有些语法现象又同时是修辞现象。例如：

　　阿Q站了一刻，心里想，"我总算被儿子打了，现在的世界真不像样……"于是也心满意足的得胜的走了。

（鲁迅《阿Q正传》）

"我总算被儿子打了"如果从句子结构分析，它是"被动句"。如果从表达的艺术来看，它又是一种修辞的技巧。作者之所以不用"总算儿子打我了"这一主动句，而用被动句，是为了突出施动者，即阿Q所谓的"儿子"，并强调了"我"接受"打"的被动意义。这就把阿Q在皮肉受苦，人格受辱时，自我解脱，自我慰藉的精神胜利法写得活灵活现。"谁打我谁就是我儿子"好像占了多大的便宜似的，所以他"心满意足的得胜的走了"。

　　看来语法和修辞是互相影响、相辅相成的。有些语句在表达上的毛病，可以从这两个方面入手加以修正。例如，一篇短评的标题是：

　　依靠群众分好房　　　　　　　　　　　　　（《报》）

标题表意不明确。从句法结构来看，"好"可以作动词谓语"分"的补语，这句话可理解为"依靠群众把房子分配得合情合理，大家满意"。但是，"好"也可看作宾语"房"的定语，那么，这句话的意思便是"以依靠群众才能分得好的房子"。两种结构分析，表达的意思、褒贬感情截然不同。怎样使这一标题的意思明确起来呢？那就应根据文章的主旨（该短评的主旨是前者）改变句子结构。若写作"依靠群众才能把房分好"，便不会产生歧义了吧。

◎汉语修辞艺术谈

四、逻辑也是修辞的基础

逻辑是讲思维规律的科学，如果语言表达违背了思维规律，如概念不明晰，判断不合理，推论少根据等，便难以使人听懂看懂，难以引人入胜，更难以令人信服。例如：

> 作家们通过自己的创作进行革命斗争，他们的诗歌、小说、杂文、剧本以及漫画，都成了群众的斗争武器。

"作家"这个概念，指从事文学创作并获得显著成就的人。作家的作品，其外延包括诗歌、小说、杂文、剧本等，并不包括漫画。可见，概念的内涵和外延的关系搞不清楚，会造成用词不当的语病，影响语意的表达。

有些语句表达效果不好，是因为判断不合理，这就需要从逻辑上进行分析，进而加以调整。例如：

> 训练是为了做好反侵略战争的准备，每一个动作都要以符合不符合实战要求为标准。

这句话里包含着两个判断，即"每一个动作都要以符合实战要求为标准"，另一个是"每一个动作都要以不符合实战要求为标准"。在同一思维过程中，一个判断和它的否定，不能同真，也不能同假，必是一真一假。哪一个符合客观实际，哪一个就是真的；否则，就是假的。根据上句所说"为了做好反侵略战争的准备"这样的目的，可以判定前一个判断是真的，而后一个判断是假的。看来，这句话表意不清晰，原因是判断"每一个动作"的"标准"时思维的自相矛盾。知道了这个道理，便能够避免这一类谬误。

推理是由已知判断推出新的判断的思维过程，只有具备了充足的理由和充分的根据，才能得出正确的结论。懂得了这些比较复杂的思维形式的规律，会使我们的话说得严谨周密，令人信服。倘若违背了这些思维规律，我们的话就会苍白无力，使人难以置信，甚至成为矛盾百出的笑话。鲁迅的《阿Q正传》里就有这样一段有趣的文字：

> 至于错在阿Q，那自然是不必说。所以者何？就因为赵太爷是不会错的。

"错在阿Q""自然是不必说"，多么肯定的判断，然而其根据"就因为赵太爷是不会错的"，却是不能成立的。从上下文的描述来看，这句话，是这样推理的结论：

> 富人是不会错的
>
> 赵太爷是富人
>
> 所以，赵太爷是不会错的

大前提本就荒谬，其结论也必荒谬。又用如此荒谬的推理作为"错在阿Q，那是自然不必说"的根据，是根本不能成立的。然而这却被未庄人和赵太爷之流视为颠扑不破的真理，把荒谬看得比真理还正确，岂不是非常可笑的吗？这里，批评了愚昧偏见，鞭挞了专横跋扈，那种辛辣的讽刺，幽默的笔调，都源自对荒诞无稽逻辑的揭露之中。

总之，逻辑同语法一样，是有效修辞的基础，违背了思维的规律，不会有成功的修辞。另外，修辞同文学、美学、心理学等学科也有着密切的关系，这将在后面分析具体的修辞现象时有所涉及。

◎汉语修辞艺术谈

第二章　锤炼语句讲求"三性"、"三美"

遣词造句，是运用语言进行表达的最基础的一环。一般说，"辞达而已矣"（《论语·卫灵公》），即表意清晰明白也就可以了。但是，从语言交际的效果来考察，仅仅"辞达"，似乎还远远不够，我们应该追求更高的境界。我们的谈话，我们的文章，不仅要表意清晰明白，还要让人喜欢听、喜欢读，乐意接受你所传递的信息，这才是理想的境界。

什么样的语言才具有这样的感染力呢？这是值得探讨的课题。古人云："质胜文则野，文胜质则史，文质彬彬，然后君子。"（《论语·雍也》）说的是人的言行举止要"文采和朴实，配合适当，这才是君子"。而"文质彬彬"的道理，用于遣词造句的领域，也很有意义。它让我们认识到，充实的思想内容与恰当的语言形式达到完美的统一，才具有强大的感染力和吸引力。

欲达"完美的统一"之目的，语言表达就不能不讲究方法、技巧，或者说，不能不重视语言表达的艺术性。这种艺术性，表现在多个方面，本章只选择了六个方面，即准确性、形象性、生动性、模糊美、繁简美、声音美，来探讨遣词造句所追求的理想境界。需要说明，这六个方面，不是孤立的互不关联的，从某种意义而言，是一个问题的不同侧面罢了。另外，在不同的文体里，由于对语言有不同要求，那么，这六个方面的特点，也就有不同的侧重。

第一节　准确性

一、何谓准确性

所谓准确性，就是词语组织起来所表达的意思，既符合客观事物的实际，又符合主观思想感情的实际。这是运用语言进行交际最基本的要求，也是一切语言艺术赖以成立的基础。

说写者只有用准确的语言，才能把自己的认识、思想和情感传达给对方;而听读者尽管理解能力不同、欣赏水平不同,也必须以准确的语言为媒介、为向导来理解、来思索,从而理解或接受你所说所写的内容或所表达的情感。假如语言不准确,那么,说写者与听读者之间就无法沟通。

　　古今中外的语言艺术大师们,对语言的准确性都很重视,而且提出极高的要求。列夫·托尔斯泰说:"在艺术作品里,只有在这样的情况下,即既不能加一个字,也不能减一个字,还不能因改动一个字而使作品遭到损坏的情况下,思想才算表达出来了。"(《俄罗斯古典作家论》下册)如此高度准确的语言,才能真实地反映我们对客观事物的认识和由此而引发的思想感情。如此高度精确的语言,在经典作品中,是不乏其例的。《红楼梦》第八回里一个细节描写就很能说明问题。当宝玉和宝钗正在互认通灵宝玉和金锁而笑语声喧时,黛玉走进来了,不同的版本用了不同的词语:

　　甲戌本写道:林黛玉已摇摇的走了进来。

　　程高本写道:林黛玉已摇摇摆摆的走了进来。

　　戚本里写道:林黛玉已走了进来。

试比较三种描写的语言,哪一种更符合人物的形象特征呢?甲戌本用"摇摇的"描绘出黛玉娇弱婀娜、身材苗条的形象;使人好像看到她弱不禁风而又不失轻盈敏捷的神态。程高本用了"摇摇摆摆的"一语,描绘的不是病态的形象,就是一个风骚浪荡的泼妇。这就破坏了人物形象,因为这种描写与人物性格固有的神情,南辕北辙。而戚本却不加描绘,变为干瘪的叙述。不难看出,甲戌本描写这个细节的语言是准确的,因为它符合林黛玉的形象特征和性格特征,甚至达到"一字不易"的高度。

　　作家们都在孜孜不倦地追求着语言的准确性,而且积累了丰富的经验,值得我们借鉴。法国著名现实主义作家福楼拜曾说过:

　　　　我们不论描写什么事物,要表现它,唯有一个名词,要赋予它
　　　　运动,唯有一个动词,要得到它的性质,唯有一个形容词,我们须
　　　　连续不断地苦心思索,非发现这唯一的名词、动词、形容词不可,
　　　　仅仅发现与这些名词、动词、形容词类似的词句是不行的,也不能
　　　　因思索困难,用类似的词句敷衍了事。

　　　　　　　(摘自《写作基础知识》北京师范大学出版社)

以鲁迅为代表的老一代作家,堪称我们的楷模,试看他在《坟》的"题记"中是怎样字斟句酌的:

　　　　天下不舒服的人们多着,而有些人们却专心一意在造专给自己
　　　　舒服的世界。这是没有如此便宜的,也给他放一点讨厌的东西在眼
　　　　前,使他有时小不舒服,知道自己的世界也不容易十分美满。(引

◎汉语修辞艺术谈

文是初稿，重点号是笔者所加）

定稿中将带重点号的词语作了修改："专心一意"汉语词汇里没有这种说法，于是改为"一心一意"，意思才明晰确切，而且将褒义色彩用在否定事物上面，增强了讽刺力量。"没有"改为"不能"，带上了主动制止的意味。"讨厌"改为"可恶"，词义轻重不同。鲁迅是从论敌的视角考虑的，他们越觉得"可恶"，就越说明《坟》这本杂文集击中了要害，使他们"小不舒服"，其出版价值正在于此。定稿与初稿相比较，很明显，定稿更准确地表达了作者想要表达的意思。

语言表达活动中，常有这种情形，内容丰富，情感充沛，说写之后，又总觉不满意，甚至深感遗憾。这时就要推敲词语，使之与"意"相适切。也就是既符合客观事物的实际，又符合主观思想感情的实际，如此，可谓准确了。

二、如何做到"准确"

（一）认识表现对象

表现对象，就是所描述的内容，借此或阐明事理，或说明认识，或抒发感情。那么，对选定的对象，就应有一个全面的了解及深刻的认识。这一了解和认识，是我们选词造句的重要依据。

1. 理性认识

所谓理性认识，就是将表现对象的性质、状态和发展变化的前因后果，有个全面的、深刻的了解及准确的把握。不论写物、写事还是写人，都不可能脱离这一原则。

（1）叙事明理，语言的准确性，都是基于实践认识之后，对事物本质特性有所把握而获得的。试看以下两例：

他运用创新理论带兵育人，总结出真情感化，真理引导，真事感悟等"带兵八法"……在连队思想工作中发挥了明显作用。

（《报》之《一位大学生士兵的三次跨越》）

只有"真情"才能"感化"人，"真理"才能"引导"人，"真事"才能使人"感悟"事理人情。这样的选择与搭配，揭示出事物的内在联系，带有必然性，表意是准确的。又如：

隐患排查整改贵在"深、细、严、实"，要善于从平安无事中找"隐患"，从常规现象中查"征兆"，从细枝末节中寻"苗头"，透过现象看本质。（《报》之《健全预警机制，做好安全工作》）

这段话的主旨是"隐患排查整改贵在'深、细、严、实'"，怎样才能做到这四个字呢？透过现象看本质。作者摆出了容易麻痹人的三种现象，分别选择了针对性很强的三个动词："找"、"查"、"寻"，又用三种难以察觉的问题"隐患"、"征兆"、"苗头"与之对应，很恰切。排查隐患可贵之处，就在于如此一丝不苟，耐心细致。这段文字，把主旨表达得这般清晰、严谨，可以说做到准确了。

如果没有实践的经验，或者没有从感性认识上升为理性认识的高度，选词组句，难以有如此准确的效果。

（2）描绘物象，虽带有较强的主观性，但也不能脱离物象的本质特征，而且还要了解常态中的特征和在特殊条件下变化了的特征。否则，遣词造句就失去了依据。徐迟在《地质之光》的初稿中，写李四光刚回祖国参观首都北京时，看到百废俱兴、生机勃勃，于是写道："各种印象使他目不暇给。"显然，这里表述的对象不应是"印象"，因为"印象"是人们的感官感知外物后，在脑中留下的印迹，而"印迹"怎么能使他"目不暇给"呢？后来改为"景象"，语意才确切明晰起来。

唐代诗人高适任浙江观察使时，曾去台州巡查，途经清风岭，触秋景而生情，赋诗一首：

绝岭秋风已自凉，鹤翻松露湿衣裳。
前村月落一江水，僧在翠微角竹房。

当他原路回来，也是残月西沉时，再看江水，不禁大吃一惊："写错了！"急忙赶去清风岭，欲修改自己的诗句。到了清风岭一看，"一江水"已被人改为"半江水"了。高适赞叹不已。为什么？原来，月落时，江水随潮而退，只剩半江，"一江水"便不符合客观实际了。

（3）描写人物，语言的准确性，主要体现在既符合人物独有的性格特征，又符合其多重的性格特征方面。《水浒传》中描写武松景阳冈打虎，很精彩。其实打虎前后的描写同样精彩。武松上景阳冈并不是"明知山有虎，偏向虎山行"的。上山之前，以为店主骗他留宿，山上看到县府告示后，始信有虎。想回店里来，又怕别人耻笑他不是好汉，便硬着头皮上了山。当真地看到老虎时，那十八碗酒"都作冷汗出了"，在迫不得已的情况下，才与老虎展开殊死搏斗。打虎后的描写也是如此，"手足都酥软了"、"哪里提得动"、"一步步捱下岗子"。此时，心想，趁太阳还没下山，赶快走，怕再遇上老虎斗它不过。当看到猎人扮成的老虎时，他大叫一声，"唉呀，今番我罢了！"

这些描绘的语言，似乎破坏了武松性格的统一性。其实不然，正如金圣叹所说："皆是写极骇人之事，乃尽用极近人之笔。"正是这样的语言，才

◎汉语修辞艺术谈

生动地刻画了一个有血有肉、感人至深的英雄形象。这里，语言的艺术感染力，就基于它的准确性。从这些描写中，我们看到的武松是人，而不是神。他有常人的心理，常人的感觉，常人的情感，常人的弱点，因此，读者才关注他的命运，在他与老虎搏斗时，为他提心吊胆。但是，武松又不是一般的人，他完成了常人无法完成的徒手打虎的壮举，于是读者又敬佩他，赞美他。这时，在读者心目中，武松成了顶天立地的英雄，令人崇拜的偶像。不难看出，这里的语言，是根据人物性格在特定环境里的多重性特点设计的，也唯独这样的语言，才是真实的，感人的，准确的。这里没有概念化、公式化的弊病。

有时我们对表现对象缺乏深入的调查研究，在语言表达中就少了客观的认识，多了主观的臆测，难以达到准确的目的。例如：

苏联著名的新闻工作者，老作家波列夫依写了一篇特写《虱病患者回忆录》，请高尔基提意见。高尔基对其中一个细节描写提出了严厉的批评。这个细节是这样写的："小灯好像狗的黄眼睛"，"黄色的污浊的空气被无精打采地过滤着"。高尔基批评道："这真是拙劣到极点的描写！""过滤一般都是指或快或慢地通过某种东西，而无精打采地过滤，这是任何人都不会弄明白的。再说，小灯怎么会过滤呢？换句话说，它怎么让空气通过自己呢？光是一种物质，它是悬浮在空气中的，而根本不存在什么空气悬浮在光中。"（《新闻战线》）

描写的主体是"小灯"，而且是通过"小灯"与"空气"相互作用的关系来描写的。但是，作者并没有搞清楚"小灯"燃烧时与"空气"的关系及变化状态，结果把"小灯"描写得谁也看不懂。

2. 情思把握

在写作过程中，人的思想情感活动是非常活跃，又十分复杂的。刘勰说："夫神思方运，万涂竞萌，规矩虚位，刻镂无形。登山则情满于山，观海则意溢于海，我才之多少，将与风云而并驱矣。方其搦翰，气倍辞前，暨乎篇成，半折心始。何则？意翻空而易奇，言徵实而难巧也。"（《文心雕龙·神思》）【想象开始活动，各种各样的念头纷纷涌现，要在没有形成的文思中孕育合乎规矩的内容，要在没有定形的文思中开始刻镂形象。一想到登山，情思里充满了山的景色；一想到观海，意想中便腾涌起海的风光。要问我的才力有多少，好想要同风云一起奔驰而无法计算了。刚拿起笔，比起修辞时气势要旺盛一倍，等到写成了，同开始想的已经打了个对折。为什么呢？文思凭空想象，容易设想得奇特，语言却比较实在，难以运用得巧妙。《文心雕龙选译》（周振甫）】这里提出了情思、想象、语言如何适切的一个难题。换句话说，语言，怎样才能与插上想象翅膀的情思，完美统一呢？关键在于对情思的准确把握。因为情思支配着想象，想象产生意象，由意象再到语言，意象实乃情思的载体。语言准确与否，决定于对情思是否有个准确的把握。可分为两种情况：

一般情感的把握

喜、怒、哀、乐、爱、恶、惧，是人们普遍具有的情感活动。从表达的角度来说，认识客观事物而产生的情感倾向——褒与贬，有时也难以做到准确把握，须花一番心思。例如：

"看样子你有六十了吧？"

"哈哈！六十？这一辈子别再想那个时候了——这个年纪啦。"

说着老泰山捏起右手的三个指头。

我半信半疑说："你有七十了么？身板骨还是挺硬朗。"

（杨朔《雪浪花》初稿）

"半信半疑"语意重点仍在"疑"上，这并不是作者想要表达的真实意思，因为两人素不相识，路途偶然相遇，没有必要像警察查户口似的怀疑。定稿改为"不禁惊疑"，语意重点在一个"惊"字上，而"疑"也是出乎意料之意。于是"敬佩"、"赞叹"之情随之一泻而出，这才是作者所要表达的情思。由此可看出，情感由"怀疑"到"赞叹"的取舍过程。

宋代戴埴《鼠璞》记载：陈辅之《诗话》云："萧楚才知溧阳，乖崖作牧，有一绝云：'独恨太平无一事，江南闲煞老尚书。'萧改'恨'作'幸'。"的确，天下太平无事，百姓安居乐业，"恨"从何来？难道希望天下大乱，民不聊生吗？把"恨"改为"幸"字，才是作者内心真正要表达的情感。从这个故事也可看出梳理把握情思，进而调整语句的过程。

情，把握得准确，可随情遣词造句。这样词可达意，言可足情。

审美情感的把握

在审美过程中，情感与想象互相推动，所创造的美的意境，很多时候，并非一下完成的，也需要经过比较、取舍、复叠、融合、升华等过程，才能营造出作者理想的、富有魅力的美的境界。这样的例子，不胜枚举。

王安石的《船泊瓜洲》诗中写道："春风又绿江南岸，明月何时照我还。"改换十来个字，最后才确定一个"绿"字，千百年来为人所称道。

起初，诗人审美想象处于朦胧、游弋的状态。当诗人依据自己的审美情趣和审美标准，将诸多意境的美的特征，加以凝聚，不断升华，以致一个理想的意境清晰地出现在脑际，"绿"字的选择，也就随之确定下来了。

表面上看，是字、词的选择更换，推其源，乃是诗人头脑中多种美感由

"万途竞萌"到逐步清晰而引起的。这是多种美感比较与取舍的过程，是交织与复叠的过程，总之是多种美感梳理、融合、升华以至"万途"归一的过程。

的确，用"绿"字所构成的诗句，比用"到"、"过"、"入"、"满"等字更具有美感。试想，富有生机的绿的色彩，蓬勃旺盛的春的气息，以及可人心意的神奇力量，将静态的物象化作动态的画面，激起人们多少美的回味，美的想象和美的憧憬啊。

可见，审美的独特感受，与"绿"字的丰富内涵相契合所构成的诗句，正是诗人美感的最佳境界，也是诗人想要表达的最佳意趣。

贾岛"推敲"的故事，早已成为佳话。他举棋不定，反复吟咏，难道只是考虑两个字的取舍吗？实际上，他是在两种境界中，感受着美，比较着美，升华着美，同时在寻找能够足以表现其美感的词句。韩愈帮他确定下一个"敲"字，便以"响"衬"静"，描绘了隐士"幽居"的环境，寄托着诗人对幽静闲适生活的向往。

毛泽东的《七律·送瘟神·其二》有两句诗，初稿为："红雨无心翻作浪，青山有意化为桥。"定稿将"无心"改为"随心"，"有意"改为"着意"。初稿所表达的意境也是美的，但并非诗人所理想的最佳境界。修改后，诗人改造自然、人定胜天的非凡气概，山山水水听"我"调遣的乖巧驯服的样子，以及人与自然融洽和谐的美好情景，把读者带入一种高远壮阔又绚丽多彩的天地。这样，不仅提升了诗的境界，而且诗人对于自我形象的塑造、美感激情的抒发，都达到畅快淋漓的地步。

以上所举，可称为情思、想象、语言完美统一的范例。前人把握情感，追求准确的实践经验，值得我们借鉴。

(二) 选好表述角度

事物都有其存在的形态和方式，而这种形态和方式，在一定的条件下，又会发生变化，显现出各自不同的属性特征。为了全面了解和认识事物，就要从不同的角度和不同的方面——正面的和反面的，静态的和动态的去观察、去分析、去归纳。或者说，要从多角度、全方位地去观察认识。

如果要表现它，面面俱到是不可能的，需根据主旨的需求，确定一个角度，或者叫做视角、视点，以期收到"窥一斑而见全豹"的效果。对于社会现象，生活中的人和事，如何反映，也有个角度的问题，角度不同，可能观察的结果也不尽相同。

角度与语言运用的关系密切。角度的恰当与否，影响到语言表达是否准确有力。不少事例可以证明这一点。

第二章　锤炼语句讲求"三性"、"三美"

胡思升的特写《开庭之日》写的是公审林彪、江青反革命集团案的现场情况。从角度的角度看，比其他同类报道高出一筹。

对时间的报道，有的写"11月20日"；有的写"1980年11月20日"。这两种写法，都是把它作为一般的事件看待的。而胡则不同，写道"公元1980年11月20日"，此处用了全称，是从这个日子的重大历史意义的角度下笔的，庄重严肃的色彩，突出了事件的历史性。

对地点的报道，有的写法庭外的景致，有的写法庭内的灯光、椅子、栏杆及气氛，当然，都是一种角度。而《开庭之日》避开上述常见的角度，捕捉新的角度，使文章别开生面，即抓住"正义路"这一法庭所在地的象征意义加以发挥，写道：

　　审判林彪、江青反革命集团案的最高人民特别法庭的地址，设在北京正义路。多么意味深长！我们经历了种种曲折，终于踏上了伸张正义之路。这是用极大的牺牲和痛苦换来的！（《新闻战线》）

作者是从这一事件的重大历史意义和特别的现实意义的角度思考问题的。因此，才恰当而巧妙地选择并强调了"正义路"这一特殊的名称，对展示主题，不仅达到了高度的准确，而且具有点睛作用。再加上深沉浓郁的抒情，极易唤起读者的共鸣。

《孔乙己》收尾一句，是公认的妙笔："我到现在终于没有见——大约孔乙己的确死了。""的确"表示肯定的判断，"大约"又是估计、推测，不肯定。两个词居然统一在一个句子里，岂不自相矛盾吗？

孔乙己的故事，是小伙计讲述的。从他耳闻目睹的事实来看，孔乙己只要还有一口气，就必定到咸亨酒店来喝酒。可是很久没有来了。一个中秋，又一个中秋，都没见到孔乙己。他所欠的酒钱，老板也一一抹掉。据此，小伙计判定孔乙己"的确"死了。可是这毕竟是推断，并未亲眼看到其"死"，于是又用"大约"加以限制。从小伙计的视角来看，于细微处无懈可击，堪称准确至极。但是，由于角度不当而使表达不准确的现象，也时有所见。例如：

　　他第一个出来，学着女人的样子表演了一个节目；表演完，他又用女旦式的样子走进来，引得大家哈哈大笑。

文中的"出来"、"进来"的误用，与观察和叙述的角度有关。如果从观众的角度观察叙述，"进来"宜改为"进去"。如果从后台观察叙述，"出来"宜改为"出去"。看来，观察和叙述的角度，没有选好，甚至混乱不清，极易造成用词不当，不会表达出一个清晰确切的意思。

◎汉语修辞艺术谈

（三）认真推敲词语

认识了表现对象，选好了表述角度，进一步，还要在遣词造句方面，下一番推敲的功夫，使思想内容与语言形式达到完美统一，这是语言准确性的重要保证。

1. 正确理解词义

正确理解词义，就是对所选用的每一个词语的意义，适用范围，搭配对象，以及感情色彩等有一个透彻的理解。这样才有可能构造出表意确切的语句。例如，《红楼梦》第三十四回，有一段林黛玉内心活动的描写：

> 这里林黛玉体贴出手帕子的意思来，不觉神魂驰荡：宝玉这番苦心，能领会我这番苦意，又令我可喜；我这番苦意，不知将来如何，又令我可悲；忽然好好的送两块旧帕子来，若不是领会我深意，但看了这帕子，又令我可笑了；再想令人私相传递与我，又可惧；我自己每每好哭，想来也无味，又令我可愧。如此左思右想，一时五内沸然炙起。

文中选用了"可喜"、"可悲"、"可笑"、"可惧"、"可愧"等词，表达出黛玉所推测的不同情景时的不同心境，那种"神魂驰荡"中的欣喜、悲叹、疑虑、愧疚、恐惧等复杂的情感活动，准确到无可旁贷的地步。而且，每个词里，都有"可"这个语素，词义又各不相同，表现出作者选词组句的聪明智慧，平添了许多词趣，耐人玩味。

《阿Q正传》在描述阿Q回到未庄，讲述自己的一段"不平常"的"经历"时，那些村民们的心理和表情，就用了"肃然"、"赧然"、"凛然"、"悚然"、"欣然"等来表述，准确而简约，情趣盎然，与上例有异曲同工之妙。再看一例：

> 基层部队少数同志对待读书学习存在着"说起来重要，做起来次要，想起来需要，忙起来不要"的现象，这不仅是学风不正的具体表现，而且不利于个人能力素质的增强。
>
> （《战友报》之《不要书到用时才恨少》）

对于读书学习的不正确的态度，在不同的情况下，有不同的表现：分别用"重要"、"次要"、"需要"、"不要"来表述，反映出由"重要"逐渐淡化直至"不要"的过程。恰当、生动，且富有趣味。

但是，表意不准确的语句并不少见，大都是由于没有正确地理解词语意义造成的。例如：

> 在雷电到来之时，天然游泳场的工作人员，没有及时劝阻游客上岸，同样也有过错。

据报载,该天然游泳场,夏季常有游客遭雷击而致伤亡的事故。如果让游客及时上岸,可避免事故发生。文中的"劝阻"误解为"劝说"了。又如:

　　一个航班,两种心情
　　国乒归来遭遇热捧,女排姑娘情绪低落　　　　　　　　(标题)

"遭遇"是"遇到"的意思,而遇到的总是不顺的或者不幸的事物。

　　这里国乒大获全胜,载誉归来,受到高度赞扬和热烈欢迎,是喜庆的事,怎么能用"遭遇"表述呢?很明显,词义理解有误。

　　误用成语的现象屡见不鲜,大都是由于对成语的内涵缺乏正确的全面的了解造成的。略举几例如下:

　　他看稿子不管掉字错字,还是标点符号不妥当,都一丝不苟细
　　心改好。所以人们都说,别看老高性格粗放,但对待稿子却是粗中
　　有细。

"粗中有细"常用来描写人物性格既有"粗鲁"的一面,也有"细心"的一面。然而对待稿子,作为编辑只有细而又细,如前文所说"一丝不苟",才是值得赞扬的,任何的"粗"都是不可取的。很明显,作者把性格中的"粗放"与工作中的"细心",杂糅在一起了。是褒,是贬,也就模糊不清了。这是不了解该成语的使用范围和搭配对象所致。再如:

　　得,我们的班花已经是昨日黄花了。　　　　　　　　　(《报》)
　　他当着我的面儿,就大谈他的前女朋友如何如何好,真把我当
　　成昨日黄花了。　　　　　　　　　　　　　　　　　　(《报》)

显而易见,文中的"昨日黄花"用错了,应是"明日黄花"。这是由苏轼的《九日次韵王巩》诗中的"相逢不用忙归去,明日黄花蝶也愁"演化而来的,喻过时的事物。以上所举两例表达的意思,与作者心中想要表达的正好相反。有时搞不清词的古今义,也会产生误解。例如:

　　去年六月,我有十天的时间在台湾访问。先是高雄,后是台
　　北。看宝岛由南向北,节目紧密,令我感到用"走马观花"都不
　　足以表现我们行色的匆忙,或者把此行称做"跑马观花"更为合
　　适。　　　　　　　　　　　　　　　　　　　　　　　(《报》)

其中成语"走马观花"的"走"字,古义就是"跑"的意思。作者不清楚,所以才有下面的"称做'跑马观花'更为合适"的误解。

　　一个成语,就是一个故事,就是一段历史,具有特殊的内涵和色彩,要搞清楚,以免用错。

　　2. 讲究词语色彩

　　准确性还体现在恰当选择词语的色彩方面。词语的色彩,分为语体色彩

◎汉语修辞艺术谈

和感情色彩,这里谈的是感情色彩。所谓感情色彩,是指词语所反映出来的思想倾向或事物的某种情调——肯定的或否定的,即人们常说的褒义或贬义。色彩选择的恰当与否,直接影响到语意表达的准确与否。

(1)追求鲜明性。肯定的事物宜用褒义词语,否定的事物宜用贬义词语,色彩褒贬分明,能一倍增其褒贬,这是不言而喻的。但是,假如选用不当,效果将适得其反。例如:

  条件诱人,报名者众。按常理,但凡和升学搭上关系的事情,都能让家长们趋之若鹜。 (《报》)

  很多服务领域高度垄断,自己解决不了群众的困难,又不许别人染指,参与服务竞争。 (《报》)

  汽车降价的趋势比较明显了,那些想买车的人,都在蠢蠢欲动。 (《报》)

文中这些带贬义色彩的词语,诸如"趋之若鹜"、"染指"、"蠢蠢欲动",所表达的贬斥的感情色彩,与所表述的事物不符,也与说话人的本意背道而驰,这是由于不了解这些词语的感情色彩所致。

(2)讲求灵活性。褒贬分明,是常规的用法。在一定的语言环境里,词语的感情色彩是可以灵活运用的,即带褒义色彩的词语可以修饰或表述否定的事物;带贬义色彩的词语也可以修饰或表述肯定的事物。打破常规,表达可更为准确有力,并别有一番意趣。试看下面的例子:

  我们全党全民要把这个雄心壮志牢固地树立起来,扭住不放,"顽固"一点,毫不动摇。 (邓小平《目前的形势和任务》)

  我们一定要打破陈规,披荆斩棘,开拓我国科学发展的道路。既异想天开,又实事求是,这是科学工作者特有的风格,让我们在无穷的宇宙中去探索无穷的真理吧! (郭沫若《科学的春天》)

"顽固"指思想保守,不接受新事物,或指在政治立场上坚持错误,不肯改变。"异想天开",是想法离奇、不切实际的意思。二者都带有明显的贬义色彩。可是文中分别用来表述坚持改革开放的毫不动摇的决心和毅力和形容科学工作者要发挥想象力、勇敢探索、大胆追求的精神。这就形成积极的内容与贬义的色彩之矛盾的统一,产生了轻松幽默的意味。也有褒词贬用的,例如:

  我国古典诗歌的精炼和完美的传统,炼字炼句的传统,在新诗里实在太少见到了;写得松散寡味,十分慷慨地浪费行和节的诗实在太多了。 (何其芳《诗歌欣赏》)

  研究鲁迅就要有鲁迅精神,一定要老老实实,实事求是,决不能搞实用主义——那些对鲁迅搞为我所用的实用主义的人，哪里是在研究鲁迅，他们不过是在随心所欲地"创造"鲁迅罢了。

（何启冶《播鲁迅精神之火》）

"慷慨"是不吝啬的意思，带有褒义色彩。用来形容"浪费行与节的诗"这一否定的事物，营造出嘲讽的意味儿。"创造"本指想出新方法，建立新理论做出新的成绩或东西，具有褒义色彩。可是这里却用来形容"那些对鲁迅搞为我所用的实用主义的人"之行为，否定的内容与褒义色彩形成矛盾统一体，诙谐之中充满了讽刺。

肯定的事物，用带贬义色彩的词语表述；否定的事物，又可用带褒义色彩的词语表述。打破常规，灵活使用，有时可表达出常规表达难以具有的意蕴。

（3）注意临时性。有些词语是没有感情色彩的，而一旦将其置于特定的语境之中，便临时带上了某种色彩，自然当脱离了这一语境，其色彩也随之不复存在。例如："咱们"这一代词，没有什么明显的色彩，可是将其置于下列的语境之中，便具有了不同的色彩。

将来胜利了，戴在胸脯上，回到咱们的祖国去！

（魏巍《谁是最可爱的人》）

叭儿狗一名哈巴狗，南方却称为西洋狗了，但是，听说倒是中国的特产，在万国赛狗会里常常得到金奖牌，大不列颠百科全书的狗照相上，就很有几匹是咱们中国的叭儿狗。这也是一种国光。

（鲁迅《论"费厄泼赖"应该缓行》）

前一例，不用"咱们"，语句也通，语意也明。但自豪骄傲的意味不足，有了它，就激情四射。后一例，"咱们"除了讽刺、鞭挞的意味之外，似乎还隐含着"沉痛"的情感色彩，因为"我"所讥刺的就是落后腐败竟至于此的祖国，怎不令人深感痛心呢！

总之，词语的感情色彩，是锤炼语句不可忽视的一个重要方面，凡表意准确有力的语句，其词语感情色彩的运用，都是恰当而巧妙的。

3. 造句力避歧义

有歧义的句子，不能表达一个清晰确切的意思，只能给语言交际带来障碍。要想避免歧义，首先要了解造成歧义的原因，从而设法避免之。

（1）由词语的多义性造成的，更换词语。汉语的句子实际上是词语意义的排列组合，而恰巧一个词又有多个意思，那么，不同的读者，有可能用不同的义项，构成不同的意义组合体。这样，一句话很可能就表达出不同的意思，就是常说的"歧义"。

◎汉语修辞艺术谈

　　他肩上的担子太重了，会把他压垮的。　　　　　　（《报》）
　　一位老师带着学生下乡劳动，村里派一位辅导员教他们收麦子。天太热了，同学们都汗流浃背。老师跟辅导员说："太热了，让大家休息一会儿吧！"辅导员说："待会儿吧。"十点多了，老师又说："让大家休息会儿吧！"辅导员说："待会儿吧。"……直到中午也没让大家休息。老师非常气愤，找到村长想告一状，还没开口，辅导员抢先说道："村长，这些学生和老师，真了不起，一不怕苦，二不怕死。我几次叫他们待会儿，他们就是不待会儿，应该表扬！"老师惊呆了。　　　　　　　　　　　　　　（《报》）

"担子"有本义和比喻义两个义项，意有两歧，此处表意不明晰。"待会吧"，既有"停下来休息"的意思，又有"等待一段时间再休息"的意思。由于两个人所选择的义项不同，才造成了如此大的误会。

　　在书面语中，"担子"可换成"负担"，"待会儿"可换成"休息会儿"、"歇会儿"等，以避免歧义。

　　在具体的语言环境里，根据上下文的意思，或者根据人物关系和人物身份，可以避免歧义。比如"好了，你别烦我了。""今天上午我有课。"如果条件不充分，也有可能产生歧义。是"你烦我"，还是"你使我烦"；是"我讲课"，还是"我听课"，就不清楚了。不如更换词语，使其表意明确起来。

　　（2）由句子结构的多样性造成的，改写句子。一个词，在句子里充当什么成分，有的时候游弋不定，因此，一个句子便出现两套或两套以上的结构形式。我们知道，一套结构形式，就表达一个意思，有几套结构形式，就有几个意思。怎么才能表达一个明晰确切的语意呢？一般说来，遣词造句，一定要遵守这样的一个原则：一个句子只能有一套结构形式，表达一个意思。下面的句子违背了这个原则。

　　这壶水留给早上来的同志们喝吧。　　　　　　　　（《报》）
　　关心孩子的痛苦　　　　　　　　　　　　　　　　（标题）
　　十九岁的李某的儿子李某某在天津读大学。　　　　（《报》）
　　老张，今天上午，三个报社的记者和编辑来我们这儿，你准备好午饭。　　　　　　　　　　　　　　　　　　　　（《报》）
　　九年如一日地照顾着植物人的丈夫。　　（某电视台节目预报）
　　晚上早点儿回家，我做好吃的等你。　　（《大哥》中的台词）

记得王力先生曾讲过，西方语言是法治的，中国的语言是人治的。汉语的遣词造句，其实就是词语意义的搭配组合。由于一词多义，搭配灵活等原因，不同的读者对词语意义，就会有不同的理解和选择，也就有不同的排列与组合。反映在句子上，很可能出现一个句子有两种或多种结构形式，表达出不同语意。第一例，可以是"早上/来的"，也可以是"早/上来的"。西山着火，几个昼夜未能扑灭，救火人对送水人说的这句话，很难判定是哪个意思。如果是口语，凭着"上"发轻声，还是发去声，可以判明。第二例，有两种结构，"关心/孩子的痛苦"；或"关心孩子/的痛苦"。因此，也就产生了不同的语意。第三例，"儿子李某某"前面的两个定语的位置颠倒了，应是"李某的十九岁的……"。第四例，"三个报社的记者和编辑"这一主语，就有多种组合形式：a. "三个报社"的"记者和编辑"，人数不定；b. "三个报社的记者"和"编辑"，人数也不定；c. "三个""报社的记者和编辑"，人数可确定。如果改写为"报社的记者和编辑共三个人"，便可消除歧义。其他的例子，都有两种结构形式，必须调整为一套结构形式，才能准确达意。

（3）由书写形式不当而造成的，调整形式。汉字是音、形、义合一的表意文字，字的排列有时会影响意义的组合，排列不当也会造成歧义，产生误解。比如杜牧的七言绝句《清明》，单纯从字意的排列看，可以这样断句："清明时节雨，纷纷路上行人，欲断魂。借问酒家何处？有牧童，遥指杏花村。"但是，由于有"七言绝句"这样的限制，才不会这样排列，这样断句。倘若没有这类条件的制约，那可能就会使表意两歧，不知所云了。例如：

   捷克队战胜
    中国队出线 　　　　　　　　　（《报》·竖标题）

看似捷克足球队、中国足球队都取得了胜利。看完消息内容才知道，原来是"捷克队战胜中国队，捷克队出线"。又如：

   明年春晚取消
    零点报时广告

字面上看仿佛是"明年春晚取消"了，"零点的时候报时，播广告"，其实不然，本意是说"明年春节晚会中间，取消零点报时和播广告"。

许多标题有时不用标点符号，那么就要特别注意汉字的排列，以不会产生歧义为准。

语言的准确性，在语言交际活动中十分重要，它是良好的语言交际效果的基本条件，也是一切语言艺术手段能够奏效的基础。

不过，有的时候，为了追求特殊的效果，故意让语言表达"意有两歧"，并不违背准确性的原则。试看这个故事：

◎汉语修辞艺术谈

> 唐时汪伦者,泾川豪士也。闻李白将至,修书迎之。诡云:"先生好游乎?此地有十里桃花。先生好饮乎?此地有万家酒店。"李欣然至。乃告之:"桃花者,潭水名也,并无桃花。万家者,店主人姓万也,并无万家酒店。"李大笑。款留数日,赠马八匹,官锦十端,而亲送之。李感其意,作《桃花潭绝句》。
>
> (清·袁枚《随园诗话补遗》)

这里的"桃花"和"万家",有歧义,汪伦是知道的,并用这一"歧义"投李白之所好,戏剧性地盛情邀请到了李白。李白不仅不介意,反而开怀大笑,十分惬意,深受感动。于是留下了千古绝唱"桃花潭水深千尺,不及汪伦送我情"。看来,汪伦也是性情中人,巧用"歧义"使故事涂上了鲜艳的色彩,充溢着诱人的趣味,其中都渗透着汪伦诚挚的热情。

总之,一般情况下,只有在正确理解和辨析词义的基础上,构造出只有一套结构形式的句子,才是"准确性"的最终保证。

第二节 形象性

所谓语言的形象性,就是选择那些含义具体的词语,将表现对象的形态、色彩、声音、动作等特征惟妙惟肖地描绘出来。即使抽象的意思,也力求采用必要的修辞手段,将其具体化、形象化,让听读者如见其人,如睹其物,如临其境,而且在品味体验中,更有效地获得信息。

一般说,文艺语体要求艺术化的语言,讲求形象性,不言而喻。但是,这并不是说其他语体就排斥形象性。至今那些令人百读不厌的散文,诸如贾谊的《过秦论》、诸葛亮的《出师表》以及丘迟的《与陈伯之书》等,其实许多都是当时的政论文、公文及应用文。人们之所以百读不厌,是与其形象生动的优美语言分不开的。

总之,优美的语言,离不开形象性和生动性,只是不同的文体,由于功能的不同而有不同的侧重罢了。

一、语言形象性的构成

(一)摹拟法

摹拟是增强语言形象性的方法之一。一般说,物象总是具有声、色、状、味等属性特征的,而且处于静态和动态的情况下,这些特征又会有所变化。摹拟就是用恰当的词语将特定条件下的物象属性特征,惟妙惟肖地描绘出来,给人以真实的感受。

1. 摹拟的类型

(1) 拟声。拟声，就是用象声词将表现对象的声音描摹出来，给人以听觉的真实感。例如：

"嗖、嗖、嗖……"今天下午，随着187枚增雨弹射向乌云，……一场久违的"及时雨"哗哗的从天而降……

（《解放军报》之《高炮轰云催甘霖》）

此处用"嗖、嗖、嗖"摹写增雨弹发射时的声音，用"哗哗"摹写大雨骤降的声音。这些声音，不仅勾画了生动的画面，也渲染了气氛。展现在读者面前的，是一个动态的立体画面，听得见，看得着。其实，不用模拟法也能把此事表述出来："今天下午，随着187枚增雨弹射向乌云，……一场久违的'及时雨'从天而降……"但其形象性，便荡然无存了。

"哎哟——"突然一声惨叫，是从地板上发出的。原来苏冠兰说话时一脚踩重了，将脚下那个流氓的肋骨"咯嘣"踏断了两根。苏冠兰低头一看，就在这一刹那间，只觉得寒光一闪，他急忙将脑袋一偏，躲过了大金牙猛刺过来的一刀，他同时顺手一挡，恰巧抓住了大金牙那只戴铁护腕的手腕，他用尽全力一捏，大金牙手上的铁护腕咔啦咔啦一阵发饷，手中的匕首哗啦掉在车厢的地板上。

（张扬《第二次握手》）

在描写动作的同时，又用"哎哟"、"咯嘣"、"咔啦"、"哗啦"等象声词描绘出激烈格斗时相应发出的声音，不仅能让人看到动作，还能让人听到声响，增强了这一场面的立体感。如果去掉这些模拟声音的词汇，这段描写，便成了无声的、平淡的画面了。

(2) 摹色。摹色，就是用表示色彩的词语，把表现对象的色彩特征描绘出来，给人以视觉的真实感受。例如：

我手里拿着一串鲜红、晶莹的冰糖葫芦，鲜红是血的颜色，那晶莹是光泽，咬了一口，又酸又甜，我不禁掉了泪。

（《战友报》"父亲的冰糖葫芦"）

如果说"我手里拿着一串冰糖葫芦"，也可以传递信息，但总不如用"鲜红、晶莹"加以描绘，给人的视觉刺激强烈，感受真切。

背后，是一抹翠黛的青山；眼前，是一片浩瀚无边的大海。在青山碧海之间，是一片金黄的海滩，像铺开的闪光的玄黄锦缎。

（邓加荣《北戴河游记》）

文中用"翠黛"、"青"、"碧"、"金黄"、"玄黄"等色彩词，分别描绘出"海滩"及其周围环境的颜色特征。不同的颜色相互映衬，勾画出一幅色彩

◎ 汉语修辞艺术谈

各异而又和谐自然的海滨图画。如果说"背后是山,眼前是海,山海之间是海滩",便索然寡味了。

(3) 摹状。摹状,就是选择恰当的词语,将表现对象的状态再现出来,以增强读者触觉和视觉等方面的真实感受。例如:

> 庵周围也是水田,粉墙突出在新绿里,后面的低土墙里是菜园。阿Q迟疑了一会,四面一看,并没有人。他便爬上这矮墙去,扯住何首乌藤,但泥土仍然簌簌的掉,阿Q的脚也索索的抖;终于攀着桑树枝,跳到里面了。里面真是郁郁葱葱,但似乎并没有黄酒馒头,以及此外可吃的之类。　　　　　(鲁迅《阿Q正传》)

"簌簌"描绘了泥土被压碎后纷纷散落的状态,以及发出的声响;"索索"描绘了阿Q的脚频繁发抖颤动的样子和似有若无的声音;"郁郁葱葱"描绘了萝卜生长得茂密旺盛的色状。人态物象,惟妙惟肖,仿佛能看得到,摸得着。

(4) 特殊摹拟。人们的心理活动和情感活动,影响着人们的认知活动。尤其处于特殊心境和激烈情感之中的认知活动,最为明显。生活中常有这样的现象,当你心情好的时候,看什么都顺眼都美好,反之,看什么人、事、物都倍感别扭心烦。此时,我们的感觉、认识,不是理智的、客观的,往往涂上了浓重的主观色彩,甚至还能够改变对象的性状特征。比如因思念之切,便有"一日不见,如隔三秋"之说,时间长度变了;惊恐之时,什么都使人惊恐,"八公山上,草木皆兵",草木的性质变了。在艺术创作和艺术欣赏中,激荡着的情感使作者或欣赏者处于一种特别的心境之下,他们与所感知的对象,达到"物我两忘"的痴迷状态,此时,其心目中的物象就会发生变异。试看下面的例子:

> 寺院/金黄色的钟声/将夕阳击落/野草丛中。(王润华《春》)

"钟声"怎么会有颜色,还是"金黄色"的?当钟声在夕阳的余晖中传播,灿烂辉煌与悠扬的钟声构成一幅诱人的画面,使人喜爱,令人陶醉。在诗人的想象中,金黄的余晖与优美的钟声融为一体,构成了一个美的意象。于是乎一个可以听到,又能看到的"钟声"的艺术形象,呈现在读者面前。

> 他(葛利高里)好像是从一场恶梦中醒过来,抬起脑袋,看见自己头顶上是一片黑色的天空和一轮耀眼的黑色的太阳。
> 　　　　　(肖洛霍夫《静静的顿河》)

有"黑色"的太阳吗?有的,在葛利高里的心里、眼中。他曾经参加红军,与白匪作战。负伤后,回家养伤。对革命委员会领导乱杀俘虏不满,愤而离去,又参加了白匪,与红军作战。白匪溃败,他回到家乡。后来为躲避逮捕，偕妻子逃亡，途中妻子被流弹击中身亡，他又回到家乡。是自首呢，还是继续逃亡？他的脑海里展开了激烈的思想斗争。最后，无奈，只得把武器投入刚刚解冻的顿河，到革命委员会去登记。此时此刻，他一无所有，万念俱灰；坦白自首，也生死前途未卜，哀伤痛苦，惊恐绝望，一起涌上他的心头。此时此刻，他所看到的"天空"和"太阳"，发生了变异，"黑色"正是他绝望的复杂心理和情感活动的写照。这样的例子并不少见，如：

　　这一天之内，我觉得风是蓝的，阳光是蓝的，连我这个人也都为清冷的蓝色所渗透了。　　　　　　　　　（刘白羽《天池》）

天是蓝的，水是蓝的，在天水浓浓的蓝色的渲染之中，作者获得了一种特殊的心理感受，于是感知也发生了变异，仿佛"风"、"阳光"甚至连"自己"都是蓝的。有的专家把这种修辞现象称作"移觉"，就是把一种感官的感受，用恰当的词语，转移到另一种感官上去。这是"五觉"互相沟通又互相转移的结果。

　2. 摹拟的经验

　　摹拟的确是增强语言形象性的有力方法，如何有效地运用摹拟，值得研究。综合大量的模拟的语言现象，可得出几条经验，供我们借鉴。

　　（1）仔细观察，积累经验。要想把事物的颜色、声音、状态等特征准确地描摹出来，首先要仔细观察，积累经验。不仅要把握事物在一般情况下的属性特征，还要把握事物在特殊条件下变化了的属性特征。可以说，这只是一般的观察。这对于熟练地驾驭语言艺术，还是不够的。应该使我们的观察再深入一步，即要能从人们司空见惯的现象中，发现出美来。这样，摹拟才有特色，才有灵气，才有新意。例如：

　　须臾，浓云密布，一阵大雨过了。那黑云边上镶着白云，渐渐散去，透出一派日光来，照耀得满湖通红。湖边上山，青一块，紫一块，绿一块。树枝上都像洗过一番的，尤其绿得可爱。

　　　　　　　　　　　　　　　　　　（吴敬梓《儒林外史》）

这是大雨过后的山湖景色，"黑云"镶着"白边"，是奇观；湖边的山，"青、紫、绿"是在一派阳光照耀下，飘动的云影，落在凹凸不平的山上形成的；即使那"绿"，近看，雨后树叶的"绿"，又与山上的"绿"不同。不经仔细观察体验，是不会写得如此细腻、准确、生动的。又如：

　　正值阳春三月，漫山遍野的迎春花迎风怒放，一片火红。四月二日傍晚，他在一丛火红的迎春花旁蹲下来，端详了很久很久。

　　　　　　　　　　　　　　　　　　　　　　　（《光明日报》）

迎春花的颜色似乎不是"火红"的，而是黄色的。尽管作者想以"火红的

◎汉语修辞艺术谈

迎春花"烘托主人公在生命垂危时，仍然热爱生活，仍为四个现代化奋斗的精神，但由于摹拟失真，便不能给读者以真实的感受，难以收到预期的效果。因为这是真人真事的报道，纯属写实性的文字，"写实性"，就要求对物象的描写客观真实，硬要把黄色的"迎春花"写成火红的，便失去了真实的基础，皮之不存，毛将焉附？

　　观察、体验是必需的，积累，也是不可或缺的。积累越丰富，运用越自如。李清照的《如梦令》，就是大家所熟悉的一个例证：

　　　　昨夜雨疏风骤，浓睡不消残酒。试问卷帘人，却道海棠依旧。
　　知否，知否？应是绿肥红瘦。

"卷帘人"没有观察、积累，没有艺术的感觉，她的直觉仍在"风雨"之前，所以道出"海棠依旧"的蠢话来；而李清照虽然没有去院中察看，凭着诗人的丰富经验的积累，凭着艺术家的想象，便描绘出了"雨疏风骤"之后，海棠花稀叶密的艺术状态：绿肥红瘦。"花稀叶密"这是一般人都能看到的变化，而从这一变化中看到美的特质，进而创造出美的艺术形象，不是任何人都能做到的。

　　总之，仔细观察，深入体验，不断积累，是摹拟成功的基础。

　　（2）服从主旨，反复推敲。不论哪种摹拟，一般都用于各种细节的描写上，那么，服从主旨的需要，是不言而喻的。在运用"摹拟"时需反复推敲，以免脱离主旨的败笔出现。

　　　　有些小学校也在排优劣、搞重点，把天真、稚气、蹒跚珊珊，
　　欢蹦乱跳的孩子们也分了类，归成堆，上称约了。

"蹒跚珊珊"指腿脚不灵便，行动迟缓而且摇摆不稳的样子，有描摹状态的作用。可是，这里描述的却是"天真、稚气"、"欢蹦乱跳的孩子们"，很明显，这里的"蹒跚珊珊"与主旨不符，应该删去。

　　叶圣陶先生在《皇帝的新衣》里，有两处修改值得借鉴。

　　　　宠姬方才醒悟，美丽的脸立刻转成灰色。

看得出，作者是想通过宠姬脸色的变化，来表现其心理活动。后来，把"美丽"改为"粉红色"。为什么？"美丽"比较抽象，改后脸色具体、鲜明。而且又恰好与后面的"灰色"形成强烈的对比。读者可以借助脸色的骤变，想象出宠姬极为恐怖的心理和神态。再如：

　　　　皇帝再也耐不住了，满脸的怒容，看着大臣们喝道："听见
　　没有！"

"满脸的怒容"，仍是一般的形容，抽象。如何将皇帝发怒的神情描绘得更形象些呢？后来改为"脸气得一块黄一块紫"，把"怒容"形象化了。一副

气急败坏又凶神恶煞的样子活灵活现,作者的褒贬态度,也寓于其中了。

（3）发挥想象,化无为有。有些表现对象的特征,能感受得到,却很难用摹拟的方法加以描绘。然而我们总能发挥自己的想象力,将本来不具备声、色、状等特征的对象,依然能用摹拟的手段来描写,使之绘声绘色。

比如,目光相遇,是不会发出声响的,而在相声"和尚还俗"里却说:"一会儿,俺们俩的眼光'邦当'就撞上了。"这是在联想和想象活跃之际,把"眼光"暗中比作可以相撞而且还能发声的物体了。这样,读者不只靠听觉的感受,并且还辅以视觉的感受,想象出两人对视的突然、疾速的状态。变无声为有声,化无形为有形,幽默风趣。

康濯的《春种秋收》,在表现女主人公玉翠的充满活力、朝气蓬勃的那种神态时,就用了这种特殊的摹拟方法。例如:

丰润的脸上透着粉红的嫩气,稳重的神色当中不露半点羞臊;

利利索索的两只手,扑扑腾腾的满身的劲儿……

如果说"浑身是劲儿",或者说"干劲儿十足",都比较抽象而乏味。而用"扑扑腾腾"一描绘,便把鼓荡着的、冲涌着的视觉难以看到的内在的力量具象化,再加上音响感受的辅助,于是抽象的意思化作可感的形象了。在描写另一主人公昌林小伙子时,也用了此法:

他那一身的力气,也扑扑扑往外直冒,好像就要冲破那紧箍在他身上的小布衫。

显然,作者暗中把小伙子的力气和朝气,比作了喷泉一样涌动着的、不可遏制的物象,又用"扑扑扑"既摹状又摹声的词加以形容,把抽象变为形象。

有些表现对象的特征,经过摹拟可以得到加强,甚至得到放大。例如:

司马大海听了,脸色唰地一下红了起来,布满血丝的眼睛里,闪着怒意。　　　　　　　　　　　　（王家斌《聚鲸洋》）

一武一怔,两只大眼睛刮打刮打闪着,"我不要休养了,我不要休养了!"他急急地喊道。　　　　　　（立高《永生的战士》）

脸色的变化,有时是极其迅速的,可以用不同的副词来形容,但总不如用"唰"这一既写状又写声的词来描写,更形象、更有可感性。眼睛的眨动,是看得到的,为表现人物的一种特别的心理状态,或情感活动,用"刮打刮打"描写,将动态放大,读者不只能看到眨眼的动态,而且还仿佛听到眨动时发出的声响,其效果与一般的描写迥然不同。上面所举的例子说明,"化无为有"都离不开丰富的联想和想象。

（二）具象法

语言的形象性,还表现在将抽象的意思,用形象的语言来表达;或者将虽然有些形象性的意思，通过一定的语言手段，使其得以强化。

1. 以实写虚

"虚"，是指抽象的意思。我们可以选取带有形象性的词语，或者采用某些修辞手段，使抽象意思外化为具体的、可感的物象，这在日常生活的语言活动里是可以经常见到的。例如，"欣喜"、"哀伤"、"愤怒"、"忧愁"、"痛恨"等，都表示抽象的意思。而在实际的语言活动中，人们往往将这些抽象意思具象化，分别用"眉开眼笑"、"泣不成声"、"暴跳如雷"、"双眉紧蹙"、"咬牙切齿"等代替，使之形象活泼。

除此之外，还可以用修辞方法，化抽象为形象。例如：

　　骄傲像隔年的草根，冬天刚过去，就钻出一丝丝嫩芽。

（叶圣陶《古代英雄的雕像》）

如果说"骄傲的思想情绪是很顽固的"，这是一个抽象的判断，无形象性可言。而上例的表述则不同，由"隔年的草根"，冬去春来，"就钻出一丝丝嫩芽"这一人们所熟悉的自然现象，联想到"骄傲"一遇时机就会滋生流露的情形。

　　那些不遵守剧场秩序的人们，和小朋友比一比，难道不觉得脸红吗？

（《文汇报》）

作者没有说"难道不觉得羞愧吗"，因为"羞愧"是缺乏形象性的抽象意思，所以用因羞愧而引起的表情——"脸红"——代替之。可以通过"脸红"这一"象"来理解"羞愧"这个"因"。

　　今天一大早，眼看水缸就要见底，村里仅有的两户人家的户主李福江和李大成，急切地拨通了当地政府的求救电话。

（《解放军报》"子弟兵送水上'天路'"）

换一种说法，"眼看水缸就要没水了"，不是不可以，但没有"就要见底"，那么形象真切。

宋·贺铸的《横塘路》里的名句，读者都很喜欢：

　　试问闲愁都几许？一川烟草，满城风絮，梅子黄时雨。

作者用我们看得见、摸得着的物象，来表现"闲愁"之迷蒙幽暗，飘忽杂乱，无穷无尽。把内心抽象的情思，外化为生动的物象，而读者却借助这些物象，利用联想和想象的心理机制，把抽象的情思还原出来，获得欣赏的满足。

有时把抽象的意思具象化，也就是将其外化为形象可感的物象，这就是以实写虚的方法。

2. 使弱强化

有时，叙事写人，或状物抒情，所用语言并非没有形象性，只是不够鲜明，不够生动，或者没有特色而已。这时，可采用一些语言手段，比如借助一些修辞方法，使之形象性更为鲜明突出，别具特色，将较弱的形象性强化起来。例如：

> 他长着一副微黑透红的脸膛，稍高的个儿，站在那儿，像秋天田野里一株红高粱那样的淳朴可爱。（魏巍《谁是最可爱的人》）

这位志愿军战士的脸色、形体和姿态，用摹拟的方法写得比较形象，但是为了加强其形象特征，也就是想借此特征展示一下其精神世界的内涵，于是便选取"站在那儿"这一角度，以秋天里的红高粱作比，使这段话，犹如着彩上色一般，把这位志愿军"淳朴可爱"的内涵，描绘、凸显出来了。鲁迅的《祝福》里写祥林嫂精神崩溃后的神态，也用此法：

> 而且很胆怯，不独怕暗夜，怕黑影，即使看见人，虽是自己的主人，也总是惴惴的，有如白天出穴游行的小鼠；否则呆坐着，直是一个木偶人。

胆怯惊恐的样子，惴惴不安的神态，以形象的语言作了描写。为了把她战战兢兢、惶恐不安的心理和全然麻木的状态凸现出来，作者又选择了动态和静态两个视角，分别借"白天出穴游行的小鼠"及"直是一个木偶人"设喻，强化了语言的形象性，深入地刻画了人物。《药》里的一段描写也很典型：

> 路的左边，都埋着死刑和瘐毙的人，右边是穷人的丛冢。两边都已埋到层层叠叠，宛然阔人家里祝寿的馒头。

"层层叠叠"的坟头，较为形象了，但是作者欲挖掘更深一层的意义，便用一个绝妙的比喻，使这一形象得以强化，启发读者思考"层层叠叠"的"丛冢"与"阔人家里祝寿的馒头"之间的内在联系。尤其在那个年代，可谓鞭辟入里，发人深省，余味无穷了。

不难看出，如此强化语言的形象性，是由思想内容的深化引起的。

二、语言形象性的作用

人们认识客观世界，是一个由感性到理性的过程。也就是实践、认识，再实践、再认识的过程。可是，由于种种条件的制约，作为个体的人，不可能事事都去实践，然后再获得认识。所以，人们往往借助语言文字，把各自的实践结果——认识、思想、情感，传播出去，或者接受过来。

那么，什么样的语言功效最佳呢？一般说，语言的形象性愈强，愈能使接受者有身临其境之感，有时这种语言文字的刺激，超乎实际情境的刺激，

◎汉语修辞艺术谈

因为它更集中、更典型、更新奇,具有强大的感染力。

我们知道,在记叙类的文字里,免不了要叙述,要描写,要抒情。如果想使这些表达方式具有感人的艺术魅力,对语言就有了较高的要求,形象性就是一个重要的方面。即使在议论性和说明性文字里,也不排斥语言的形象性。具体讲,有以下几个方面:

(一)绘声绘色

事物的名称是抽象的,如果把它的声、色、状、味等属性特征,或者动、静的情状,摹拟抒写,其形象会表现得异常鲜明、突出。这往往要借助于富有形象性的词语,加以具体的描绘。例如,梁斌的《红旗谱》里写严萍撒传单的一个细节:

她把一簇簇传单唰啦啦甩上天空,又看着那些红绿纸张随风飘悠悠地落下来。

"一簇簇"写静态,"飘悠悠"写动态,"唰啦啦"写声响,"红绿"写颜色。读者可以凭借着由静到动,听声观色的多种感受,想象出撒传单的情状。假如去掉那些摹拟的词语,便成了"她把传单甩上天空,又看着那些传单落下来",显然,形象性和生动性,远不如前者。

我们一踏进后花园,便有一架紫藤呈现在我们眼前……花心是黄的,花瓣是洁白的,而且看上去似乎很肥厚的,更有无数的野蜂在花朵上下左右嗡嗡地叫着——乱哄哄地飞着。

(徐蔚南《快阁的紫藤花》)

这里用色彩词"黄"、"洁白",分别描绘花心和花瓣的颜色;用象声词"嗡嗡"、"乱哄哄"描绘野蜂鸣叫飞舞的声音;逼真地摹写了花瓣的形状、野蜂采蜜的情景和气氛。这就使人如见其色、如听其声、如观其状。

鲁迅在《故乡》里对月夜海边沙地的描写极为精彩,无疑得助于摹拟的语言手段。

这时候,我的脑海里忽然闪出一副神奇的图画来:深蓝的天空中挂着一轮金黄的圆月,下边是海边的沙地,都种着一望无际的碧绿的西瓜,其间有一个十一二岁的少年,项带银圈,手捏一柄钢叉,向一匹猹尽力的刺去,那猹却将身一扭,反从他的胯下逃走了。

这里用"金黄"、"深蓝"、"碧绿"分别把"沙地"、"天空"、"圆月"各自的颜色特征凸现出来,互相对照,又互相映衬,使之愈加鲜明,从而勾画出一幅海边月夜的神奇画图。倘若不用这些色彩词语,便是"眼前展开一片海边的沙地来,天空中挂着一轮圆月",没有了色彩,削弱了形象性,成了比较抽象的叙事梗概，自然也就失去了动人之处。

不过，有的同学提出质疑：我家就在南方的海边农村，也种瓜果。晚上只能看到月亮，其余都灰蒙蒙的，看不清楚。鲁迅写的不真实，不准确。怎么认识这一问题呢？

第一，生活不等于艺术。你眼中的真实，也不等于艺术的真实。虽然艺术源于生活，但又高于生活，更集中、更典型。比如你看到的家乡的月亮、天空以及沙地等，只不过是作家创作艺术形象的素材而已，而且又只能吸取其中可用的元素。

第二，从"我的脑海里忽然闪出一幅神奇的图画来"看，这是对少年闰土快乐童年的美好回忆，确切点说，也是美好的想象。于是将这些奇特的色彩做了异乎寻常的搭配，营造出一个如梦如幻的童话世界，为少年闰土砌筑了一个展示其英姿勃勃面貌的舞台。

第三，从效果看，"深蓝的天空"、"金黄的圆月"、"碧绿的西瓜"互相映衬所描绘的一幅"神奇的图画"，有力地烘托着单纯、热情、活泼、勇敢的少年闰土"小英雄"的形象，二者相得益彰。

第四，用现实生活中的"元素"，所营造的"神异的图画"，有现实生活的影子，又不同于其本身，它更新奇、更美好、更典型。

在人物的肖像描写中，也离不开摹拟和具象两种手法。头发、脸色、服饰、神态等，欲达形色惟妙惟肖、神情活灵活现的境地，形象的语言，不可或缺。

(二) 寄寓情思

有的时候，形象的语言，在描绘事物的声、色、状、味之时，也反映出人物对该事物的情感态度，肯定的或是否定的，都不是干巴巴的，而是渗透于描绘之中，即以实写虚，将虚的内容外化为所描绘的形象。例如：

杨朔在《雪浪花》里写老泰山夸自己的"驴"是"浑身乌黑乌黑的，没有一根杂毛"，流露出十分喜爱的感情。康濯的《我的两家房东》也有类似的描写：

> 天气暖和起来，开春了！杨花飘落着，枣树冒出了细嫩细嫩的小绿叶，也开出了水绿水绿的小花朵朵，村里人们送粪下地的都动起来了。

作者选择了初春枣树的最显著的特征，即"细嫩细嫩"的小绿叶，"水绿水绿"的小花朵，有色有状，那么稚嫩，那么纯洁，那么可爱，充满生机，勾画出一幅农村初春的清新美好、生机盎然的图画，字里行间洋溢着作者欣喜、爱怜的情感。

◎ 汉语修辞艺术谈

    龚曲此里24年的军旅人生，深深地刻上了民族团结的印记，
  直到他的生命化作雄鹰，盘旋在雪域高原；他的灵魂化作绚丽的彩
  虹，守护在曾经奉献终生的地方。
      （《解放军报》之《像珍爱眼睛一样维护民族团结》）
这里用了以实写虚的方法，"他的生命化作雄鹰，盘旋在雪域高原"，"他的灵魂化作绚丽的彩虹，守护在……"，从这些美好的比喻里，我们可以感受到，人民对于龚曲此里维护民族团结的事迹与精神，给了高度的评价和热情的赞美。

    一些西方国家低眼看中国看惯了，现在要平视中国了，一时还
  有些不习惯，吵吵嚷嚷，唧唧歪歪，这不足为奇。
          （《解放军报》之《淡定从容向前走》）
文中的"吵吵嚷嚷"、"唧唧歪歪"有着摹写情状、渲染气氛的作用，显然带有贬斥的否定的情感。

    战士战死的时候，苍蝇们所首先发现的是他的缺点和伤痕，嘬
  着，营营地叫着，以为得意，以为比死了的战士更英雄。
            （鲁迅《华盖集·战士和苍蝇》）
用"嘬着"、"营营"摹写"苍蝇们"的劣行和得意的叫声，使其丑态毕现，而且蕴含着贬斥的感情，否定的态度也很鲜明。

  人的情感和心境是复杂的，有欢喜也有悲痛，有高昂也有消沉，有肯定也有否定，都可以蕴寄于景物的描绘之中。换句话说，描绘景物的那些形象生动的语言里，都浸透着情感。优秀的作品，还能够达到"情景交融"的艺术境界。所以王国维说："一切景语皆情语也。"（《人间词话》）的确如此，假如一段景物描写不寄托人的情思，那还有什么意义呢？

  （三）烘托气氛

  气氛，是"一定环境中给人某种强烈感受的精神表现或景象"，它总是借助人与人的关系和有关物象呈现出来。一般说，说写者是不宜直接告诉读者所描写的是何种气氛的，而是通过具体的描写，让读者感受到所描写的是何种气氛。用摹拟和具象之法而构造的形象语言，便有烘托渲染气氛的功能。试看下面的例子：

    忽然听到街上咕咚咕咚有人跑，把房子震的好像摇晃起来，窗
  纸哗啦哗啦响。
            （管桦《小英雄雨来》）
借助"咕咚咕咚"的跑步声，和"哗啦哗啦"的窗纸响，以及"摇晃起来"的状态，使人感到气氛的紧张，想到情势的紧急。

  孙犁的《荷花淀》里的两处描写，历来为人称道：

第二章 锤炼语句讲求"三性"、"三美"

> 她们轻轻划着船,船两边的水,哗、哗、哗,顺手从水里捞上一棵菱角来,菱角还很嫩很小,乳白色,顺手又丢到水里去。

通过"哗、哗、哗"的水声,仿佛看到了她们划船的缓慢的动作,听到了桨声的舒缓的节奏,让人感受到一种平静而轻松的气氛。当发现了日本鬼子的船追来,而且又追得很紧的时候,则又写道:

> 后面大船来的飞快,那明明白白是日本兵。这几个青年妇女咬紧牙,制止住心跳,摇橹的手并没有慌,水在两旁大声地哗哗,哗哗,哗哗。

由"哗哗,哗哗,哗哗"的声音,可以想见她们划船的动作,节奏明显加快,渲染出极为紧张的情势和气氛。一个象声词"哗",巧妙运用,竟展现出如此大的表现力,不能不说是语言的艺术。

> 冷飕飕的秋风,吹得那些棚子边上的荒草簌簌作响,那些红红绿绿的反右倾机会主义的标语,被昨天的雷雨撕裂,倒挂在那里。
>
> (鲁彦周《天云山传奇》)

秋风是"冷飕飕"的,草是"荒草"而且在冷风中"簌簌作响",标语"红红绿绿",被雷雨撕裂"倒挂"着。这里有摹声、摹色、摹状,渲染了反右倾大会时那种来势凶猛、令人恐怖而终归冷落惨淡的气氛。

> 冬季日短,又是雪天,夜色早已笼罩了全市镇。人们都在灯下匆忙,但窗外很寂静。雪花落在积得厚厚的雪褥上面,听去似乎瑟瑟有声,使人更加感得沉寂。 (鲁迅《祝福》)

这里用"笼罩"、"寂静"来描写黑暗广漠的雪夜时,又借助雪花落在"厚厚的雪褥"上面发出的"瑟瑟"的声响来烘托,进一步渲染出一种沉寂和凄凉的气氛。

气氛,或是一种景象,或是某种给人以强烈震撼的精神表现。人物营造气氛时,展示着内心世界;人物感受气氛时,被气氛所感染。这是刻画人物的主客观交汇的小小平台。

(四) 辅助论证

议论是以抽象和概括为特征的表达方式,其中经过分析、论证,最后得出结论。因此便产生了一种误解,以为议论的表述与语言的形象性无关。其实不然,议论的抽象性和概括性,是就分析事理的思维和归纳论点的特征而言的。如果从论据和论证方法的多样性来看,就像我们开始所讲的,议论文的语言,并不排斥形象性,有时为了增强某些论据的说服力,还不惜笔墨加以描绘。例如,毛泽东《矛盾论》中的一段话:

> 唯物辩证法认为外因是变化的条件,内因是变化的根据,外因

◎ 汉语修辞艺术谈

通过内因而起作用。鸡蛋因得适当的温度而变化为鸡子，但温度不能使石头变为鸡子，因为二者的根据是不同的。

内因与外因的辩证关系，是一个抽象而深刻的哲理。为了讲得深入浅出，用了一个人们所熟悉的常识性的事实，即温度能使鸡蛋变为鸡子，而同样的温度决不能使石头变为鸡子，这一比方，把抽象化为形象，把深奥的道理，讲得浅显易懂。又如：

少计较，多感恩，保持满足感。党的事业好比一条大船，我们不能"每个人都是船长"，大海航行，需要很多优秀忠诚的"水手"。（《战友报》之《如何克服"三年不动就有失落感"》）

这是克服"三年不动就有失落感"的途径之一。此处把党的事业比喻成大船，大海航行，船长只有一人，其余都是水手。这是客观事实，这是胜利航行的需要。明白了这一道理，还有什么"失落"的？

一位哲人曾这样形容读书的重要性：翻开，是呼吸新鲜知识空气的一双肺叶；合上，是砌筑人生高尚正直的一块方砖；竖起，是人航行于社会海洋中的一杆风帆。一个人把读书当成了习惯，他离成才就不远了。（《解放军报》之《活跃在军营的文化色彩》）

说明读书的重要性，有多种方法，这里从书的三种形态"翻开"、"合上"、"竖起"入手，打了三个比方，含义深刻，又鲜明形象。不难看出，语言的形象性，在说明事理方面，是不可忽视的。

但我们揭发错误、批评缺点的目的好像医生治病一样，完全是为了救人，而不是把人整死。一个人发了阑尾炎，医生把阑尾割了，这个人就救出来了。（毛泽东《整顿党的作风》）

揭发错误、批评缺点的目的，是为了救人，不是把人整死，这是抽象的道理。毛泽东将其外化为医生割掉阑尾，并使人恢复健康的事实，穷理析义，启发读者联想回味，自然亲切感人。

议论中的论据多种多样，其中有事实，有典故，有比喻，都需要叙述描写，那么，就离不开形象的生动的语言。可以说，形象的语言是论证的好助手。

除了议论性的文字之外，有些说明性的文字，也是需要形象生动的语言来表述的。例如：

天上的云，真是姿态万千，变化无常。它们有的像羽毛，轻轻地飘在空中；有的像鱼鳞，一片片整整齐齐地排列着；有的像羊群，来来去去；有的像一条大棉被，严严实实地盖住了天空；还有的像峰峦，像河流，像雄狮，像奔马……它们有时把天空点缀得很美丽，有时又把天空笼罩得很阴森。刚才还是白云朵朵，阳光灿烂；一霎间，却又是乌云密布，大雨倾盆。云就像是天气的"招牌"：天上挂什么云，就将出现什么样的天气。（《看云识天气》）

文中用一系列的生动形象的比喻，描绘了各式各样的云的不同的形象特征，活泼有趣，给人留下深刻的印象。当读者兴味方浓之时，顺势将其引导到"天上挂什么云，就将出现什么样的天气"这一理性的认识上来。记得叶圣陶先生说过，说明文不一定就是板起面孔来说话，说明文未尝不可以带一点风趣。先生所言极是。议论文和说明文恰到好处地运用形象生动的语言，让读者乐意并有滋有味儿地接受你所传递的信息，不仅有理性的认识，还有美的感受，不更好吗？

综上所述，形象的语言，不论是叙事写人，还是状物抒情，具有多种功能。运用形象的语言，如果能够达到绘声绘色的境地，会让读者有身临其境的感受。那些形象生动的描绘，可代替所摹写的物象给人视觉、听觉、触觉以及嗅觉味觉等感官的刺激。这种刺激，能激发丰富的联想和想象的活力，"再造"出那些栩栩如生的艺术形象。读者"再造"的过程，就是玩味、品评、欣赏的过程，也就是获得美感愉悦的过程，这就是形象语言的审美价值之所在吧。

三、运用中应注意的问题

语言的形象性，虽然在语言表达中具有不可或缺的作用，但也不是随意运用的。有一些文章体式，并不刻意讲究如何形象生动，如法律条文、规章制度、契约合同、科研报告、医疗诊断、指示命令等，要慎用或不用。例如，某单位的总结报告中，有一段是这样写的：

我局所属某某工厂，去年借助外部东风，生产一度像穿云的燕子，飞向百尺竿头。曾几何时，今春以来，却又像冰山开化似的，一泻千里，直线下降。

文中的比喻不可谓不生动形象，但是没有必要，因为"总结"要求分析成败原因，总结经验教训，一定要用事实和数据说话，这里的形容夸饰，不能说明问题，无助于改进生产和提高效率。语言表达不能忘记"得体性"原则，否则难有好的效果。如果大夫给你出具的诊断是："红肿之处，艳若桃花。"你的感受如何呢？让人哭笑不得。

如果需要语言的形象性，就要把语句组织好，不要有什么纰漏。但是，该用而没有用好的现象，并不少见。例如：

开始听见了隆隆的声音，后来才知道是日本人占了保定。大水也阻挡不住那些失去家乡逃难的人们，像蝗虫一样，一下子扑过来了。

奶奶辛辛苦苦一辈子，好不容易盼来了好日子，可是老了。她坐在炕沿儿上，呆呆的，像只脱了毛儿的老鸟儿，我不由的感伤起来。

以上两例，需要用形象的语言加以描绘，以便述其事，绘其人，并借此抒发情感。遗憾的是，文中分别以"蝗虫"、"脱了毛儿的老鸟儿"设喻，形象倒是形象了，可是比喻物令人生厌，或者滑稽可笑，没有美感。很明显，感情色彩褒贬不当，有悖作者的主观意愿。

第三节 生动性

一、生动语言的特点

我们常常听到这样的话：某人的讲演风趣幽默，某篇作品的语言新颖活泼，这无疑是对生动语言的赞赏。也可看出，生动的语言给人们带来的美感愉悦。与此相反，那些干瘪无力的语言，那些死板艰涩的语言，是不受读者欢迎的。因为这样的语言，不能给人以新的刺激，不能给人以新的感受，也就不能给人以新的美感，读、听起来自然也就乏味得很。

我们运用语言进行表达，不外乎叙事、明理、状物、抒情。若想使语言富有感人的力量，富有吸引人的魅力，就不能不研究语言的生动性。语言的生动性，最显著的特点之一，就是新颖，具有独创性。比如写喜雨、爱雨。民间有"春雨贵如油"之说，杜甫有"好雨知时节，当春乃发生。随风潜入夜，润物细无声"。的名句。在这些家喻户晓的名言面前，如何创新，是一个非常困难又不能不考虑的问题。下面这段描写，会给我们以启迪：

雨，真是一种慢性的纠缠，温柔的萦扰。往事若是有雨，就更令人追怀。我甚至有一点迷信：我死的日子该会下雨，一场雨声，将我接去。　　　　　　（《余光中散文》·《雨城古寺》）

这里写的是喜雨、爱雨。第一句是实写，从"慢性的纠缠"、"温柔的萦扰"，可见出喜爱之情；第二、三句，是虚写，先让时间回到过去，再让时间飞向未来，悬想着一种与雨有关的事情，以抒发对雨的挚爱与眷恋。不难看出，独特的感受，丰富的想象，在文笔的跌宕起伏之中，描绘了"我"与"雨"生死不离的情状。爱之深，爱之切，跃然纸上。不落窠臼，另辟蹊径，独具新意。再比较一下尼采和马克·吐温对德语缺点的评述，会看到生动语言的另一个特点：

尼采在《善恶之外》里曾这么说："一切沉闷，黏滞，笨拙得似乎隆重的东西，一切冗长而可厌的架势，千变万化而层出不穷，都是德国人搞出来的。"这里批评的是德语烦琐、冗长的缺点，激愤难遏，直陈其词。但是，就生动性而言，比不上马克·吐温的一段惊人妙语：

> 每当德国的文人跳水似地一头钻进句子里去，你就别想见到他了，一直要等他从大西洋的那一边再冒出来，嘴里衔着他的动词。

（选自《余光中散文》）

德语句子烦琐冗长这一意思，用极富夸张的动态形象，描绘出来了。尤其"嘴里衔着他的动词"，简直就是一幅讽刺漫画，增添了幽默风趣的色彩，令人回味无穷。

从上面所举的例子来看，生动的语言，总是跃动着一种活力，鼓荡着一股朝气，给人以新颖的刺激，给人以心灵的震撼。归纳起来，它具有两个最显著的特点：新颖活泼，富有情趣。

二、生动语言的构成

（一）新颖活泼

怎样理解新颖活泼呢？老舍先生的话很有指导意义："所谓语言的创造并不是闭门造车，硬造出来只有自己能懂的一套语言，而是用普通的话，经过千锤百炼，使语言得到新的生命，发出新的光芒。就像人造丝那样，用的是极为平常的材料，而生产出来的是光泽柔美的丝。我们应当有点石成金的愿望，叫语言一经过我们的手就变了样儿，谁都懂，谁又都感到惊异，拍案叫绝。"（《戏剧语言》）也就是说，不论炼字还是炼句，实际上就是语言的加工创造活动，一定要追求"新颖"。"新颖"，并非用生僻的词汇构造怪异难懂的语句，而是赋予平常词语以新鲜的情调，新鲜的色彩，新鲜的意境，点石成金。"谁都懂，谁又都感到惊异，拍案叫绝"，正是新颖活泼的语言所具有的震撼力和感染力，使语言具有新颖活泼的特质，途径很多，这里拟介绍两种常见的方法：

1. 化静为动

采用一定的语言手段，将静态的对象写得富有动态感，这是通向语言生动妙境的桥梁之一。

语言是思维的现实。在作家笔下，静态的物象变为动态的艺术形象，必然经过不同一般的形象思维的过程。而反映这一形象思维成果的语言，也应该是新颖奇妙的。

◎汉语修辞艺术谈

（1）不动而如动。静态对象的某些特征，使作者获得某种特殊感受，激发了联想和想象活力，动态的意象便产生于脑际，然后再选择那些富有表现力的动词，将其描绘出来，给读者以鲜明的动态感。例如：

　　山，刺破青天锷未残。天欲堕，赖以拄其间。

（毛泽东《十六字令》）

先用"刺"，再用"拄"，两个动词，把峻峭矗立的山峰给诗人的耸涌上冲的感受，表现出来了。静态的山峰，情感化了，不再是静止的自然形态，而成了富有上冲感的动态的艺术形象。这一动态的艺术形象，实则是诗人审美理想的化身。此处，"刺"与"拄"两个动词，有画龙点睛之妙。

峻青的《海滨仲夏夜》里有这样的语句：

　　夕阳下山不久，西方的天空，还燃烧着一片橘红色的晚霞。

"晚霞"是不会"燃烧"的，这里显然是按照作者的情感倾向，将其暗暗比拟成正在燃烧的物了。"晚霞"由静态变为动态，变为通红火热的美好形象，寄寓了作者的希冀。

有的时候，表现对象并非具体的物象，而往往是比较抽象比较模糊的静态对象，也可写得富有动态感、富有形象性。例如：

　　龚曲此里的一生，就是在为使命而燃烧，因使命而光荣。

（《解放军报》之《生命为使命而燃烧》）

如果这样表述："他的一生，活，为了使命；死，也因为使命。"也未尝不可。但是，你不觉得平淡吗？而且是静态的平淡。此处用"燃烧"，立刻让人们感受到，龚曲此里为完成民族团结的使命，其生命像一团烈火，闪耀着灿烂的光芒，放射着暖心的热量，跃动着升腾着旺盛的活力。此时，在作者意识里，抽象的、静态的"生命"，已经是燃烧着的炽热的一团烈火。

　　回哨所路上，张富煜将采来的鲜花编成美丽的花环送给女友。甜蜜的幸福感在于丽娟心中悄然流淌。

（《解放军报》之《山花烂漫俏哨所》）

"甜蜜的幸福感"怎么会"悄然流淌"呢？这是作者将人物此时此刻"幸福感"的由淡到浓，由浅到深，源源不断，以致陶醉其中的情状，想象成为流动的甘泉了。此处也是将主观的美好感觉，形象化、动态化了。

（2）无情似有情。把静态的物，描写得带有人的感情色彩，使无情的静态变为有情的动态。具体说来有两种途径：

一种是，采用比拟等修辞方法，直接变无情为有情。例如：

　　曲曲折折的荷塘上面，弥望的是田田的叶子。叶子出水很高，像亭亭的舞女的裙。层层的叶子中间，零星地点缀着些白花，有袅

娜地开着的,有羞涩地打着朵儿的…… （朱自清《荷塘月色》）
描写荷花,除用了许多优美的比喻外,还用了化无情为有情的方法。作者不说"有正开着的,有含苞未放的",因为这是静态的没有生气的说明,难以动人。而用"袅娜"和"羞涩"加以修饰,使开着的似尽展其优美姿容,未开的则娇羞矜持,脉脉含情,给人以鲜明的动态感。

另一种是,用否定式的语句,曲折地变无情为有情。例如：

庭院深深深几许?杨柳堆烟,帘幕无重数。玉勒雕鞍游冶处,高楼不见章台路。

雨横风狂三月暮,门掩黄昏,无计留春驻。泪眼问花花不语,乱红飞过秋千去。　　　　　　　　　　（欧阳修《蝶恋花》）

这首词表达了一位少妇深闺独守的苦闷心情。而脍炙人口的佳句,则是"泪眼问花花不语"。其"佳"在何处呢?

倘若日常生活中,你告诉别人说："花不说话"。这简直是无须说的废话。但是,这位心怀苦闷而又无以排解的少妇眼中的"花",却不同一般,它已经带上了人的主观感情色彩。"花不语"这一否定句,反倒能够激发读者更丰富的联想：花,原来是会说话、能说话的,可是现在不说了。为什么?

从表现的角度看,这句话所传达的信息是,少妇本想向花倾诉自己的不幸和苦闷,可花缄口不语,连它都不同情、不理解,更加重了其苦闷心情。这里的花,已经变成了能说而不说的动态形象了。再如：

宋·叶绍翁《游园不值》里的名句："春色满园关不住,一枝红杏出墙来。""春色"本来是不可关的,诗人偏说"关不住",使无情之物带上了作者的主观感情色彩,用否定的语言形式表达,以激发读者的想象力：春意荡漾,孩童似的蓬勃旺盛,充满活力,竟至关都关不住。

这一语言表达的艺术,是符合思维规律的。钱钟书先生有过精辟的论述："按逻辑说来,'反'包含着'正',否定命题,总预先假设着肯定命题。诗人常常运用这个道理……"（钱钟书《宋诗选注》）何止是诗人,日常生活里,这种语言现象也是屡见不鲜的。

总之,无论不动而如动,还是化无情为有情,其功用都不在于机械地再现客观事物,而意在表现注入了主观感情色彩的静物特征。换句话说,作者所描绘的不再是客观对象的自然形态,而是渗透着作者审美趣味的艺术形态了,甚至可以说,是作者审美理想的化身。由于其个性鲜明,新颖独特,会让读者有更多的回味。

（3）化静为动的条件。化静为动的完成,需具备客观和主观两方面的

◎汉语修辞艺术谈

条件以及丰富的语言材料。

第一、静态物象须有激发动感想象的特征。

静止不动的物象，有许多特征；在不同的条件下，这些特征又有不同的显现。我们的五官感知到这些特征，会产生不同的联想和想象。要表现他们，或者要借它们寄寓我们的情思，就不能不深入细致地观察和体验。一般说来：

高低起伏的物象，给人以曲线的流动感。例如：

山，倒海翻江卷巨澜。奔腾急，万马战犹酣。

(毛泽东《十六字令》)

高耸尖状的物象，给人以锐角的上冲感。例如：

这山拔地参天，直上青云，仰头一看，差点把帽子都甩掉了。

(陈淼《洱海一枝春——云南抒情之二》)

旁逸斜出的物象，给人以斜线的飞动感。例如：

那高高的白杨树伸展着枝条，它快要泛青了。

(《女英雄刘胡兰》)

高重物，给人以下压感。例如：

而山峰的阴影，更快地倒压在村庄上，阴影越来越浓，渐渐和夜色浑成一体。

(冯德英《苦菜花》)

悬浮物，给人以坠落感。例如：

瓦蓝瓦蓝的天空里，悬着几朵镶金边的乳白色云霓……

(孟伟哉《夫妻》)

不同的物象有不同的特征，都有触发动感想象的可能。我们描绘景物，不仅绘其形，更重要的是传其神，即人的主观感受，构成形神兼备的形象。那么，捕捉物象特征，激发想象活力，这是化静为动的第一步。

第二、情感使表现对象理想化。

化静为动，大致要经过这样一个形象思维的过程：

观察体验—诱发情感—激发想象—形成意象—选择动词—动态形象。

下面以杨朔《海市》里的一段描写为例，试作分析：

春天有野迎春；夏天太阳一西斜，漫山漫坡是一片黄花，散发着一股清爽的香味。黄花丛里，有时会挺起一枝火焰般的野百合花。

文中没有写野百合花的自然形态，如黄花丛里，"长着一枝"或"有一枝"野百合花，而是用"挺起"表述，展现在我们眼前的，却是情感化了的野百合花的艺术形象。何以见得？

当作者观赏野百合花时，为其动人的特征所吸引，从而激发了喜爱之情；这种情感不断加强，促使联想和想象活跃起来。我们知道，联想和想象，是受情感支配的，有人说，联想和想象是情感的奴仆，的确如此。于是，在情感与想象的互相推动下，按照深深喜爱的情感需要而创造出一幅理想的形象，就是用"挺起"表现的一枝富有昂然神韵的野百合花。这大概就是王国维所谓的"以我观物，故物皆著我之色彩"（王国维《人间词话》）吧。

这株神采奕奕的百合花，已经不是其自然形态了，而是注入了作者的主观精神的艺术形象，表现出作者所崇尚的个性特征和精神境界。这种新奇的思维，自然要求新颖生动的语言与之相适应。

第三、动词是由静到动转化的桥梁。

在作者想象中，静态的百合花已经是渗透着主观情感的动态意象，如何表现它、描绘它呢？显然，不能按照静的自然形态来遣词造句了，而动的理想化的意象，才是选词造句的依据。作者选择了动感很强的"挺起"这一动词，既能绘形，又能传神，使百合花的姿态神韵，跃然纸上。看似不能与野百合花相搭配的"挺起"，居然搭配在一起，那么自然和谐，使读者感到新奇、有趣。郑板桥讲"画胸中竹，不画眼中竹"，道出了艺术创作的辩证法，与化静为动的语言艺术是相通的。当我们欣赏这种"反常合道为趣"的艺术语言时，不要忽略了动词、动词性词语的由静到动转化的桥梁作用。

2. 打破常规

语言的运用是有一定条件的，在修辞的原则里谈过，诸如服从主旨、注意身份、考虑对象、适应语境等，总之，要做到"得体"。可以说，这是一般的要求，这是常规的要求。但是，语言的运用有时是相当复杂的，客观世界在变，主观世界在变。如果面对特殊的对象，表述特殊的内容，再加以处于特殊的心境之中，那么，说出的话，就有可能会打破常规，形成个性化的特色。

（1）打破审美定势。对于美感的表达，时间一久，也会模式化。例如，形容"红"、"白"，往往说"火红"、"雪白"；形容"快"、"慢"，往往说"飞似的"、"蜗牛似的"；描绘女子之美，什么"柳叶眉、杏核眼、樱桃小口一点点"，还有"闭月羞花"、"沉鱼落雁"之类，在旧小说里是屡见不鲜的。这样的形容描绘，久而久之便失去了光彩，不能给人以新颖的刺激，自然也就不能满足人们不断发展的审美需求。因此，要变，要创造新颖生动的语言。下面的例子值得我们借鉴：

突然是深灰色石岩从高空直垂而下浸入江心，令人想到一个巨

◎ 汉语修辞艺术谈

大的惊叹号；突然是绿茸茸的草坂，像一支充满幽情的乐曲。

(刘白羽《长江三日》)

把"绿茸茸的草坂"比作"充满幽情的乐曲"仿佛不妥，怎么"像"呢？但又可理解。原来，这是作者在欣赏三峡美景而处于极度兴奋的状态下，活跃了通感的心理机制，构造出的奇异的句子。当作者在视觉和触觉感知"绿茸茸"的色状时，得到柔和、愉悦的情感体验，再由这一情感体验，联想起曾经有过的同样感受的其他事物的表象，经选择，取听觉保存的"充满幽情的乐曲"的表象为喻体，于是，便把突然发现的令人惊喜的"绿茸茸"的草坂，做了新颖独特的表现。

朱自清的《荷塘月色》对荷塘清香的描写，与上例有异曲同工之妙：

微风过处，送来缕缕清香，仿佛远处高楼上渺茫的歌声似的。

嗅觉可感知的"缕缕清香"，用听觉保存的"歌声"留下的美好的表象来表现，令人耳目一新。一旦你发现或者体味到作者独自感受的两者的相似之处时，会惊叹作者这种打破常规、奇思妙想的语言艺术的。《老残游记》里描写王小玉唱歌的一段文字，也别具一格，耐人寻味：

从此以后，愈唱愈低，愈低愈细，那声音就渐渐的听不见了。满园子的人都屏气凝神，不敢少动。约有两三分钟之久，仿佛有一点声音从地底下发出。这一出之后，忽又扬起，像放那东洋焰火，一个弹子上天，随化作千百道五色火光，纵横散乱。

王小玉的歌声，由细到无，到若无似有，再到忽又扬起，可说是百转千回，顿挫抑扬，清脆响亮，给人以多种多样的美感愉悦。怎么描绘？作者并未落入俗套，而是借助通感，以"放东洋焰火"作比，做了新颖生动地描绘。让读者通过五彩缤纷的色彩，纵横散乱的动态，以及此起彼落的响声，想象出王小玉歌声难言的美妙，心中萦绕着不尽的余味。

我们知道，一个意思，可以用不同的语句来表达。那么，就应该用高标准来要求，即求新、求奇、求美。"道人之所未道"或"道人之欲道而不能道"。例如：

十四岁的我在经过这条街道时，终于也忍不住要张望一下橱窗里的那些繁华。我的眼睛总是急匆匆地扫过静止的碎花波西米亚长裙上开得万紫千红的一个簇拥；扫过层层叠叠的蓬蓬白纱和刺绣蕾丝掩起的闺阁里的一帘幽梦；随兴挽着结的丝巾和不规则的裙摆就像一个自由主义在灯光里翩飞。

(《"798"一角有架琴》之《小书店》)

面对这样一件漂亮的长裙，怎么描述？作者没有堆砌众多的形容词语，也没

第二章　锤炼语句讲求"三性"、"三美"

有被所谓的求真、求实所束缚,而是将目光集中于长裙的几个装饰物上,凝神观照。当喜爱之情油然而生时,联想和想象随之也活跃起来:那些"花"不再是一些静态的图案,而是簇拥着的竞相开放的鲜活的生命;那些"白纱"和"刺绣",竟掩藏着一个悠深而甜美的梦;那些"裙摆",却变成了自由、活泼而又俏皮的精灵。这都是作者审美想象的产物,渗透着审美的理想和审美的趣味。这样的描述,既凸显了物象的显著特征,又表达了作者的审美感受,可谓神形兼备,这是一般化的描述无法比拟的。又如:

　　赵建军从新型农村合作医疗制度、进城务工子女教育,讲到农民工"三险"等政策,乡亲们心中的一个个问号被拉直。

(《解放军报》之《一位大学生士兵的三次跨越》)

一般的说法是:乡亲们心里的问题解决了;乡亲们心里的疑虑消除了;乡亲们都明白了,乡亲们心里都亮堂了,等等。这并非不可,只是没特色,不新颖。这里作者独出心裁,说"一个个问号被拉直",颇有意思。"?"拉直便成了"!",隐含着疑虑消除,立刻转为满意、欣喜的意思,这正是乡亲们心理变化的生动写照。这样的句子,除了传递一般说法所传递的内容外,还多了新颖奇妙的美的特质,耐人寻味。只要善于观察,善于思考,创新也不是可望而不可即的。再如:

　　现在的兵文化程度高,接受能力强,与此同时自尊心也特别强。通俗点说,就是"太要面子"。对待这样的兵,就得像陈浩这样讲点辩证策略——多拉袖子少拉脸,用温和提醒代替粗暴批评。

(《解放军报》之《多拉袖子少拉脸》)

文中用"多拉袖子"代替"温和提醒",用"拉脸"代替"粗暴批评",也跳出了常规的、习惯的那种抽象的表述模式,呈现在读者眼前的则是人们熟悉的、新颖的动态形象,让人想见,悄悄地拉拉袖子以示提醒的温和态度,和耷拉着驴脸的令人生畏又生厌的粗暴态度,生动又形象,活泼又有趣。

　　以上这些例子告诉我们,要追求"新颖",就得摆脱俗套。一个美好的内容,有了新颖活泼的语言形式,其动人的魅力,才会充分地表现出来。

　　(2)突破语境制约。客观语境与主观语境,有时会发生矛盾的,在主观语境作用下,语言的运用会突破客观语境的制约。

　　人的心理状态发生巨大变化,情感活动极为活跃,在这种情况下,往往依据人物特殊的心理和情感,遣词造句,全然不顾客观语境的常规要求,也会创造出令人拍案叫绝的妙语佳句:

　　我最敬佩北京双十节的情形。早晨,警察到门,吩咐道:"挂旗。""是,挂旗!"各家大半懒洋洋的跛出一个国民来,搬起一块

◎汉语修辞艺术谈

斑驳陆离的洋布。　　　　　　　　　　（鲁迅《头发的故事》）

"双十节"乃民国国庆节,这种语境的常规要求和氛围,应是庄严肃穆,欣喜于心的。人们眼中的国旗,最显著的特征是"青天白日满地红"。作者根据文中的 N 先生此时的否定态度和贬斥感情,设计了看似与语境不协调的语言。其寓意的深刻和嘲讽的力度,都在这别具一格的语言里表现出来了。

作品中的人物,有其较为稳定的生活环境,生活习惯,情趣爱好,人事好恶,话语习惯等,是人物语言交际的语境。刻画人物的语言和人物的话语,都要受其制约。有时跳出这种制约而设计语言,会收到出人意料的效果。试看下面的一段对话:

赵府上的两位男人和两个真本家,也正站在大门口论革命。阿 Q 没有见,昂了头直唱过去。

"得得……"

"老 Q,"赵太爷怯怯的迎着低声的叫。

"锵锵,"阿 Q 料不到他的名字会和"老"字联接起来,以为是一句别的话,与己无干,只是唱。"得,锵,锵令锵,锵!"

"老 Q。"

"悔不该……"

"阿 Q!"秀才只得直呼其名了。

阿 Q 这才站住,歪着头问道:"什么?"

"老 Q……现在……"赵太爷却又没有话,"现在……发财么?"

"发财?自然。要什么就是什么……"

"阿……Q 哥,像我们这样穷朋友是不要紧的……"赵白眼惴惴的说,似乎想探革命党的口风。

"穷朋友?你总比我有钱。"阿 Q 说着自去了。

（鲁迅《阿 Q 正传》）

阿 Q 在赵太爷和赵白眼这些地主老财心目中,是没有地位,没有人格,没有尊严的。张嘴就骂,抬手就打,甚至不能说姓赵,赵太爷曾训斥他说,"你也姓赵,你也配姓赵!",顺手就是一个耳刮子。这是常态,常势。此时此刻,他们却一反常态,称阿 Q 为"老 Q"、"阿 Q 哥"、"穷朋友",很明显,其中大有深意。别看都是一些极为普通的词语,放在这里就有了新的含义,新的色彩,新的意味——大有敬畏之意。看似与语境相左,实则是对客观语境的突破。正是这种矛盾,才生动地揭示了地主老财们,在革命风暴到来之际,那种"狮子似的凶心,兔子的怯弱,狐狸的狡猾"之心理状态。

下面是记者采访主持人崔永元的一段对话：

记者：你也是个名嘴，看到周立波这个名嘴表演时，有什么感触吗？

崔：在他表演中间，我好几次都想上台去，我觉得我说得比他好。

记者：那如果让你们三个名嘴来个pk，结果会怎么样呢？

崔：那就是他们俩争亚军呗！　　　　　　　　　（《报》）

大庭广众之下，公开播报之中，又都是"名嘴"，这种语境，该怎么说才"得体"呢？传统的旧的习惯是"谦虚"，甚至嘴不对心地贬低自己，夸赞别人，被视为美德。这里崔永元一反"传统"，直言不讳："我说得比他好"、"那就是他们俩争亚军呗"，言外之意"我最好！我第一！"话语同语境明显矛盾，但却张扬了个性。出人意料，新颖；引人发笑，有趣。

（二）富有情趣

语言的生动性，还表现在富有情趣。情趣，是古往今来人们所崇尚的语言艺术境界。而何谓情趣，至今没有一个明确的、统一的认识。

宋·严羽说："盛唐诸人，唯在兴趣，羚羊挂角，无迹可求。故其妙处，透彻玲珑，不可凑泊。"（《沧浪诗话·诗辨》）

明·袁宏道说："世人所难得者唯趣。趣如山上之色，水中之味，花中之光，女中之态，虽善说者不能一语，唯会心者知之。"（《叙陈正甫会心集》）

虽然说得有些玄虚，但推崇情趣的观点是明显的。鲁迅也崇尚情趣，而且对那些不讲究情趣的现象，给予严厉地批评："外国的平易地讲述学术文化的书，往往夹杂些闲话或笑话，使文章增添活气，读者感到格外的兴趣，不易于疲倦。"他不赞成那些不重视趣味性，甚至视之为累赘而删去的译本："中国的有些译本，却将这些删去，单留下艰难的讲学语，使他复近于教科书。这正如折花者，除尽枝叶，单留花朵，折花固然是折花，然而花枝的活气却灭尽了。"（鲁迅《华盖集·忽然想到二》）很明显，情趣，是语言艺术美的特征之一，没有情趣的语言，是乏味的，令人厌倦。

情趣，作为一种"动人心弦、耐人回味"的艺术境界，的确能给人一种奇妙的美感。富有情趣的语言，或藏而不露，令人思而得之；或指桑说槐，令人心照不宣；或冷嘲热讽，令人心潮澎湃；或亦庄亦谐，令人笑后深思，等等。读之不忍释卷，品之余味更浓，让读者总是处于一种愉悦的兴奋之中。

语言的情趣，来源于对生活的体验，敏锐的观察，艺术的捕捉，巧妙的

◎汉语修辞艺术谈

联想和丰富的想象。如何增强语言的情趣，不妨借鉴前人的经验，分述如下：

1. 熔铸新意

词语都有其相对固定的搭配对象和使用范围，如果打破其固有的搭配对象和使用范围的限制，将其置于新的语言环境之中，这些词语便具有了新的色彩、新的意义，使语言流溢着动人心弦的情趣。例如：

在李宝珠看来，她这位丈夫也不能算最满意的人，只能说是"比上不足比下有余"——因为不是干部——所以只把他作为个"过渡时期"的丈夫，等什么时候找下最理想的人再和他离婚……

（赵树理《锻炼锻炼》）

现在不行了，白头发也有了，皱纹也长了，两个洁白的门牙也光荣下岗了。　　　　　　　　　（赵本山与宋丹丹的小品台词）

没想到，小赵放在柜子里的信，被同班战友拿去"欣赏"了，弄得腼腆的小赵面红耳赤。

（《解放军报》之《"隐私柜"重新上了锁》）

但腐败并未得到有效遏制……主要表现在犯罪的人数越来越多，职务越来越高，金额越来越大，腐败的"出生率"大于"死亡率"的问题没有得到根本解决。　　　（《基层政治工作研究》之《未来十年最大挑战：腐败、高房价、贫富差距》）

以上例子中的"过渡时期"、"光荣下岗"、"欣赏"、"出生率、死亡率"，都脱离了其原来的使用范围和搭配对象，在新的语言环境里，构成了一个矛盾的统一体，于是具有了新的意义、新的色彩。"过渡时期"幽默中含有善意的讽刺；"光荣下岗"、"欣赏"风趣俏皮；"出生率、死亡率"诙谐之中带上了贬斥的意味。这是由语言形式与其所表达的内容不谐而协造成的。

2. 相反相成

叙事说理，或者刻画人物，有时不直陈其意，而是采取曲折委婉的方式表达，即正话反说，或反话正说，摇曳多姿，饶有风趣。

（1）正话反说。一个肯定的意思，不用肯定的语句表达，而偏用否定的话语表述，别有一番意趣。例如：《红楼梦》第四十六回，写贾赦竟然要娶贾母的贴身丫环鸳鸯做小老婆。这便激怒了贾母："原来都是哄我的，外头孝敬，暗地里盘算我。有好东西也来要，有好人也要。剩了这个毛丫头，见我待他好了，你们自然气不过，弄开了他，好摆弄我。"老祖宗上纲上线了，责骂了儿媳妇，又怪罪凤姐不提醒她。在贾母盛怒之下，谁都不敢吱声。此时此刻，王熙凤却不然，她的一番话，不仅使老祖宗消了气，而且还转怒为喜了。请看：

> 凤姐笑道："我倒不派老太太的不是，老太太倒寻上我了。"贾母听了与众人都笑道："这也奇了，倒要听听这不是。"凤姐儿道："谁教老太太会调理人，调理的水葱似的，怎么怨得人要！我幸亏是孙子媳妇，若是孙子，我早要了，还等到这会子呢。"

表面上句句都是批评老太太的"不是"，而实际上句句都在颂扬贾母的能干，竟把一个"毛丫头""调理的水葱似的"，惹人喜爱。在贾母盛怒之际，遍责下辈之时，凤姐这番话，既乖巧又得体。贾母听了开心，转怒为喜，又并未得罪贾赦，动听，有趣。

（2）反话正说。形似肯定，实则否定，即反话正说，同样可以使语言妙趣横生。例如，毛泽东在《反对党八股》里的一段话：

> 党八股也就是一种洋八股……我们为什么又叫它做党八股呢？这是因为它除了洋气之外，还有一点土气。也算一个创作吧！谁说我们的人一点创作也没有呢？这就是一个！（大笑）

党八股是一种中西结合的坏文风，作者没有直接否定它，而是用肯定句"也算一个创作吧"来表述，并用一个反问句加以强调，肯定的语气里，充满了讥讽的意味儿，读来风趣幽默，别有一番滋味儿。反话正说，有人称之为"代为设计法"。即是说，不直接反驳对方的观点，而是沿着对方的荒唐逻辑延伸、扩大，其逻辑的荒唐可笑，也就愈加突出、明显，以至不攻自破，从而构成了幽默与讽刺。

否定的对象，用肯定的语句表述；而肯定的对象，又用否定的语句表述；使之相反相成，确实是增强语言生动性的有效手段。

3. 指桑说槐

直露浅薄的语言，平淡无味；而委婉含蓄的文字，才有趣有味。指桑说槐就是增强语言生动性和趣味性的又一重要方法。例如，《红楼梦》第八回里，写宝玉和黛玉在薛姨妈家做客，宝玉拿起冷酒便喝，薛姨妈劝阻，他不听。当宝钗劝他说：喝了冷酒，要用五脏六腑去暖它，会伤身子的，还是让丫环热了再喝吧，宝玉乖乖听从了。接着便是一段绝妙的描写：

> 黛玉磕着瓜子，只抿着嘴笑。可巧黛玉的小丫环雪雁走来，与黛玉送小手炉，黛玉因含笑问他："谁叫你送来的？难为他费心，哪里就冷死了我！"雪雁道："紫鹃姐姐怕姑娘冷，使我送来的。"黛玉一面接了，抱在怀中，笑道："也亏你倒听他的话。我平日和你说的，全当耳旁风。怎么他说了你就依，比圣旨还快些！"宝玉听这话，知是黛玉借此奚落他，也无回复之词，只嘻嘻的笑两阵

◎汉语修辞艺术谈

罢了。

仔细玩味这段文字，就会体会到指桑说槐的妙处。作者根据人物性格和人物之间的关系，精心设计了这样的场面和人物对话。试看，黛玉句句说的是雪雁，而字字指的却是宝钗和宝玉。"难为他费心，哪里就冷死了我。"显然是讥刺宝钗的，"也亏你倒听他的话，我平日和你说的，全当耳旁风……"这些话，是奚落宝玉的。

指桑说槐，就是言在此，而意在彼。说话的真正意思，用表面的言辞隐蔽起来，让读者通过联想和想象，思而得之。这种现此而隐彼的方法，妙趣横生，耐人寻味。古人讲，"不著一字，尽得风流"，这段文字是极好的说明。

4. 反义搭配

在汉语词汇里，反义词语是相当丰富的，为生动地表情达意提供了便利的条件。关键是如何恰当地选择和巧妙地组织安排这些词汇。我们常常看到，那些似乎不能绾结在一起的反义词语，在一定的语言环境里，居然绾结在一起，而且同样可以妙笔生花。例如，臧克家的《有的人——纪念鲁迅有感》里的一节诗：

有的人活着，
他已经死了；
有的人死了，
他还活着。

"死"与"活"是绝对反义词，不可能有"既不死也不活"的第三种意义。那么，这几句诗不是矛盾而不合情理了吗？其实不然，诗人是从人的肉体与灵魂截然不同的存、亡价值入手的，意在用虽"活"已"死"来反衬虽"死"仍"活"的鲁迅精神的价值，为读者提出了一个重大的人生课题，发人深省。巧妙的组合，深邃的内涵，咀嚼起来，意味深长。又如：

萧金铉道："今日对名花，聚良朋，不可无诗，我们即席分韵，何如？"杜慎卿笑道："先生，这是而今诗社里的故套。小弟看来，觉得雅得这样俗，还是清谈为妙。"（吴敬梓《儒林外史》）

"雅"和"俗"是反义词，似乎不能绾结在一起，然而文中不仅搭配协调，而且还赋予它新的意义和色彩。你看，刻意求"雅"，而竟至"俗"的地步，这种"雅"也实在无聊乏味了。这是对故作雅态而实则俗气的讽刺，颇具幽默感。

反义搭配的语言艺术，所反映的是特殊的矛盾现象，启人深思。例如：

对于读者，每一个典型都是一个熟悉的陌生人。

（《别林斯基论文学》）

阿波罗13号逃过一劫，这是一次成功的失败。

（国家地理解说词）

在诗的王国里，常常看到合理的谬误。

弱小的强者——城市"蚁族"

以上这些语句，看似不合事理，有些谬误。但仔细琢磨，又意味深长。一旦你把"谬误"背后的真谛发掘出来，便不能不为这奇巧的语言艺术拍案叫绝。而且，其中对事物复杂性的发现，对矛盾特殊性的表现，以及其蕴含着的幽默风趣的韵味，和耐人深思的意蕴，足见作者的聪明智慧，耐人寻味。

反义搭配的语言艺术，实质就是"合理的谬误"之艺术。

5. 其他方法

话语巧，耐人寻味。

漫画家方成与侯宝林谈话很投机，方成说："相声是立体的漫画。"侯宝林接着说："漫画是平面的相声。"两人都在这两种不同的艺术形式中找到了共同的特点：幽默讽刺。"巧"就巧在，两人都用自己所擅长的艺术形式，来描述对方所擅长的艺术形式的本质特点。不仅反应迅速自然，而且组句成对儿，颇有信手拈来，出口成章之妙趣。

据传，解放战争时期，解放军打锦州时，有一两军必争之地，攻守僵持不下。打得胶着之际，守军向解放军叫阵，高喊道："我们是铁打的汉！"解放军马上回敬了一句："我们是打铁的汉！"不久，解放军一举攻占了该阵地。多么巧妙，"铁打的汉"碰上了"打铁的汉"。你硬，我比你还硬。解放军顽强的意志，必胜的信心，乐观的精神，从这对话里都能感受得到。

用词巧，一词生辉。

富士康职工半年内"十二连跳"，这才把老板郭台铭跳出来。

（《晚报》）

严守一：我现在才明白，两个女人在一块，不是故事，就是事故。

（《手机》）

第一例中用了拈连的方法，"这才把老板郭台铭跳出来"，总比"逼出来"、"使他不得不出来"等叙述新颖生动。这个"跳"字，不仅包含了"不得已"的意思，前后两句连在一起，还表现出广大职工强烈的不满情绪。第二例，"故事"一倒便为"事故"，语意骤转，巧中生趣，幽默诙谐的意味跃然纸上。

双关巧，含蓄隽永。

在特定的语言环境中，双关语具有不一般的魅力，是大众喜闻乐见的语言表达形式。逢年过节，门上倒贴一个福字，寓意"福到"；饭桌上要有鱼，期盼"年年有余"；即使打碎了器皿，也会说"岁岁平安"；给新郎新娘送上红枣、花生、桂圆和栗子，祝福他们"早生贵子，而且金玉双全"，等等。虽未直言，但心照不宣，意味深长。在书面语里，也不乏其例。例如：

毛泽东的《蝶恋花·答李淑一》上阕写道："我失骄杨君失柳，杨柳轻飏直上重霄九。问讯吴刚何所有，吴刚捧出桂花酒。"第一句里的"杨"、"柳"分别指杨开慧和柳直荀，而在"杨柳轻飏"里，表面指"杨花"、"柳絮"，实际指两位烈士的"忠魂"。如果说，烈士的姓氏在词中是自然的巧合，那么，作者运用"双关"想象出"杨花"、"柳絮"随风飘扬的情状，又暗指烈士"忠魂"升入仙界，从而描绘出美好的境界，这不能不说是构思巧妙了。

对对儿巧，妙趣横生。

对联是传统的抒发情思的艺术形式。抒写对联的过程，也是多种修辞方法综合运用的过程，优秀的对联都具有动人的艺术魅力。略举几例：

唐代王勃，少有神童之美称。一日随父亲拜望朱姓世交，并贺其得子之喜。朱欲试王勃的才华，便指着门上的珠帘说："门上挂珠帘，你说是王家帘，朱家帘？"难对之处，是将"珠"字拆开，组成"王家帘"、"朱家帘"。合于境，合于事，合于情。王勃不耐烦地说："半夜生孩儿，我管他子时儿，亥时儿！"王勃将"孩"字拆开，组成"子时儿"、"亥时儿"，与之相对。也合于境，合于事，合于情。十分巧妙，令朱氏惊服。再如：

明代文学家李梦阳任江西提学副使时，到一学校视察，发现一个学童也叫李梦阳，很感兴趣。便问这学童："我叫李梦阳，你也叫李梦阳，是否故意冒犯我？"于是想考考这小李梦阳，便出一上联：

蔺相如，司马相如，名相如，实不相如。

意思是说，两人都叫"相如"，其实一个是政治家，一个是文学家，根本不"相如"，即不相同。暗指我是高官、大文学家，你是个学童，无法与我相比。小李梦阳，想了一会儿，便写出了下联：

魏无忌，长孙无忌，彼无忌，此也无忌。

意思是说，战国的魏公子信陵君叫"无忌"，唐代帮李世民夺得皇位的那个人也叫"无忌"。他们都没有什么顾虑，我们也没有什么顾虑。您叫您的"李梦阳"，我叫我的"李梦阳"，有啥关系啊！

没有历史知识，没有驾驭语言的能力，没有奇思妙想，是对不出这一绝妙的下联的。李梦阳看了也不能不大加赞赏。这样的语言交际，有丰富的内涵，浓厚的意趣，耐人寻味。再看一例：

《渔岛之子》，《扬帆》，《试航》，《乘风破浪》；
《英雄儿女》，《拼搏》，《创业》，《耕云播雨》。

这是用电影的片名，构成的一副对联。舍弃电影的内容，只取片名的字面意思，重新组成语意，上下相对，还算工整，读来颇有意思。

不难看出，用对联抒发情意，都须做到"快、巧、奇、妙"四个字，使之情趣盎然。例如，快，是说文思敏捷，随机应对，不容迟疑；巧，是说善于捕捉词语，善于组词成对儿；奇，是说选词成对儿，出人意料，令人惊异；妙，是说效果，如此迅速、如此巧妙，令人兴奋、令人愉悦、令人拍案叫绝。出了上联，就等于给人出了一道难题。如果没有丰富的知识，没有熟练的文字功底，没有敏捷的思维，是难以回答这一难题的。

三、生动语言的文学功用

生动语言的文学功用，是谈生动语言在语言表达方面的作用。所谓"文学功用"，是就其在表达过程中，所具有的创新性、艺术性、典范性而言的。这"三性"在很大程度上，是读者接受这种语言时感受到的。另外，语言的生动性和形象性，难以截然分开，很多时候，都是一个问题的两个方面，有时所侧重的方面不同而已。我们都有这样的经验，形象的语言生动有趣，生动的语言也形象活泼。上面之所以分开来讲，为了方便而已。

（一）启人深思

深邃的内涵可以用生动的语言来表达，反过来，读者品味生动的语言，又可理解和认识作者所寄寓的思想、情感，或者向着更为广阔、更为深层的领域延伸，从而获得更丰富、更深刻的启发。例如：

"喂！一手交钱，一手交货！"一个浑身黑色的人，站在老栓面前，眼光正像两把刀，刺得老栓缩小了一半。　　（鲁迅《药》）

"刺得老栓缩小了一半"实际上是不可能的，但这不平凡的语言和所描绘的奇异形象，冲击着我们，震撼着我们，促使我们所想的不是科学与否，而是为什么会这样。于是，我们眼前便出现了两个形象：凶神恶煞的刽子手和善良懦弱的老栓。进而想到在"像两把刀"的眼光逼视下，老栓恐惧、战栗甚至连那颗心都紧紧蹙缩着的极为惶恐不安的情态。因此，读者的好恶之情，便油然而生。

郭小川在《团泊洼的秋天》里有一节精彩的描写：

高粱好似一队队的"红领巾"，悄悄地把周围的道路观察；

向日葵摇头微笑着，望不尽太阳起处的红色天涯；

矮小而年高的垂柳，用苍绿的叶子抚摸着快熟的庄稼；

◎汉语修辞艺术谈

　　　　密集的芦苇，细心的护卫着脚下偷偷开放的野花。

这是团泊洼绚丽多彩的秋景。高粱、向日葵、垂柳、芦苇……这些静的、无情感的物象，活起来了，动起来了，而且构成了一幅静谧、多情与和谐的美好图景，这正是诗人在特殊环境之中独特感受的再现。由此我们又会想到什么呢？很明显，这是在借物抒情。如果联系那个不幸的年代，想到诗人被迫害的不幸遭遇，会想象出他的复杂的内心世界。原来，这幅美好图景，就是诗人对人生、对社会、对未来的憧憬。在失去自由、备受打击的环境中，一种美的心灵和强烈的情感，都融进了这幅美好的图景。

　　再比如前面所列举的反义搭配这一类语句，其新奇，就在于突破常规的造句规律。按常规看，不能搭配的词语居然搭配在一起了，引发人们思考"矛盾"背后的涵义。例如，"合理的谬误"，指不合理的甚至荒谬的组合，有其内在的合理性；"弱小的强者——城市'蚁族'"，隐含着这些人们，弱势的物质条件与强势的精神力量的巨大落差，让人同情又让人尊敬。

　　总之，这样生动的语言，不仅能吸引读者的目光，还要启发读者进一步思考新颖奇特背后的内涵。读者并不计较这些奇异语句是否合乎常理，而是在"新奇"的诱导下，去探寻语句所涵盖的真谛或情感。

　　（二）激发想象

　　生动的语言，离不开鲜活的形象性。新颖活泼和富有情趣，是这种语言的主要特征。这些特征，对于读者来说，具有强大的吸引力，乐于接受新鲜的刺激，乐于咀嚼语言涵盖的韵味，是永不衰竭的艺术欣赏的渴求。当我们读到生动形象的语言时，总是眼前一亮，心头一震。反复吟诵不忍释手，闭目遐想忘乎所以。此时，已经进入欣赏中的想象，或者想象中的欣赏里去了。还是看些范例吧。

　　　　那"落地生根"呀，它顶端放出一簇簇的一指多粗、二寸多
　　　长的淡紫色的筒形花，在夕阳的余辉里，仰着娇态逗人的笑脸，迎
　　　着远来的客人，仿佛希望你对它多看一眼似的。

　　　　　　　　　　　　　　（曹靖华《天涯处处皆芳草》）

阅读这段文字，可以体验两个过程。一是作者用比拟的方法表现"落地生根"花，即由花的名字和花的姿色，获得了深切的感受，激发了想象，于是，在他的眼中，"落地生根"花，便成了活泼、热情、可爱的孩子；二是读者又借助生动形象的文字，发挥想象，在头脑中，复制出这个可爱的孩子般的形象。当我们读着"仰着……笑脸"、"迎着……客人"、"希望你对他多看一眼"等语句，无情的、静态的花，魔术般的变作可爱的动态的艺术形象，出现在我们眼前，而且，活灵活现，呼之欲出。可爱的形象，正折射

着作者对那方水土的深深热爱和热情赞美的激情,她打动着我们,感染着我们。再如:

> 苍山十九峰,自北而南,宛如十九位仙女,比肩并坐,相偎相依,好像在对镜理妆,凝视洱海;又好像在顾盼着苍山下、洱海边的终年盛开的繁花,默默欣赏。
> (曹靖华《洱海一枝春——云南抒情之二》)

作者根据苍山十九峰的特征,把他们比作美丽的仙女。用"比肩并坐"、"相偎相依"、"凝视洱海"、"顾盼繁花"、"默默欣赏"等充满活力的词语,对景物作了超乎寻常的反映,即把静态的物象,化作动态的、美好的而又富有情趣的形象。正是这新颖的闪耀着灵气的语言,调动了读者想象的活力,从而想象出苍山洱海的美丽景致和十九峰的动人的神态以及其中诱人的意趣。

(三) 给人美感

生动的语言,就是要追求新颖,巧妙,意趣。新颖的内涵,巧妙的造句,浓郁的意趣,都会激励读者的审美活动。例如:

> 风住尘香花已尽,日晚倦梳头。物是人非事事休,欲语泪先流。闻说双溪春尚好,也拟泛轻舟。只恐双溪舴艋舟,载不动,许多愁。
> (李清照《武陵春》)

> 在这薄霭和微漪里,听着那悠然的间歇的桨声,谁能不被引入他的美梦去呢?只愁梦太多了,这些大小船儿如何载得起呀?
> (朱自清《桨声灯影里的秦淮河》)

"愁"和"梦"都是抽象的,看不见摸不着的心理和情绪的反映。为了生动形象地表现它,前人费尽心机,创造了许多优美的语言。而李清照却没有踏着前人的脚印走,而是独辟蹊径,把"愁"看成可秤可量的东西,赋予它重量;而朱自清又把"梦"拟作了有形体占空间的物件。二者都具有可感性,再以"船"作为媒介,以夸张为手法,造就出如此脍炙人口的名句。新而奇的语言,吸引着读者进入她的"愁城"和他的"梦乡",去窥视或触摸他们的内心世界。可见,立意新,造句巧,意趣就浓,让人在欣赏中得到更多的满足。

生动的语言,在说理析义时所流溢出来的幽默风趣,对读者说来,也是一种美的享受。试看下面的例子。

毛泽东在《论持久战》里有一段话:

> 最后则是事实先生跑将出来,给这些空谈家一瓢冷水,证明他们不过是一些贪便宜、想少费气力多得收成的空谈主义者。

◎汉语修辞艺术谈

按常规的说法是：事实证明空谈主义是站不住脚的。而作者没有这样说，他把"事实"这一概念拟人化，称之为"先生"，它还"跑将出来"，给空谈家"一瓢冷水"。这些行为动作构成的动态形象，表现出客观事实的强大说服力，并能让人想象出空谈主义者在事实打击下，那幅狼狈不堪的样子。语言活泼有趣，引人入胜，这就是人们所称道的"说理要有理趣"吧。

老舍在《人物的描写》中说过，"把一个人写成天使一般，一点都看不出他是由猴子变来的，便过于骗人了。"

在《艺苑趣谈录》里记载了一则故事："美国有一个百万富翁，左眼坏了，花巨资安了一个假眼。安得真好，谁都辨认不出来。富翁很得意，常在人前炫耀。有一次碰上了马克·吐温，说：'你猜得出来吗？我哪一只眼睛是假的？'马克·吐温指着他的左眼说：'这只是假的。'富翁很惊讶，问：'你怎么知道的，根据什么？'马克·吐温说：'以我看，因为你这只眼睛里还多少有一点点慈悲。'"

上面所引的文字里，都有精彩的生动语言。"事实先生跑将出来……"、"一点都看不出他是由猴子变来的"、"这只是假的……因为你这只眼睛里还多少有一点点慈悲"等，都不是一般的通常的说明一个道理，而是根据语境和话题，充分地发挥想象力，将机智、聪慧、幽默、风趣这些元素，融汇到语句之中，让人们在听读的欣赏过程里，承蒙智慧的光照，明白一些事理；或者在轻松愉悦的笑声里，获得美感。换句话说，那些智慧的光辉和那些情趣的韵味，让人们总是沉浸于愉悦的兴奋之中。人们之所以崇尚"叙事要有意趣"，"抒情要有情趣"，"说理要有理趣"，原因就在于此。

第四节　模糊美

一、交际活动需要模糊语言

如前所述，运用语言要求确切、明晰，但有时又讲求表意模糊。在一定的语言环境里，模糊的语言不仅具有传递信息的功能，而且还具有审美的价值。

本来，在客观世界和主观世界里，模糊现象是普遍存在着的。许多事物、现象和心理，没有绝对分明的和固定不变的界限，难以定型定量或划界。那么，也就不可能用所谓"精确"的语言来表述。有的时候，有些事物，相对而言，虽然能够定型定量，但为了追求某种效果，又故意选择那些模糊词语来表述，使其模糊起来。在日常生活里，在不同的语体中，模糊语言是屡见不鲜的。例如：

> 结庐在人境，而无车马喧。问君何能尔，心远地自偏。
> 采菊东篱下，悠然见南山。山气日夕佳，飞鸟相与还。
> 此中有真意，欲辨已忘言。　　　（陶渊明《饮酒》其五）

诗中的"佳"和"真意"，是什么意思呢？没有修饰和限制的词语，很难说得具体。其实，这不过是诗人看到"南山"傍晚变幻不定的美好景物，随之而产生的一种朦胧恍惚的美感。这一模糊的主观感受，是难以定型定量的，只好用这些模糊词语来表述。语意是模糊的，反倒更具概括性，更能调动读者的联想和想象的活力。又如李商隐的《乐游原》一诗：

> 向晚意不适，驱车登古原；夕阳无限好，只是近黄昏。

三、四两句，历来为人称道，谓之"千古绝唱"，怕没有疑义。但是"夕阳"是怎样的"好"呢？仅仅用"无限"来限制，并没有具体说明，因此千百年来也有不同的认识。一般认为是"嗟老伤穷，残光末路"的消极没落之心境的反映。但是，周汝昌先生却有独到的见解：

> "夕阳"两句乃是他出游而得到的满足，至少是一种慰藉，——这就和历来的纵目感怀之作是有所不同的了。所以他接着说的是：你看，这无边无际，灿烂辉煌、把大地照耀得如同黄金世界的斜阳，才是真的伟大的美，而这种美，是以将近黄昏这一时刻尤为令人惊叹和陶醉！　　　（《唐诗鉴赏辞典》）

在周先生看来，"夕阳"两句乃是诗人积极乐观的审美意趣的反映。美，是人们的共同感受，而美在哪里，却是"仁者见仁，智者见智"，各得其美了。之所以有如此大的差异，其根源就在于诗句的模糊性。

诗人在"向晚意不适"之际，所得到的心理慰藉和精神满足，即美感愉悦，不是定型定量的，难以具体表述，只好用"只是近黄昏"来抒写，其内涵是模糊不定的。"只是"，若理解为"只可惜"的话，便是感伤的、惋惜的情感流露；如若作"只有在"解，那就是周汝昌认为的积极乐观美感的抒发了。

虽然理解不同，然而却给读者留下了体验赏玩和驰骋想象的广阔天地，果真一五一十地写来，便索然寡味而不成其为诗了。

可以定型定量的事物，而故意模糊起来，也是有的。据说在整理侗族民间故事时，发现有一句话不符合晚婚的政策精神：

> 姑娘到了十五岁了，还没有成家。

看来，很遗憾，很惋惜，但与政策不符。有人主张改成"十八岁了"，有人主张改成"二十八岁了"，理由是：前者正好符合婚姻法规定的结婚年龄；

◎汉语修辞艺术谈

后者更符合晚婚的年龄特征。可是，侗族老乡不同意，他们说，这样改不符合他们民族的风俗习惯。那么，怎样改才能两全其美呢？用模糊语言。改为：

    到了侗族姑娘该结婚的年龄，她还没有成家。

这一内容，完全可以用精确的语言来表达，由于客观条件的制约，才故意模糊起来的。在不确定中，调动想象，深入体会该结婚而还未成家的那种遗憾的意蕴。

  模糊，既然是一种语言艺术，就应研究它的规律，从前人的语言宝库中汲取营养，以便更好地掌握它。

二、模糊语言的类型

（一）词意含混使语意模糊

模糊性是词义的重要属性，而确切性则是相对的。例如：

"人、动物、书、车"等是表示事物名称的词；"早晨、晚上、过去、将来"等是表示时间名称的词。还有"大、小、高、矮、美、丑、甜、苦"等是表示事物性状特征的词。

这些名词和形容词（当然还有其他词类的许多词），所概括的是一类事物共同具有的本质属性，正因为有高度的概括性，才能够使人们用有限的词汇来反映无限的客观事物和主观世界。

概括性，就包含着模糊性。但是，这并不影响语言交际活动，在具体的情境里，人们总是利用适当的修饰限制成分，使概括性具体化，使模糊的语意清晰起来。因此，在语言交际活动中，人们并不觉得有什么模糊不清，如"基本、比较、大概、也许、可能、好像、差不多、大多数、极少数"等，含义模糊不定，但使用频率却很高，语言交际离不开这些基本的语言材料。例如：

    任何公民享有宪法和法律规定的权利，同时有遵守宪法和法律的义务。

"任何公民"和"宪法和法律规定的权利"，都具有高度的概括性，又具有模糊性。作为宪法草案说明，只能如此，不能细说。

对定义的表述，也必须用模糊词语。例如：

    现代汉语即以北京语音为标准音，以北方话为基础方言，以典范的现代白话文著作为语法规范的普通话。

什么是"典范的"？尽管另有说明："某些有代表性的现代白话文著作"，而"某些"指哪些呢？作为定义，不能面面俱到地举例详述，只能用"典范的"、"某些"这类模糊词语来加以修饰限制，使定义相对的明晰起来。

另外，人们常常借助经验和习惯，来理解和判断模糊语言的意义，虽然不精确，但也不会造成交际的障碍。比如说时间短或快，习惯说"一袋烟的工夫"、"转（眨）眼之间"，因此，毛泽东有"三十八年过去，弹指一挥间"之名句。（《水调歌头》"重上井冈山"）

有时，一些时间段落，虽模糊，但并不迷糊。比如说"天一擦黑，我们就出发了"、"午饭后咱们谈谈"。所以，欧阳修写道："月上柳梢头，人约黄昏后"。（《生查子·元夕》）仍是脍炙人口的名句。如果不了解这一点，就难以欣赏这句诗的美妙。

不过，随着高科技的不断发展，在某些领域里，要求"零误差"。那么，语言表达的准确性，也要求不断地提高，日常生活中的模糊语言，就难以满足新的要求。比如说，嫦娥一号天一擦黑就发射，这就成了笑话。

(二) 反常搭配使语意模糊

什么样的主体，有什么样的行为动作，就选择与之相适切的动词加以表述，这是常规的语言结构形式。比如说"百灵鸟在叫"、"月亮照着我们"。倘若动词谓语与陈述的主体不搭配，将会出现另一种情形。如上例，"百灵鸟在歌唱爱情"、"月亮窥视着我们"，由于动词意义的稳固性和不易改变性，而在人们的心目中起变化的则是主体——"百灵鸟"和"月亮"。他们既是自然的物，又不完全是自然的物；既带有其自身的属性，又明显地表现出人的特征，这不过是人对于这些事物的主观感受罢了。就这一意义而言，这种反常搭配的语言，带有一定的模糊性。

在诗歌和其他文学作品中，常常利用主谓反常搭配造成语意模糊，从而开拓意境，丰富内涵，调动读者的欣赏兴趣。

> 老渔民慢条斯理说："咬你一口就该哭了。别看浪花小，无数浪花集到一起，心齐，又有耐性，就这样咬啊咬的，咬上几百年，几千年，几万年，哪怕是铁打的江山，也要叫它变个样儿……"
>
> （杨朔《雪浪花》）

前文说"浪花"可以"咬""礁石"，使之奇形怪状；这里又说"浪花"咬啊咬的，使铁打的江山也能变个样。试看，主语"浪花"与谓语"咬"，（"咬"又与宾语"礁石"、"江山"）都不搭配。"咬"的意义是确定的不变的，而"浪花"的性质却有了变化。那么，这段话的内涵是什么呢？仿佛反映了自然界变化的现象，又仿佛揭示了人类社会发展变化的规律，好像是对人物性格的赞美，又好像是对顽强毅力和精神的歌颂，内涵是不确定的。这里的"浪花"，既是自然的，又不完全是它自身，它具有多方面的象征意

◎汉语修辞艺术谈

义。就此而言,带有模糊性。

诗人有时为了强调所描写的对象,强化主观的情感,利用反常搭配,创造出奇警的诗句,往往诗意模糊不定,但能使读者从多方位、多层次去思考,去品味,诗味反而更浓。王维的《过香积寺》里的两句诗,一直有不同的解读:

泉声咽危石,日色冷青松。

第一句的"泉声"与"咽",是反常搭配。山中危石耸立,流泉自然不能轻快地流淌,只能在嶙峋的岩石间艰难地穿行,仿佛痛苦地发出幽咽之声。此处的泉水,便成了满怀幽怨的艺术形象。第二句理解便不尽相同了,是青松间的日色"冷"呢,还是日色使青松显得"冷"呢?两种理解都可以,但又都不确定。由于主谓的反常搭配,不论怎样理解,在读者眼前的"泉声"、"危石"、"日色"、"青松"都发生了质的变化,也就是说,它们都有了人的行为,或人的情感色彩。物象之间,奇异的意义联系,使读者的联想和想象活跃起来,多种意象,多种情境,多种体验,撞击着心弦,易于产生共鸣。于是,诗的内涵丰富了,诗的意境拓深了。

看来,不论诗句怎样"模糊",物象与情感是协调的。此诗句传达出的荒僻景象和幽冷情调,是读者共同的感受。其韵味,其魅力,是直露平淡的诗句无法比拟的。歌德说:"想象如果创造不出对知解力永远是疑问的事物来,它就做不出什么事请来了。这就是诗和散文的分别。"(《歌德谈话录》)模糊不定的"疑问",适应了人们对未知事物的好奇心理,激发了欣赏兴趣,这也是模糊语言的艺术魅力吧。

(三)修辞方法使语意模糊

巧妙地运用修辞方法,也可以营造出模糊语言。例如:

这是梅花,有红梅、白梅、绿梅,还有朱砂梅,一树一树的,每一树梅花都是一树诗。　　　　　　　　(杨朔《茶花赋》)

梅花是美的,作者说"每一树梅花都是一树诗",把它比作"诗"。诗的美,内涵极为丰富,有韵律美,绘画美,情感美,意境美等。这里用比喻的方法,巧妙地在"梅花"与"诗歌"之间,搭起一座桥梁。让读者由梅花,想到诗的美好;又由诗的美好,想出梅花的美的神韵。模糊之中,读者会有更多的思索,更多的回味。

几十年来,人们大上大下,大起大落,走马灯似的让人眼花缭乱。只有她,既不大红大紫,也不大黑大白。　(张洁《祖母绿》)

这里用颜色作为借体。"大红大紫"代官场春风得意,深得宠信;而"大黑大白"则代官场失意,备受冷落。她却处于二者之间的模糊区域,模糊中

— 66 —

让读者想象出她不升不降的平稳状态,以及她的为人处世之道。

   朝鲜的冬天,三日冷两日暖的,碰到好天气,风丝都没有,太
  阳暖哄哄的,好像春天。   (杨朔《平常的人》)

"三日"、"两日",原本表示确定的数量,而文中却代替了不确定的数量。所谓三日冷两日暖,语意是模糊不定的。这却准确地描绘了朝鲜冬天,忽冷忽热,变幻莫测的天气状况。

   我扑向落地玻璃窗前,嚄!好一个壮丽的海!既古老又时髦,
  既陈旧又崭新的广州全淹没在灯海里了。

             (关夕芝《家庭教师日记》)

"既古老又时髦,既陈旧又崭新",这里用了对照的修辞方法,让读者在"古老"与"时髦"之间,"陈旧"与"崭新"之间,几种特色兼而有之的朦胧中,去比较,去对照,去体会广州古城新貌的多元特点,就此而言,它是模糊的。

  有时作者运用多种修辞方法,来叙事、写人、抒情,有意使语言带上模糊的色彩。例如,李白的《清平调词》都具有这个特点,现举一首:

   云想衣裳花想容,春风拂槛露华浓。
   若非群玉山头见,会向瑶台月下逢。

诗人以五彩的云比喻杨贵妃的衣裳,以鲜艳的花比喻她的容貌,又把已经很美的形象,推进一步,——她是春风吹拂之中的由晶莹的露水滋润着的天仙美女。可是,杨贵妃到底是什么样呢?没有具体说,但又很自然地引导你,人间天上遨游之后,想象出杨贵妃,是人间绝无,天上仅有的美的形象。借助模糊的语言,你会体会到那种朦胧的美感。诗人用了比喻、烘托、夸张等方法构成一个递进的修辞复合体,完成了对杨贵妃形象的描绘。

三、模糊语言的表达作用

(一) 语意表达周密严谨

  模糊语言具有高度的概括性,因此语义的表达也就更为周密严谨。有些事物或现象,很难用所谓"精确"数字和词语来表述,只好用模糊语言来概括。例如,"我们要把楼价控制在合理的价位上"、"目前全省森林火灾呈下降趋势"。"合理的价位"、"下降趋势"语义模糊,但能够理解,也只能如此。在议论性和说明性的文字里,这样的模糊语句,是屡见不鲜的。例如:

   建国以来,我国曾经制定过三部宪法,即一九五四年、一九七
  五年、一九七八年的宪法。其中一九五四年的宪法比较完善,一九

>七五年和一九七八年的两部宪法限于当时的历史条件,都很不完
>善。在一九七八年底举行的中国共产党十一届三中全会以后,国家
>形势有了很大变化和发展,一九七八年宪法已经不能适应当前情况
>的需要,因此这次作了较大的修改,并且在健全人民民主制度方面
>比一九五四年宪法有较大的发展。　　　(《宪法修改草案说明》)

文中的"比较完善"、"很不完善"、"当时的历史条件"、"很大变化和发展"、"当前情况的需要"、"较大的修改"、"较大的发展"等词语,含义是模糊的,然而又是必要的,因为此文是对"宪法修改草案"的说明,对三次宪法作出评价,指出不足及其原因,此次修改宪法的基础和特点,这些内容无须展开详述,但又不能不写,那么,只好略写。略写的部分,并非内容贫乏,相反,往往是极其纷繁的内容的高度概括,只好借助容量极大,概括性极强的模糊语言来表述。

(二) 情意表达委婉含蓄

在特定的场合,面对特殊的对象,是不能不考虑谈话的分寸的。为取得良好效果,许多时候,需委婉含蓄地表情达意,模糊语言就是得力的工具。例如,周恩来在欢迎尼克松的宴会上的祝酒词:

>美国人民是伟大的人民,中国人民是伟大的人民。我们两国人
>民一向是友好的。由于大家都知道的原因,两国人民之间的来往中
>断了二十多年。

"美帝国主义"的头子来了,说些什么呢? 不是一件好办的事。过分与不足,都不会有好的效果。鉴于美国改变了对我国的敌视态度,又是在欢迎尼克松首次访华的宴会上,谈的话题是恢复两国的友好关系,那么,对于美国二十多年来的侵略行径,谈得多了不好,不谈也不行,怎么办? 周恩来用"大家都知道的原因"表述,语意模糊,但心照不宣,很得体。

廖承志给蒋经国的信,里面也有类似的例子:

>国共两次合作,均对国家民族做出巨大贡献。首次合作,孙先
>生领导,吾辈虽幼,亦知一二。再次合作,老先生主其事,吾辈身
>在其中,应知梗概。事虽经纬万端,但纵观全局,合则对国家有
>利,分则必伤民族元气。

过去的是是非非,早已成为历史。为求统一大业,信中没有必要评论功罪,只是用"亦知一二"、"应知梗概"、"经纬万端"这样的模糊语句点到为止,也是模糊语言的妙用吧。

生活中的人际交往,也离不开模糊语言。用与不用,效果大不一样。例如:

第二章　锤炼语句讲求"三性"、"三美"

有一次，他问含笑："你对我这人印象怎样？"
"还不错。"
"什么叫不错？"
"还可以。"
"不肯说个好字吗？"
含笑不做声。
姑娘啊，你简直点水不漏。　　（刘亚洲《海水下面是泥土》）

姑娘在心思未定的情况下，对于一个男人的"评价"是很难说出口的。话中用"还不错"、"还可以"这样的模糊语句，委婉含蓄地表达了姑娘的看法，也描写了不好意思的羞涩情态，是得体的。

（三）调动联想和想象的活力

模糊语言在文学作品里经常运用，为读者开拓了广阔的联想和想象的天地。例如，宋玉在《登徒子好色赋》里写邻家姑娘的美貌：

增之一分则太长，减之一分则太短，著粉则太白，施朱则太赤。

姑娘长得如何美好，没有明说，而是用模糊语言"增之一分则太长，减之一分则太短"作引导，让读者尽情地去想象——可根据自己的生活体验和审美标准，想出姑娘那不高不矮、最理想化的身高；而由"著粉则太白，施朱则太赤"，又可想象出白里透红的最适中最美丽的一种脸色。姑娘有多美？要多美，就多美。当你想象出一个美好的形象时，会感到欣赏活动的乐趣，从再创造中，获得莫大的愉悦和满足。

金·王若虚在《滹南遗老集》里指出，前两个"太"字多余。因为"增之一分既已太长，则先固长矣；而减之一分乃复太短，却是元短。岂不相窒乎？"所言极是。尽管如此，这段描写还是很精彩的，历来依然被誉为名段。

宋·宋祁的名句："杨柳烟外晓寒轻，红杏枝头春意闹"，也是很典型的例子。

"春意闹"，是什么情景呢？谁都理解一些，可谁都说不透彻；谁都说不透彻，可谁都那么喜爱。正是这种模糊性，才唤醒了读者头脑中所储存的能够展示春意的多种多样的意象：视觉的形色，听觉的声音，触觉的感受，意觉的气象，等等。通过联想去复叠组合，再由想象去加工创造，于是，每个读者头脑中，都会呈现出自己的"春意闹"的具体景象，同时，感受到春的鲜美，春的活力，春的生机，美感是如此的丰富与活跃。

在现代文学作品里，也不乏其例："我走进北京的市场，顾客的耳语像

◎汉语修辞艺术谈

桂花飘香。"（刘征《北京的市场》）这是通过"通感"构成的模糊语句，启发读者借助"桂花飘香"，去体验清风送香、沁人心脾的感受，进而想象顾客耳语内容的甜美，和耳语声音的动听。再如：

  童心——是善，是爱，是真的凝聚。它比雪白，比花红，比天高，比水深，是一片神圣之地。　　（刘白羽《爱是动人心弦的》）

童心是怎样的呢？很难说得清晰明白。作者先作一模糊的概括"是善、是爱、是真的凝聚"，进而用"雪"、"花"、"天"、"水"等物象作比，让读者想象出"童心"的纯洁、美丽、高远、深厚之神圣的样子。

郭风的一首短诗也很有意蕴：

  敢于从悬崖上倾泻下来，
  一颗雄心使它成为万丈飞瀑！　　（《瀑布——咏水》）

这里的水是自然的，又不完全是自然的，它已经变成注入了人的主观感情色彩的高大形象。正是这种多重而不定的特征，诱发读者的想象：是对自然伟力的崇敬，是对勇敢无畏精神的颂扬，还是对为国捐躯的英烈们的热情赞美？任凭你去想吧。

模糊语言为人们所喜闻乐见，重要的一点，就是它能激发人们的联想和想象活力，在联想和想象中获得愉悦。

四、模糊语言与晦涩语言的区别

"模糊"一词，常被人涂上贬义色彩，甚至将它与晦涩混为一谈，其实二者有质的区别。

模糊语言，表述的是难以定型定量的事物，有时是在一定条件下，故意使其模糊起来。但是，不论怎么样，它不会妨碍语言的交际活动，甚至在特殊情况下，比用所谓精确的语言表述效果更好。例如：

  我们在黄河边上住了几百代，/我们对黄河有着最深的乡土爱，/我们知道河边上　有多少村庄，/多少山崖，
  我们知道　什么时候浪头高，/什么时候山水来；
  我们歌唱黄河，/也歌唱我们的乡土爱。

（郭小川《我们歌唱黄河》）

"几百代"、"多少村庄"、"多少山崖"、"什么时候"等都是含混不定的，没有具体的数字和时间。而读者正是借助这些模糊语言，去联想和想象，进而体会诗人所强调的"我们"和"黄河"的血肉关系，来体会深厚的"乡土爱"。假如换成具体的数据，那自然不是诗，而成了布满数据的地形图的说明了，味同嚼蜡，没有诗味了。

— 70 —

晦涩的语言，则是语意难以理解，或不可理解，是语言交际的障碍。造成语言晦涩有多方面的原因，一般有以下几种：

（1）生造词语。例如：

田野里，黄黄装装的谷穗被风一吹，东摇西摆，谷粒开始落地了。

后者则让人读了一部形象化的社会主义企业史，感人的魅力，远非直裸裸广告片所能比拟。

"黄黄装装"、"直裸裸"是生造的词语，除作者外，读者是难以理解的。

（2）似是而非。例如：

金隅队的对手实力要强一些，但是对于金隅队最大的利好是从下一场战山东队开始，核心球员马布里就得复出。（《报》）

"我作为一个惯性批判国产电影的人，这次失心疯地诚恳向大家推荐这部影片。"（《报》）

她赶到这里，心花浓剧地开放，好像这条绒线已经拴住了她的心。（《报》）

以上三例中的"利好"、"失心疯"、"浓剧"都有生造词的嫌疑。从字面上看，可以猜到一些意思，但又不能确定。这样的尚未流通的不规范的"词语"（还有"愤青"、"屌丝"、"颜值"、"卖萌"等）不能表达一个清晰确切的使广大读者可以理解的意思，也是语言交际的障碍。

（3）乱用词语。例如：

用艺术感受生活，您艺术了吗？（广告词）

狼对他们的亲密，着实让他们惊魂了一把。（《报》）

个别人甚至还就此推理出"赌球招来仇杀"的结论！

（《报》）

"您艺术了吗"、"惊魂了一把"也能让人猜测到一点儿意思，但到底说的是什么，仍不敢确定，读者仿佛掉进了迷魂阵。"推理出……结论"，汉语里似乎没有这样的说法，很费解，它不能清晰准确地传递信息。

（4）逻辑混乱。例如：

下面这番莫名其妙的谈话，也让人摸不着头脑。

主持人说：我们新闻界有一句话，一个好的记者，不期望新闻的发生。那么对于考古工作者来说，一个好的考古工作者，也不期望大墓的发掘。关键是证据，以便区别真伪。

（关于曹操墓的真伪讨论会　某电视台主持人的总结）

这段谈话，充满了荒谬、无知和自相矛盾，表达的意思是什么，恐怕连主持人自己也不知道。

总之,模糊语言与晦涩语言是有本质区别的。模糊语言可以提高语言的表现力和感染力,而晦涩语言乃是语言交际的障碍,是非避免不可的。列夫·托尔斯泰在给朋友的信中说:"如果我是沙皇,我就要颁布一项法令,作家要是用了一个自己也不能解释的词,就剥夺他的写作权利,并且打一百棍。"由此可见,大作家对语言运用的要求是极其严格的,甚至到了苛刻的地步;而对晦涩的语言现象,提出了严厉的批评,甚至到了深恶痛绝的地步。

模糊语言的运用,也有文体的限制。一般说来,合同契约、债务约定、医疗诊断等文字,不用或慎用。稍有不慎,便表意不清,无法沟通,就会像张先生那样,因一张糊涂字据引来半年的官司。原来,张先生向李先生借了两万元钱,还清后,给李先生写了个字条:"李先生:我现在还欠款20000元,立此条为凭。张某×年×月×日"。这其中有几个错误:一是,应该是收款人李先生写收据,交给张先生,而不是张先生写什么条据;二是,款数应用汉字大写,不应只用阿拉伯数字;三是,文中的"还"有两读,除了读"huán"还读"hái"。李先生咬定后一读音,说尚欠他20000元。这件事告诉我们,该清楚时应清晰明白,丝毫不差,不要模棱两可。

第五节 声音美

语言艺术的魅力,还来自语言的声音美。说话给人家听,写文章给人家读,都要以声音为物质媒介。如果我们的语句声音优美,便读起来朗朗上口,听起来和谐悦耳。曹靖华说得好:"不但诗讲节奏,散文也该讲这些,讲音调的和谐,也应下字如珠落玉盘,流转自如,令人听来悦耳,读来顺口,不致佶屈聱牙,闻之刺耳,给人以不快之感。"(《谈散文》)这是语言艺术家阅读欣赏的体会,也是语言实践的经验。他告诉我们,运用语言要讲求声音美,并且指出了声音美的主要特点。下面我们就散文中的语言为对象,探讨一下语言声音美的一些问题。

一、声音美的特点

(一) 顺口悦耳

诗歌讲究节奏,讲究韵律,显而易见,不必去说。优秀的散文和动听的谈话,在遣词造句时,也很讲究声音的组织安排,也应追求抑、扬、顿、挫的音律美(即讲究声音的高低起伏或停顿转折)。这样,读起来顺口,听起来悦耳。对此,老舍先生有精到而又生动地说明:"我写文章,不仅考虑每一个字的意义,还要考虑每一个字的声音……好文章不仅让人愿意念,还要让人念了,觉得口腔是舒服的。随便你拿李白或杜甫的诗来念,你都会觉得口腔是舒服的,因为在用哪一个字时,他们便抓住了那个字的声音之美……当然,散文不是诗,但是要能写得让人听、念、看都舒服,不更好吗?"(《关于文学语言问题》)这里所说的"口腔舒服",实际上就是读来顺口,听来悦耳的问题,也就是美的感受。

(二) 声情并茂

词语是声音和意义的结合体,一句话,或者一段话,总有一个内容和声音的关系问题。为了切合抒情写意的需要,使人不仅能体味到抒情美、思想美,还能感受到声音美,这就要注意词语声音的选择与配合。这种音、意的完美结合,就是人们常说的声情并茂的境界。老舍先生说过:"一注意到字音的安排,也就必然涉及字眼的选择,字虽同义,而声不同,我们就须选用那个音义俱美的。"(《出口成章》)只有用"音义俱美"的词语,构成"声情并茂"的语言,才能使读者在听觉上感受到美。

不难看出,顺口悦耳和声情并茂,是语言声音美的显著特点。

二、声音美的构成

(一) 鲜明的节奏

什么是节奏?"节奏是在一定时间内,前后一致的反复出现的现象。或者说,节奏就是有规律的现象的重复给人造成的一种感觉。""语言的节奏,就是一般所说的'音律',是一种语音现象的有规律的反复出现。这样不仅能造成语言的音乐性,而且能清晰明确地表达思想感情。"(张静《语言·语用·语法》)

汉语的声音美,也主要体现在鲜明的节奏上。普通话里,每一个音节,都会归属于某一个调类,或阴平、阳平,或上声、去声,就是平常所说的"四声"。前二者称"平声",后二者称"仄声"。在遣词造句的时候,将这些不同的字调,精心地组织安排,使平、仄有规律地反复出现,也就形成了"节奏"。不论说起来还是听起来,都会有鲜明的节奏感。

而节奏,又与心理、情感密不可分。对此,郭沫若曾有形象的说明:"大概先扬后抑的节奏,便沉静我们。先抑后扬的节奏,便鼓舞我们。这是一定的公例,钟声是先扬后抑的,初扣的时候顶强,曳着的袅袅的余音渐渐微弱下来。海涛的声音是先抑后扬的,初起的时候从海心渐渐卷动起来,愈卷愈快,卷到岸头来,'啪'的一声打成粉碎。因为有这样的关系,所以我

◎汉语修辞艺术谈

们听钟声和听海涛的心理,完全是两样。"这说明,不同的节奏对人们的心理活动和情感活动,有着不同作用。如果从表达的角度来看,一般说,舒缓的节奏,适于传达缠绵深沉的情调;急促的节奏,利于传达亢奋激越的情调。那么,锤炼语言,就不能不寻求与思想感情相适切的节奏形式。让我们看一些例子吧:

我冒了严寒,回到相隔二千余里,别了二十余年的故乡去。

(鲁迅《故乡》)

从必要的停顿来看,由于从"冒—到—里—去"形成仄声的重复,间隔的时间比较长,使节奏舒缓下来。这正适合表达惆怅的茫然的情调,与"我"此时的心境合拍。与此相反,急促的节奏,所传达的情调就截然不同了。试看郭沫若《屈原》里的一段话:

电,你这宇宙中的剑,也正是,我心中的剑。你劈吧,劈吧,劈吧!把这比铁还坚固的黑暗,劈开,劈开,劈开!

尤其这段文字里的"劈吧,劈吧,劈吧!"和"劈开,劈开,劈开!",平声的交替,不仅间隔时间短,而且还连续使用同一声调,节奏急促。这就造成一种特殊的音响效果:好像闷雷滚滚,又好像战鼓咚咚。强烈而急促的节奏,使人感受到屈原此时此际悲愤激壮的感情,如同爆炸了一般。

如果在一段话里,有意识地使每句的句尾停顿,平仄交替,也形成有规律的重复,那么,读起来你会感到整个语流的抑扬顿挫,就像一支乐曲,节奏鲜明,和谐优美。例如:

我所记得的故乡全不如此。我的故乡好得多了。但要我记起他的美丽,说出他的佳处来,却又没有影像,没有言辞了。仿佛也就如此……虽然没有进步,也未必有如我所感的悲凉,这只是我自己心情的改变罢了,因为我这次回乡,本没有什么好心绪。

(鲁迅《故乡》)

句末用字,平仄交替:此(仄)——多(平)——丽(仄)——来(平)——像(仄)——辞(平)——此(仄)——步(仄)——凉(平)——罢(仄)——乡(平)——绪(仄)抑扬顿挫,富有音乐性;并且以短促沉闷的仄声收尾,正与本段所表达的悲凉的心绪协调,堪称声情并茂的范例。

(二)声音美的其他因素

语言的声音美,简而言之,就是流畅而不拗口,好听而不刺耳。要想做到这一步,需从多方面去努力。下面,我们将从音响效果、音节配合等方面试做探讨。

第二章 锤炼语句讲求"三性"、"三美"

1. 音响效果

（1）摹拟声响，是运用象声词，把人或物的有关声响，摹拟出来，直接诉诸读者的听觉。虽然没有自然的声音给人的刺激强烈，但是我们可以通过第二信号系统，在"象声词"的刺激下，想象出某种声音，进而想象出某种情景，依然感同身受。例如，我们可以说"他使劲把门一关，走了。"也可以说"他哐当把门一关，走了。"后者就比前者生动形象。又如，未见其人，先闻其声，若说"一个人噔、噔、噔地走过来"，就与说"一个人涂擦、涂擦地走过来"大为不同。因为走路的脚步音响不同，启发人们在人物年龄、性格、心态以至情绪方面，展开联想和想象。这种声音摹拟的里面，蕴含着丰富的内容，可算得上音义俱美了。

在汉语的词汇中，有着取之不尽的象声词，为增强语言的音响效果提供了有利的条件，这是不能忽视的。请看：

"呼啦"一声！／锻件像一团火球，／滚到地上；／它老兄还没站稳，／咱的铁钳呀，／就把它按到砧子上！／锵！锵！／

大锤头愤怒得发疯，／又高兴得发狂！／挺着脖子，／喘着粗气，／可着劲儿往下闯！／　　　　　　　　　（刘镇《锻》）

这两节诗，使读者获得视觉、触觉之感受的同时，又用"呼啦"、"锵"、"锵"这些象声词，造成鲜明的音响效果，将读者置于紧张、火热而又欢快的劳动气氛中。倘若去掉这些声音的摹拟，便会黯然失色。

（2）双声叠韵。在双音节的词汇里，声母相同的，叫双声词；韵母相同的，叫叠韵词。例如，"仿佛"、"防腐"、"盲目"等是双声；"沉闷"、"性情"、"逍遥"等是叠韵。假如在一段话里，能够穿插运用一些双声或叠韵词，那么，在语流里会产生铿锵悦耳，或者婉转动听的声音美。

一个个光怪陆离的景象不停地在大脑中盘旋，她的魂魄仿佛被幽灵钩走，她的心仿佛被恶鬼一点点撕碎，吞噬……

（《夏娃的悲哀》）

一天晚上，陈大头阴沉着脸走进屋，往沙发上一靠，一声不吭。　　　　　　　　　　　　　　　　　　　　（同上）

前例用了"光怪"、"陆离"、"仿佛"、"撕碎"四个双声词语，后例用了"阴沉"、"沙发"两个叠韵词，读起来有一种特殊的韵味。正如前人所说："叠韵如两玉相扣，取其铿锵；双声如贯珠，取其婉转。"（李重华《贞一斋诗话》）（注：贯珠，联珠成串。常用以形容声音圆润美妙。白居易诗云"歌声凝贯珠，舞袖飘乱霞。"凝，有"徐缓"意）看来，双声叠韵，能够营造出一种响亮清脆，或者圆润柔美的音响效果。

— 75 —

◎汉语修辞艺术谈

　　如果将双声叠韵置于整齐对应的文字里，还可以收到回环美的效果。王力先生说："双声叠韵也是一种回环的美。这种形式在对仗中才能显示出来。"（《略谈语言形式美》）例如，歌曲《青春啊青春》里的两段歌词：

　　青春啊青春，壮丽的时光，比那彩霞还要鲜艳，比那玫瑰更加芬芳……

　　青春啊青春，壮丽的时光，比那宝石还要灿烂，比那珍珠更加辉煌……

上段有"鲜艳"和"灿烂"两个叠韵词；下段有"珍珠"、"芬芳"及"辉煌"几个双声词，它们上下应和，便给人以"回环美"的感觉。又如："真的猛士，敢于直面惨淡的人生，敢于正视淋漓的鲜血。"（鲁迅《记念刘和珍君》）"惨淡"与"淋漓"，是叠韵与双声的前后应和，在诵读中，也会感受到这样的回环美。

　　（3）叠字叠音。有些单音节的字词和双音节的字词，都可重叠使用，除了增加一些附加意义及其他色彩之外，还使声音和谐好听。字词重叠的形式，多种多样。举例如下：

　　①AA式。

　　当然，隆冬深夜，静静啜饮一壶温暖的铁观音，可以享受"以茶代酒"的寒夜之乐；但炎炎夏日，手捧一瓶冰镇透心的菊花清茗，涓滴品尝，却另有一番幽趣。　　（陈辛惠《飞升的菊花》）

　　先把自己理屈之处轻轻遮掩过去，然后你再重整旗鼓，着着逼人，方可无后顾之忧。　　（梁实秋《骂人的艺术》）

　　②ABB式。

　　那双连在一起的浓眉，透着他心胸的狭窄，那黑沉沉的脸如挂冰霜，冷森森的带着一股清光。　　（《夏娃的悲哀》）

　　（雨梅）她一有闲空，就跑到这里玩耍，悬空坐在颤悠悠的河柳枝桠上，跟过往行船、渔舟上的船夫和旅客大说大笑。

（刘绍棠《地火》）

　　③AABB式。

　　周围的许多人一下子变成了骷髅，从四面八方钻出来，飘飘荡荡向她包围过来。……她无目的地游荡着，摇摇晃晃，跌跌撞撞，如同一只受了伤快要死去的小鹿。　　（《夏娃的悲哀》）

　　大家说说笑笑，熙熙攘攘，像欢度快乐的节日一样。（吴伯箫《歌声》）

　　④ABAC式。

大家因他为人颇不讨厌,契重他的意思,都叫他老残,不知不觉,这"老残"二字便成了个别号了。　　　　　(刘鹗《老残游记》)
　　⑤ABCB 式。
　　这时候的她,进入了似醒非醒,似梦非梦的幻觉世界。
前面所列举的不同形式的叠音词语,除了有模拟状态,增强语气,加大程度等作用之外,还增强了语言的音响效果,这是很明显的,不容忽视。王力先生说:"把事物'形容尽致',这好像在语言里加上了鲜艳的颜色。"(《汉语语法纲要》)可见,这些重叠的词语,是汉语的声音美的重要因素,是"语言着色"的方法之一。

　　作家在组织语言时,都是充分利用声音美的音响元素,构建出既顺口悦耳,又声情并茂的优美语言,表情达意,以飨读者。读读下面这段文字,便有体会。
　　西湖的夏夜老是热蓬蓬的,水像沸着一般,秦淮河的水却尽是这样冷冷的绿着。任你人影的幢幢,歌声的扰扰,总像隔着一层薄薄的绿纱面幂似的;它尽是这样静静的,冷冷的绿着。
　　　　　　　　　　　　　(朱自清《桨声灯影里的秦淮河》)
众多的叠音词语:热蓬蓬、冷冷、幢幢、扰扰、薄薄、静静、冷冷等,不仅描绘了西湖的水与秦淮河的水迥然不同的特色,也表达了作者的不同感受。另外,这些叠音词语分布在句子里,好读,好听。无疑的,宛如给这段文字涂上了鲜艳的色彩。

　　2. 音节和谐
　　汉语词汇里,有单音节的词,有双音节的词,还有多音节的词语。在组织语言的时候,就不能不将这些音节不同的词语加以整理,合理搭配,使之成为声音和谐的整体。这样,我们写的或说的话,就会读着顺口,听着悦耳。
　　(1)单音节配合。许多单音节的词,都有双音节的同义词语,这就有个选择的问题了。例如:
　　无数客观外界的现象通过人的眼、耳、鼻、舌、身这五个官能反映到自己的头脑中来,开始是感性认识。
　　　　　　　　　　(毛泽东《人的正确认识是从哪里来的?》)
　　渐渐地,她学会了吃、喝、淫、赌,熟悉了坑、蒙、拐、骗,成为恶习难改的女恶棍。　　　　　(吕大发《夏娃的悲哀》)
上面的例子里,单音节的词,几乎都有双音节的同义词,但是不能随意换用,如第一例,倘若说"眼、耳朵、鼻、舌、身体",则不顺口,也不

◎ 汉语修辞艺术谈

好听。

(2) 双音节配合。现代汉语里，双音节词汇较多，我们习惯于成双成对的配合，这种形式，也正适应了人们对均衡美的欣赏趣味儿。例如：

姑娘的内心，充满了尖锐的隐痛……薄薄的嘴唇微张着，不住地颤抖，不住地抽泣。

文中很注意双音节与双音节配合，比如"尖锐的隐痛"、"薄薄的嘴唇"、"颤抖"与"抽泣"呼应。如若改成"尖锐的痛"，"薄的嘴唇"，"不住地抖，不住地抽泣"或"不住地颤抖，不住地泣"，读起来就很拗口，听起来也很别扭。

(3) 单、双音节配合。有时候，将单音节词与双音节词，作合理的搭配，也可收到很好的音乐效果。例如：

听妈的话，不为别的，为孩子，为老人，一天一天地熬着吧。

……我又流着泪，恳求他，只要能离婚，家里的一切我都不要。

文中"为孩子"和"为老人"，"流着泪"和"恳求他"，都是单双音节构成的词组，前后呼应着，读起来顺口悦耳。假如改为"为的是孩子，为的是老人"，或"流着泪，求他"，声音的韵味儿，与原文大不相同，听、读起来都不舒服。

(4) 多音节配合。这里主要谈谈四音节词组的运用。汉语词汇里，四字格的词组相当丰富，选择与搭配得巧妙，也会增强音乐性。例如：

李正华家境贫寒，无父无母，却有一个20岁的半哑巴弟弟。

他恶狠狠地说："老婆是我的，愿打就打，愿骑就骑……"我还能说什么呢？嫁鸡随鸡，嫁狗随狗吧。

文中四音节的词组，犹如"前呼后应"一般，配合得都很协调，读起来也很和谐。如果把其中的一些单音词换成其他音节的词语："李正华家贫寒，无父无母"、"愿意打那就打，愿骑着就骑"，这就打破了原有的和谐节奏，给人以杂乱无序的感觉，有损语言的声音美。

三、避免同音拗口

汉语里的同音字和同音词很多，遣词造句，如果不加以精心选择和布置，往往造成同音拗口的毛病，读起来，听起来，都不舒服，自然谈不上有什么美感了。例如：

这位遵医嘱不敢激动的老教授仍然潸然泪下。　　　　（《报》）

那时，我们活跃在热河和河北交界的地方。　　　　（《报》）

娇娇太娇了，容易滋生娇骄二气。

— 78 —

突然，他倒到稻草堆上。

"上哪儿上车去？""上一站台上上车去。"

侯卫东不用猜都知道他是镇里面的头头，道："唐树刚刚刚出去。"　　　　　　　　　　　　　　　　　　（《侯卫东官场笔记》）

怎样避免这些弊病呢？利用同义异音词语加以调剂，或许是一种有效的方法吧。例如：

但由于关于木兰的史料记载很少，以至于如果问一千个人，就可能会有一千种英雄形象。　　　　　　　　　　　（《健康报》）

可以将"由于"改为"因为"："但因为关于……"；也可以保留"由于"，但必须删去"关于"，改写为：

但由于史书记载木兰的材料很少，以至于如果问一千个人，就可能会有一千种英雄形象。

综上所述，声音美是语言美的一个重要因素，其基本特征可以概括为"顺口悦耳，声情并茂"八个字。如何步入声音美的妙境呢？增强音响效果，力求音节和谐，以及避免同音拗口，是最基本的方法。我们应该认识并掌握这些方法，使我们的语言富有声音美，就像人们所赞美的那样：声情并茂，感人至深。

第六节　繁简美

一、崇尚简洁，也讲究繁复

简洁（简约、简练、精练）是人们所崇尚的语言美的境界之一，繁复，也是提高语言表现力的艺术手段，然而常被人忽视。其实，选择词语构造句子，该简则简，当繁则繁，都是由表达的需要所决定的。就是说，所用词语之多少，篇幅之长短，必须根据内容的需要而定，以正切合内容的需要为最佳。大而言之，一部著作，一篇文章，如此；小而言之，一段话，一句话，也如此。能一词足意，不必两词；而若一言不能足意，再言之，再言之不足，三言之。此乃表情达意之需要，不宜以优劣论之。

总之，不应简单地以用词多少定其繁冗与简洁，应以语言形式与所表达的内容是否完美统一，评其优劣。

然而，简洁与繁复毕竟有所不同，不论实用价值，还是审美价值，各有自己的特殊性。

遣词造句，不仅为传递信息，有时还为传递情感。倘若以最小的词汇量，传递最大的信息量，是十分经济的。这不仅让人想起那一串串成熟的葡萄，正是它的圆润而光泽的外形，与甜美而饱满的汁液之完美统一，令人喜爱，觉得美好。以少总多的语言也是如此。因为在简洁的语句里，蕴含着丰富的内容，传递着大量的信息。如果能够做到"言有尽而意无穷"，读来有滋有味，自然是人们喜闻乐见的。

可是，客观事物是错综复杂的，人们对它的感知以及由此而产生的情感，也是极为丰富细腻的。若想表现这种复杂的客观事物，或表达这种细腻的主观情感，往往要从多角度，多侧面去抒写。否则，不易足意，也不能足情。这时，需要极尽摇曳之能事，不惜笔墨，使之更鲜明，更突出，更完美。读者犹如步入百花园中，千姿百态，异彩纷呈的景象，令人目不暇给，自然美不胜收了。

不难看出，简洁的语言，是美的；繁复的语言，也是美的。问题是，如何使之简洁，如何运用繁复。我想，仔细品一品郑板桥的这副对联，不无益处：

"删繁就简三秋树，领异标新二月花。"

如果我们在"删繁就简"上多下功夫，在"领异标新"上多动脑筋，那么，在语言艺术的天地里，"三秋树"会越来越多，"二月花"也会迎风盛开的。

二、简洁

（一）如何简洁

所谓简洁，就是在正确理解词语意义的基础上，用最少量的词语来概括或反映最大量的内容，收到言简意丰的效果。老舍说过："一个作家的本领就在于能把思想感情和语言结合起来，而后很精练地说出来。"（《我怎样学习语言》）可见，精练的语言，对于作家创作艺术珍品具有何等重要的作用。其实，在日常的语言交际活动中，精练的语言之良好效果，也是冗赘的语言所远远不能比拟的。如何使语言简洁、精炼起来呢？

1. 把握主旨，集中笔墨

把握主旨，即首先认识表现对象，并准确地把握所要表达的思想感情，才能集中笔墨，不致旁逸斜出，浪费语言。例如，欧阳修的《醉翁亭记》，具有如此巨大的感染力，与其精美的语言分不开。但据传，开头一段也是经过精心修改的。

初稿：滁州四面皆山也，东有乌龙山，西有大丰山，南有花山，北有白米山，其西南诸峰，林壑尤美……

定稿：环滁皆山也。其西南诸峰，林壑尤美……

开头五句话，浓缩为"环滁皆山也"五个字，比初稿简洁、精炼。"醉翁亭"建在滁州城外，琅琊山的酿泉之旁，四面有山，不写不行；多写，也不行。此文借"醉翁亭"以抒怀，不写，此亭无以附丽；多些，又喧宾夺主。于是，将五句话浓缩为一句。这样一来，数十字要表达而没能表达出来的意境，五个字，尽善尽美地表现出来了。为什么？

初稿，罗列了许多山名，太实而且冗赘，没有读者发挥想象的余地。定稿，虚中有实，给读者留下了想象的广阔的天空。读者会凭借自己的经验，按照这句话中的"环"与"皆"所指引的方向，去想象，去进行再创造。在读者的眼前，会浮现出滁州四面山山相连，峰峰相叠的奇景。正是这种再创造的活动，使读者获得精神上的愉悦和满足。而且这五个字，气势磅礴，犹如奇峰突起，立即把读者的注意力吸引过来，顺势而下，与后文紧紧相接，把读者又引导到一个优美的境界。这种艺术魅力，是冗长乏味的语言无论如何也无法具备的。

再如杨朔对《雪浪花》中一段文字的修改：

初稿：那时候，北戴河跟今天可不一样。这话提起来有三十年了，一到夏天【三伏天】，【你看吧】来歇伏的不是【差不多净是蓝眼珠的】外国人，【。】就是官僚财主，那个气焰啊，谁敢碰一碰。反正没有你的份儿。有一回，来了个外国人，又粗【胖】又笨，活像条大白熊，【一个外国人】看上我的驴。（——上是删去的词语，【 】内是增添的词语。下同）

定稿：那时候，北戴河跟今天可不一样。一到三伏天，来歇伏的差不多净是蓝眼珠的外国人。有一回，一个外国人看上我的驴。

这是老泰山所讲故事的开头，初稿"这话……"和"你看吧"，是不言自明或没必要说的话，删去。"就是……份儿"，实为枝蔓，影响故事主线发展，也删去。"来了个……大白熊"带有强烈的贬义色彩，且没有道理，该删。改用"一个外国人"更合情理。这样增删改写，都是围绕故事的时间、地点、人物、事由等进行的。两相比较，改文清晰流畅，简洁明快。

有些习作的失败，正在于不能把握主旨。或想起一件事，或刚有一点萌动，未经认真思考，便匆匆动笔。结果，就像杂草丛生的荒园，难有花朵，即使有，也被杂草覆盖得严严实实，难现光彩。

2. 脉络清晰，剪除枝蔓

清晰的脉络，像一条无形的线索，将所用的材料串联起来，构成一个有机的整体。这样，易于斟酌详略，详略得当，语言的调遣也就可以"按需分配"了。按照常规来说，叙事一般以时间的先后为序，写物一般以空间

◎汉语修辞艺术谈

位置为序，说理一般以理据的内在关系为序，组织材料，进行语言表达的。倘若脉络不清，材料的组织必然混乱，枝蔓横生，冗赘的语言，也由此而生。作家的修改文稿，为我们提供了可资借鉴的经验。下面是鲁迅《藤野先生》的手稿里的一段话：

　　到别的地方去看看，如何呢？

　　我就到了【往】仙台【的医学专门学校去。】这地方在北边，冷得利害，还没有中国的留学生。从东京出发，不远【久便】就到一处驿站，写道：日暮里。不知道怎的，我到现在还记得这名目。其次却只记得水户了，这是明的遗民朱舜水先生客死的地方。

　　仙台是一个市镇，并不大；冬天冷得厉害；还没有中国的留学生。

原稿思路较乱。既然写了"我就到了仙台"，"这地方……留学生"，那么，沿途所见就无法再写，这不符合作者的原意；若写下去，如手稿，又势必重复。因此，要删改。先说要去仙台，接着写由东京出发，经日暮里，过水户及所见，最后写到达仙台，并对其略作介绍。脉络清晰，合乎事理，语言也简练了。再如：

　　蒙自军分区……除给莽人找到新的水源，赠送小鸡小猪，为村医务室、学习室添置药品、图书、书柜等物质外，并让附近的连队组织有种植、养殖经验的官兵，还采取连包村、排包组、班包户的方式，通过传授科学种植养殖技术，帮他们渡过难关。

　　　　　　（《解放军报》之《有解放军的关爱，困难一定能克服》）

帮助"他们"渡过难关，军分区做了许多事。这段文字，在时间的先后、内容的分类、关系的递进等方面，不甚清楚，于是，语言的表达也就颇为混乱。另外，有些词语如"物质"、"并"、"通过"等也欠妥，需更换。如果这样调整一下，表意会更清晰、简洁：

　　蒙自军分区……除给莽人找到新的水源，赠送小鸡小猪，为村医务室、学习室添置药品、图书、书柜等物资（物品）外，还让附近的连队组织有种植、养殖经验的官兵，采取连包村、排包组、班包户的方式，传授科学种植养殖技术，帮他们渡过难关。

这段话的语意脉络，化简了就是"蒙自军分区……除……外，还让……传授……帮他们渡过难关。"很明显，事例罗列有序，内在关系清晰，语意表达简明。

　　3. 反复推敲，勇于割爱

　　鲁迅很看重语言的简洁美，他说："写完后，至少要看两遍，竭力将可有可无的字、句、段删去，毫不可惜"。（鲁迅《二心集》）做到"毫不可惜",不太容易。的确,有些语句孤立地看,不可谓不美,但是,倘若从整个篇章考虑,从段落之间的关系考虑,再从词语之间的意义联系考虑,确实无利于主旨的表达,那只有忍痛割爱了。正如庄稼地里的小草、鲜花,也是怪好看的,但它们不会长出粮食,只会影响收成。农民们是毫不迟疑地将其锄掉。修改文章,锤炼语言,也应如此。试看下面的例子:

> 我们党的大批干部不计个人安危和名利得失,为党的事业抛头颅、洒热血,奉献鲜血乃至生命无怨无悔。　　　　　　(《报》)

"抛头颅、洒热血"与"奉献鲜血乃至生命"语意重复,宜将前者或者后者删去。

> 兵法中常提到一句话,"知己知彼,百战不殆。"我认为要打赢这场网络战争同样需要兵法中的策略,而"知己知彼,百战不殆"的策略值得我们借鉴到这场网络大战中来。　　　(《报》)

如果这样删改一下:

> 我认为,要想打赢这场网络战争,同样需要兵法中的"知己知彼,百战不殆"的策略。

很明显,删除了冗赘,语意更加鲜明突出了。

作家们对于自己的语言,总是字斟字酌、倍下功力的。试举几例:

> 初稿:"一个掌着钎子,他手上的虎口被震裂了,裂纹里浸着血。"
> 定稿:"……他的虎口被震裂了……"
> 　　　　　　　　(魏巍《前进吧,祖国》)(删去"手上")
> 初稿:"老渔民长得高大结实……嘴巴下留着一把花白胡子。"
> 定稿:"老渔民长得高大结实……留着一把花白胡子。"
> 　　　　　　　　　(杨朔《雪浪花》)(删去"嘴巴下")

不难看出,那些"可有可无"的词语,是不能增加信息量的,只能增加信息传递的负担,应该删除。这也要有点勇于割爱的精神,也要有一种追求的境界。唐代刘知几说:"言虽简略,理皆要害,故能疏而不遗,俭而不阙。譬如用奇兵者,持一当百,能全克敌之功也。"(《史通·叙事》)这番话道出了简洁、精炼的真谛。以少总多,持一当百,既有使用价值,又有审美价值,一举两得。

(二) 力避苟简

所谓苟简,是指当用的词语不用,造成语意晦涩不清,影响表达效果。这是在追求简洁的时候,应努力避免的毛病。鲁迅在《作文秘诀》里举过这样一个例子:

◎汉语修辞艺术谈

《绿野仙踪》记塾师咏"花",有句云:"媳钗俏矣儿书废,哥罐闻焉嫂棒伤。"自说意思,是儿媳折花为钗,虽然俏丽,但恐儿子因而废读;下联较费解,是他的哥哥折了花来,没有花瓶,就插在瓦罐里,以嗅花香,他嫂子为防微杜渐起见,竟用棒子连花和罐一起打坏了。

涉及这么多的人和这么复杂的事,却用十四个字来表达,表面上看似乎简洁了,其实语意晦涩难解,难以达到预期的目的。简约,不能只理解为用字少,倘若"疏而有遗"、"俭而有阙",这不是简约,而是苟简,是不足取的。这种苟简的毛病,有时反映在篇章上,当用墨时不用墨,使抒写苍白无力,影响了形象的描绘。例如:

《史记·李将军列传》里有一段描写李广射"虎"的文字:

广出猎,见草中石,以为虎而射之,中石,没镞,视之石也。因复更射之,终不能复入石矣。

王若虚在《滹南遗老集》的"史记辨惑"中指出,"凡多三石字",太啰唆了,应删减为:

(1) 广出猎,见草中石,以为虎而射之,没镞。既知其石,因复更射,终不能入。

(2) 广出猎,尝见草中有虎,射之没镞,视之石也。

原文写李广误将石头看成老虎,于是,精神高度集中,全力以赴,引弓猛射,走近一看,大吃一惊,箭镞都射入石头里了。其心理,其情态,其神力,绘声绘色,如在目前。

"视之石也",表现他发觉误会而极为惊讶的样子。此时的眼神、表情甚至惊讶的唏嘘之声,似乎都能想见,何等传神,堪称"文眼"。而王若虚把这一绘形传神的描写,视为赘语而删去,便失去了动人的艺术力量。

虽然第二种修改还算生动,但却删去了"因复更射之,终不能复入石矣",是万万不可的。这两句,写李广精神松弛下来的状态,与前文形成对照,实为衬托精神紧张时的神情,并非多余。王若虚忘记了《史记》的显著特征,即鲁迅所说的"史家之绝唱,无韵之离骚",作为文学作品,自然讲究其表现的艺术方法。再看司马迁的原文,有悬念、有张弛、有曲折,增强了故事性,有趣、有味。

苟简的毛病,有时反映在语句上,当用的词语而没用,影响了语意的表达。例如:

因为网球,不敢轻易爱情　　　　　　　(标题)

"不敢轻易爱情"难以理解。如果多用一些词语表述:"因为网球,不敢轻易谈恋爱",或"因为网球,她放弃了爱情",都能把话说明白。

"读者最信赖美容机构"评选进行中　　　　　　　　（标题）

评选的应该是"读者最信赖的美容机构",中间丢了一个助词"的",语意就晦涩不清了。

苟简与简洁,是本质完全不同的两种语言现象。我们应避免苟简,讲求简洁。有人认为,文中没有多余的字就可以了,也就满足了。其实这只是简洁的起码要求,不能止步于此,还应继续锤炼我们的语言,力争步入宋人姜夔提出的更高的境界:"若句中无余字,篇中无长语,非善之善也;句中有余味,篇中有余意,善之善者也。"(《白石道人·诗说》)

三、繁复

(一) 巧用繁复

《离骚》有言:"佩缤纷其繁饰兮,芳菲菲其弥章。"意思是,佩戴的芳草佩玉色彩缤纷极为繁多,香气之浓郁便愈加显著。由此想到"繁复"的语言艺术,不也是这个道理吗?我们常常见到这样的语言现象,针对同一个对象,根据表达需要,成组成对儿地组织词语,从多方面加以表述描绘,使语意表达得更为周密详尽,事物描写得更为细腻充分,情感抒发的更为淋漓尽致。从形式上看,似乎所用词语多了些,但从效果来看,却是必要的,这也是语言艺术不可忽视的一个方面。

(1) 词语繁密多彩。例如:

当我与徐凤翔故友重逢时,她正在汉族的、藏族的、修表的、开车的、烧饭的、钉鞋的、采购的、探亲的一群人中。

(黄宗英《小木屋》)

如果说"她正在一群人中",是一个较为抽象的表述,而用这一连串儿的修饰成分加以描绘,不同民族,各种行业的"一群人"便形象地呈现在读者的眼前,给人以真切的感受。

可是,你,我重要的你。是善良的,真诚的,温暖的,不虚荣,不做作,不谄媚的你。　　(李奕《致远方我孤独美丽的你》)

这是对前面所讲的"你,偏执的,不可爱的你"另一侧面的剖析。这一串串的成队的词语,从多方面展示出"你"的可爱的侧面,与前文所讲的"不可爱的方面"相互对应,勾画出"你"不完美的完美,不可爱的可爱这样的复杂的内心世界和性格特征。

这是断然的,一定的,确实的,中国资产阶级顽固派如不觉

◎ 汉语修辞艺术谈

悟,他们的事情是并不美妙的,他们将得到一个自寻死路的前途。

(毛泽东《新民主主义论》)

文中的"断然的"、"一定的"、"确实的"好像有语意近似的地方,同时并用,岂不啰唆多余?不然。如果从不同的角度去分析推敲,就会看出每一个词,都有自己的位置和作用。"断然的",是指绝对无疑;"一定的",是指必然如此;"确实的",是指真实可信。这些词语互相配合起来,才能有力地说明下面的结论,是何等的不容置疑,不可动摇。从语意到语气,都可增强其说服力。再如:

奋勇前进,坚决、彻底、干净、全部地歼灭中国境内一切敢于抵抗的国民党反动派,解放全国人民,保卫中国领土主权的独立和完整。

(毛泽东《向全国进军的命令》)

"坚决"表示意志,"彻底"表示行动要求,"干净"表示标准,"全部"表示范围。这些词,各有各的意义和职能,将其组织配合起来,才能充分说明"歼灭"的含义。读起来,有雷霆万钧之力,排山倒海之势。

为了强调某一意义和加强语气,往往将意义相同的词语接连使用,并不感到冗赘,反而有一种特殊的意味。例如,毛泽东在《质问国民党》里的一段话就是如此:

你们的这样许多言论行动,既然和敌人汉奸的所有这些言论行动一模一样,毫无二致,毫无区别,怎么能够不使人们疑心你们和敌人汉奸互相勾结,或订立了某种默契呢?

"一模一样"、"毫无二致"、"毫无区别"三个短语意思相同,而且叠用,构成了排比的句式。强调并突出了国民党与敌人汉奸言行的一致性,而且语气步步增强,加强了揭露和谴责的力量。

(2)句子扩展放松。例如:

鲁迅的《野草·秋夜》里有一句话,在运用繁复的语言艺术方面,独具匠心:"在我的后园,可以看见墙外有两株树,一株是枣树,还有一株也是枣树"。如果不了解繁复的语言艺术,就很难赏析这句话,甚至可能说:直说"在我的后园,可以看见墙外有两株枣树",岂不更直接,更简练吗?

但是,这只能把客观事物——枣树——的数量告诉读者,而不能把人物看到这些枣树时的情感体验表达出来。作者之所以用了这么多的词语,组织成似乎不消说的废话,目的在于将句子放松,引导读者放眼看去,一株枣树,再往前看,依旧是一株枣树。由此便渲染一种单调的、寂寞的、无聊的氛围。浓厚的抒情意味,与全篇的情调是一致的。又如:

> 最可爱的是它的花，那对于炎阳的直射毫无避易的深红的花。
>
> （郭沫若《丁冬草·石榴》）
>
> 但，他不是为了这些哭的。他哭，是为了他的梦，他的蓝色的梦。
> （柯岩《船长》）

以上两例，都可以用所谓紧缩的句子来表达。例如，"最可爱的是它的不怕阳光直射的深红的花"、"他是为了他的蓝色的梦而哭"。语句通顺，意思明白，似乎也简练，但是，韵味没有了。作者之所以把句子舒展开来，一是为了突出语意。"花"的可爱在哪里？就在于不躲避阳光的直射和鲜红的色彩。强调了其坚韧的性格和美丽的形色。后一例，凸显出"蓝色的梦"。读者可以看到，航行于蓝色的大海之上，对于他多么重要，那是他的理想，所以才如此动情。二是为了使语言富有起伏跌宕的节奏感。句子放松了，节奏舒缓了，正适于人物激荡着的深沉的情感抒发。也可以说，这种起伏跌宕的舒缓节奏，是人物情感波澜外在的语言形式。读这样的语言，你会感觉到，抒情的意味增强了，声音美的特点凸显了，会得到更多的美感。再如：

> 延安的歌声，是革命的歌声，战斗的歌声，劳动的歌声，极为广泛的群众的歌声。　　　　　　　　　　　　（吴伯箫《歌声》）

为了强调歌声的"革命、战斗……"等属性，用放松的句子。如果用"紧"的句子，即"延安的歌声，是革命的、战斗的、劳动的、广泛的、群众的歌声。"强调的意味削弱了，气势也减弱了。

（3）修饰繁多复杂。繁复，还有另一种类型，即利用多而复杂的修饰成分，从不同的方面，对表现对象加以形容限制。若用于叙事状物，则事物描绘得更加细腻生动；若用于说理析义，则理义阐述得更加严谨周密。例如：

> 大家坐在溪旁，用火红的攀枝，洁白的山茶，金黄的云槐，天蓝的杜鹃，还有一束束颜色各异的野花，扎成一个个五彩缤纷、群芳荟萃的花环。　　　　　　　　　（李存葆《高山下的花环》）

如果这样说："大家用许多好看的鲜花，扎成许多好看的花环，"也未尝不可，这只是个信息。不仅形象性、生动性几乎谈不上，就是感情色彩，也微乎其微了。作者没有采用如此淡而无味的手法，而是用了繁复的语言艺术，写得这样动人。

在"扎成"前面，有许多修饰成分，目的是浓墨重彩地写"扎花环"的行动。作者选择了恰当的角度，即精选鲜花，并极尽渲染之能事。你看，不同的花种，不同的颜色，异彩纷呈，只有如此精心地选择，才能扎成如此芳香美好的花环。这样细致地形容修饰扎花环的行为，正是为了突出战友们

◎汉语修辞艺术谈

对为国捐躯的英烈们深切的缅怀和无限的热爱、崇敬。这是符合人们的心理诉求的。又如：

把自然界的许多芬芳的、美丽的、高大的、深广的东西都拿来和爱情相比，这首民歌所歌颂的爱情就不是一个抽象的概念，而是好像可以嗅到它的扑鼻的香气、看到它的悦目的色彩和唤起一种庄严的感觉的形体了。　　　　　　　　　（何其芳《诗歌欣赏》）

这是一个很长的句子。意思是说，这首民歌所歌颂的爱情，不是"抽象的概念"而是可感的"形体"。为了详细具体地阐明如何营造这样的"形体"，首先用一个长长的状语，说明作者用许多美丽可爱、庄严可敬的物象加以类比。又在"形体"前用两个比较长的定语，将其外在可感的和内在动人的特征，具体化、形象化。其中还将"不是……而是……"句法结合使用，使否定语意与肯定语意形成强烈对比，并突出且强调了"爱情"的美丽而动人的特征。不难看出，由于修饰限定的成分和形容描绘的成分，繁多而复杂，使句子长起来了，这是表达的需要。

看来，繁复是增强语言感染力的有效手段，也是语言美的一种境界。其基本要求就是刘勰说的"善敷者，辞殊而意显"。作家对自己文稿的修改，为我们提供了可资借鉴的经验。再如：

上野的樱花烂漫的时节，望去确也像绯红的轻云，但【花下】也缺不了【成群结队的】"清国留学生"的速成班……

（鲁迅《藤野先生》修改稿）

增添了"花下"二字，可与前面的"樱花烂漫"相呼应，而且还能让人想见花下之人的闲情逸致。"清国留学生"前面加上"成群结队"一语，显示出人数之多，令人忧愤。从而突出了这许许多多的"清国留学生"，无心于祖国存亡的危难，沉迷于鸟语花香之中的情景。增加的词语，含有揭露和讽刺的意味儿，作者心里涌起的沉痛而又悲愤的强烈感情，都寄寓其中了。

(二) 力避冗赘

运用繁复，要力避冗赘。冗赘是语言的弊病，正如刘勰所指出的"辞敷而言重，则芜秽而非赡"。这种语言，词汇量增大了，句子扩展了，可是信息量并没有增加，反而使想要表达的思想内容，淹没于芜杂的词语之中。造成"冗赘"的原因很多，大致有以下几种：

(1) 词语重复。例如：

只是大熊猫太顽皮，没有多久，绿竹的嫩叶就被大熊猫当成美味食物吃掉，剩下的竹茎则成为大熊猫的玩具。

文中"大熊猫"一词，出现三次，就啰唆乏味了。后两句的"大熊猫"如用"它"代替,效果要好些。

(2)语意重复。例如:

我们的老师为了提高教学质量,课后抓紧工作以外的点滴休息时间,进行个人的自学。

"休息时间"当然是"课后"与"工作以外的"时间,"自学"自然是"个人"的。这些语意的重复,没有新意,只是信息传递的障碍。

(3)"溢美之词"。例如:

(李连杰)在中国武坛上成为一颗光芒四射的耀眼的明星。在这部纪录片中,不仅可以饱览李连杰的精湛的武术表演,他那谦虚好学、勤奋努力等当代青年的优秀品德,也将会给广大观众留下深刻的印象。

"光芒四射"已是形容至极,再用"耀眼"修饰,便是溢美之词了。"当代青年"这一修饰语,也没有必要,因为"谦虚好学,勤奋努力",不只是当代青年的优秀品质。

综上所述,简洁和繁复,都是提高语言表现力和感染力的艺术手段。当我们追求简洁的时候,要力避苟简的弊病;当我们运用繁复的时候,也要警惕冗赘的语句出现。为求得"繁"、"简"得当,不能不从立意、取材、布局以及选词造句等各个环节着眼,精心锤炼,"须狠心的删!不厌其烦的改,改了再改,毫不留情。"(老舍《我怎样学习语言》)我们知道,"任何一朵花,都不会因为多了一个瓣儿而显得更美丽"。(《高尔基论文学》)

如何认识简练与繁复,并有效地运用这两种语言艺术,刘勰的论述值得借鉴:

思赡者善敷,才核者善删,善删者字去而意留,善敷者辞殊而意显。字删而意阙,则短乏而非核;辞敷而言重,则芜秽而非赡。

(《文心雕龙·熔裁》)

(译文:文思丰富的善于扩充,才思简练的善于简化。善于简化的减少了文字没有减少意思,善于扩充的增加了文辞用意更明显。要是简化了而意思残缺不全,那是短缺而不是核要;要是扩充了而语言重复,那是芜杂而不是丰富。)

刘勰把增、删文字,以达到繁、简的理想境界,其方法及要求,讲得非常精辟。我们要"像追求真理一样去追求语言","用纸的砧,心的锤来锤炼它们",作家孙犁的经验体会值得记取。

◎汉语修辞艺术谈

第三章 选用句式讲求"灵活多变"

现代汉语的句式各式各样，丰富多彩，为我们准确、生动地表达思想感情提供了便利条件。可是，究竟采用哪一种句式表达效果好呢？老舍先生告诉我们："一篇作品需要有个情调。情调是悲哀的，或是激壮的，我们的语言就须恰好足以配备这悲哀或激壮。比如说，我们若要传达悲哀，我们就须选择些色彩不太强烈的字，声音不太响亮的字，造成稍长的句子，使大家读了，因语调的缓慢，文字的暗淡而感到悲哀。反之，我们若要传达慷慨激昂的情感，我们就须用明快强烈的语言。"（《我怎样学习语言》）这些经验体会说明，不同的句子形式，可以传达不同的思想情调，也就是说，它们的修辞功用不同；采用哪种句式，是由所要表达的思想感情和所要达到的目的决定的。从语言艺术家们修改句子的事实来看，句式的变换，每每都是由句意的锤炼所致。为什么舍此而取彼？归根结底，是因为二者所表达的内涵贫富不同，感情强弱不同，或者情调色彩不同。

本章拟选择常用的几种句式，从句式的特点、句式的类型、句式的作用及运用中应注意的问题等方面，举例加以阐述。

第一节 整句、散句

一、整句、散句的特点

句子的整与散，主要是从句子的形式特点来区分的。倪宝元先生指出："句子的组织，有整有散。整，就是整整齐齐，指的就是几个结构相同或相拟的词组、分句连接着用；散，就是'不拘一格'，指的是各式各样的词组、分句交错着用。"（《修辞》）由于结构相同或相似，字数又相当，便使得两个句子整齐对称，这是其形式上的特点。要把思想感情容纳于整齐匀称的句式之中，必然要注意概括凝练，使之相互对应，这是其内容上的特点。

这样看来，对偶、排比、某些顶针、反复等也属于整句；除此之外，那些结构繁简不同、长短不齐、语气各异、文白兼用的句子，都属散句。但是，由于对偶、排比、顶针、反复等都已成为固定的修辞格式，后面还要详细讲述，又由于散句的范围如此广泛，样式如此纷繁，难以归纳出一般的规律，所以，这里所谈的，只好限定在一个较小的范围之内，即只就散文中出现的整齐匀称的整句和错综变化的散句，作扼要的分析。

二、整句

(一) 整句的构成

1. 由分句组成的整句

根据两个分句意义上的不同关系，又可分为：

(1) 意义相反的。例如：

业内人士披露鉴定市场黑幕：有利益争，没油水推。

(《北京晚报》)

"有利益争"与"没油水推"意义截然相反。

(2) 意义对应的。例如：

为了搭起滑道，他们翻越了多少陡峭的悬崖绝壁，为了寻找水路，他们踏遍了多少曲折的幽谷荒滩。 (袁鹰《井冈翠竹》)

从"他们"的不同目的和不同行为来写"他们"的精神品质，两个方面不是相反的关系，而是既有联系又相对应的关系。

(3) 意义承接的。例如：

沉默呵，沉默呵，不在沉默中爆发，就在沉默中灭亡！

(鲁迅《记念刘和珍君》)

小芹去洗衣服，马上青年们也都去洗；小芹上山采野菜，马上青年们也都去采。 (赵树理《小二黑结婚》)

第一例，"不……就……"表示了一种选择关系；后一例，说小芹"一"做什么，青年们"就"做什么。两句之间是顺承关系。两例内容上都是顺承相接的关系。

以上都是凝炼概括的内容与整整齐齐的句式和和谐统一的句子。

2. 由成分构成的整句

从句子内部结构来看，如果以结构相同或相似的词组充当成分，也能使这个句子具有形式整齐匀称的特点，也可以看作是整句的一个小类吧。

(1) 由基本成分构成的。例如：

摇动的车轮，旋转的锭子，争着发出嗡嗡嘤嘤的声音……

(吴伯箫《记一辆纺车》)

主语"摇动的车轮，旋转的锭子"是由两个结构相同的偏正词组联合组成，

◎汉语修辞艺术谈

形式整齐。

  延河两岸，人声鼎沸，灯火通明。   （《报》）

谓语"人声鼎沸，灯火通明"，是用两个主谓词组构成的对称形式。

  啊，这就是我们的人民，我们的上帝！

              （李存葆《高山下的花环》）

宾语"我们的人民，我们的上帝"是用两个偏正词组组成了对称的形式。

  （2）由附加成分构成的。例如：

  小路，炭子冲的小路，是充满胜利，铺满春光的路啊！

              （陈淀国《小路长长》）

宾语"路"的定语"充满胜利，铺满春光"，是两个动宾词组构成的对称形式。

  这时，远远前方，无数层峦叠嶂之上，迷蒙云雾之中，忽然出现一团红雾……   （刘白羽《长江三日》）

状语"无数层峦叠嶂之上，迷蒙云雾之中"里有对称形式。

  同志们亲手纺线织布做的衣服，穿着格外舒适，也格外爱惜。

              （吴伯箫《记一辆纺车》）

补语"格外舒适，也格外爱惜"，虽字数不等，但结构相同，也还是整齐匀称的句式。

  此外，句子的特殊成分，如同位语、独立语也可以是整句的形式，这里不再举例。总之，不论句子的哪种成分，只要是整齐对称的形式，这句话就含有了均衡美的元素。

  （二）整句的表达作用

  1. 表意鲜明突出

  整句的组成部分，在内容上总是有某种互相依存的关系，不是相反相对，就是相承相接。作者的思想感情，往往在这种对应关系中，或相反相成，或者相辅相成，或对比衬托，得以突出的充分地表达。例如：

  犯过错误，可以使人觉得反正是犯了错误的，从此萎靡不振；

  未犯错误，也可以使人觉得自己是未犯过错误的，从此骄傲来起。

           （毛泽东《放下包袱，开动机器》）

这是思想包袱、精神负担的两种表现。"犯过错误"的"从此萎靡不振"和"未犯错误"的"从此骄傲起来"，原因相反，结果不同，鲜明的对比，使各自的特点，凸现出来。

  "信天游"唱起来高亢、悠远，"蓝花花"唱起来缠绵、哀怨。

                （吴伯箫《歌声》）

"信天游"和"蓝花花"两种民歌的不同情调,"高亢、悠远"与"缠绵、哀怨"形成强烈对比,使两种不同的风格,相反相成,表现得非常突出。又如:

　　这个春天多变脸,一会儿还是春光融融,一会儿却成了寒流滚滚。　　(《解放军报》之《淡定从容向前走》)

这个春天"多变脸",后边用"一会儿""春光融融"与"一会儿""寒流滚滚",构成强烈的对比,凸显出"多变脸"——变化之快、落差之大、难以捉摸之情状。

有时整句的组成部分,意义互补,使所表达的内容更圆满、更充实,自然给人的印象就更深刻。例如:

　　西方的公园设计是:亭台楼阁少(或者没有),而树木花卉多。一大片一大片绿油油的草地,一大堆一大堆葱郁的树木……
　　　　　　　　　　　　　　(冰心《寄小读者·通讯八》)

"亭台楼阁少,而树木花卉多"这一整句,对比中凸显出西方公园设计的特点,而后边的整句则互为补充,充分地说明了这一特点。

　　母亲还是舍不得扔掉那个旧布包,说:不定什么时候还用的着。一粥一饭,当思来之不易;半丝半缕,当知得来艰难。
　　　　　　　　　　　　　　　　(《母亲留下的旧布包》)

这里用吃饭、穿衣都得来不易,互为补充,强调了劳动的艰辛,衣食的珍贵,要珍惜。

除以上两种情况外,整句的两个组成部分,还有转折、选择等关系,都可突出语意,富有强调的意味。例如:

　　像蜡烛选择燃烧,如流星划破夜空,生命之火是短暂的,而精神之光是永恒的。　(《解放军报》之《用使命丈量生命的高度》)

在这个语意段落里,用了比喻。喻体前置,是个整句;本体后置,也是个整句,是由两个具有转折关系的分句组成的。语意一经转折,就使他(一位藏族高级军官,为维护民族团结奋斗了几十年,积劳成疾,牺牲在岗位上)崇高精神的价值,得以强调。

　　眼前有靳开来这样的勇士,懦夫也会壮起胆来!是的,越怕死越不灵,与其窝窝囊囊地死,不如痛痛快快地拼!
　　　　　　　　　　　　　　　　(李存葆《高山下的花环》)

结尾是整句,"窝窝囊囊地死"和"痛痛快快地拼"形成尖锐的对比,两种不同的精神状态和归宿,让读者在比较中见优劣,取舍中见忠勇,有力地表现出英雄们为国捐躯的壮烈情怀。

◎汉语修辞艺术谈

由成分构成的整句,也往往在意义上形成对比、对照、相承等关系,以之状物抒情,或者析义明理,也可有鲜明突出、形象生动之功效。

2. 整散错落有致

整句和散句,各有长处。不过,从读者的接受心理来看,整句用多了,易于使语言死板;散句用多了,也往往使语言散漫。如果将二者结合,使之散中有整,整中有散,使人既能获得整齐均衡的美感,又能获得参差错落的美感。读者的兴趣,会得到激励。

(1) 先散后整。例如:

纺羊毛跟纺棉花常有不同的要求:羊毛要松一些,干一些;棉花要紧一些,潮一些。　　　　　　(吴伯箫《记一辆纺车》)

意义上,先提出话题,再从相对应的方面——"纺羊毛"和"纺棉花"的不同要求和特点,分别叙述。形式上,以活泼自由的散句领起,继而用整齐匀称的整句收束。

(2) 先整后散。例如:

进亦难,退更难。我处在万分矛盾之中!

(李存葆《高山下的花环》)

先将两种情况用整句形成鲜明的对照,再写由此而获得的感受或产生的结果,以散句作结。

(3) 散整散。例如:

初学纺线,往往不知道劲往哪儿使。一会儿毛卷拧成绳了,一会儿棉纱打成结了,纺手急得满头大汗。(吴伯箫《记一辆纺车》)

写初学纺线时的情景,"散"中有"整"。先写"不会使劲",接着将"拧成绳"和"打成结"并行排列,互相补充,使"不会使劲"的意思,具体化、形象化,最后写出此时的情态。句式与内容相适应:以散句"明义",以整句描绘,再以散句总结。参差中有整齐,活泼的句式与富有情趣的画面,配合得很和谐。

(4) 整散整。例如:

时间永是流驶,街市依旧太平,有限的几个生命,在中国是不算什么的,至多,不过供无恶意的闲人以饭后的谈资,或者给有恶意的闲人作"流言"的种子。　　(鲁迅《记念刘和珍君》)

这里写了"三一八"惨案的教训,"整"中有"散"。轩然大波平息了,请愿者的鲜血并没有使罪恶的世界有所改变,用整句描述,寄寓着沉重的心情。接着用散句说明徒手请愿,付出的代价很大,而所获甚微。最后以整句煞尾,从两种闲人的态度,进一步说明徒手请愿的教训,这里有严肃地批评，更有愤怒地斥责，悲愤的情感又推进一步。

整、散结合的句式，既有整齐匀称的特点，又有活泼自然的特点，多了变化，少了呆板，增添了吸引人的力量。

3. 给人以美感

我们知道，物体的组织部分如果在数量、形体方面是相等或对称的，会使人获得匀称、稳定以至庄重等美的感受，可见对称是一种形式美。整句的组织也是符合形式美的这一原则的。不过，语言是由词汇和声音组成的，因此，整句的对称又有自己的特点，它是以形体的整齐匀称和节奏的鲜明和谐给人以美感。上文中我们所举的例子，都具有这一特点。刘白羽的《长江三日》里的两句话，具有典型性：

　　上面阳光垂照下来，下面浓雾滚涌上去。

这两个字数相等的分句，是平行对称的：结构相同，都是主谓句；意义相对，"上面"对"下面"，"阳光"对"浓雾"，"垂照"对"滚涌"，"下来"对"上去"，使两个分句整整齐齐。另外，其节奏也协调一致，都是两字为一个音组，各有四顿；首句以平声扬起，收句以仄声急降，两句话平仄呼应，抑扬和谐。

　　工作无成绩，可以使人悲观丧气；工作有成绩，又可以使人趾高气扬。　　　　　　　　　（毛泽东《放下包袱，开动机器》）

不论是相反内容的对应，还是句子结构的布置，都是严整的。再加上节奏的和谐及收尾的抑扬，让人赏心悦目。

　　惨象，已使我目不忍视了；流言，尤使我耳不忍闻。我还有什么话可说呢？我懂得衰亡民族之所以默无声息的缘由了。沉默呵！沉默呵！不在沉默中爆发，就在沉默中灭亡！

　　　　　　　　　　　　　　　　　（鲁迅《记念刘和珍君》）

这是用整——散——整的形式组织的一段话。读一读，会感受到整齐匀称和自由活泼交织而成的错落有致的美感。

整句是内在（内容）均衡美与外在（形式）整齐美统一的整体，而内在的均衡美，通过整齐的形式及和谐的节奏，直接诉诸人的听觉或视觉，极易唤起浓厚的兴趣。有时整中有散，或散中有整，会给人更多的美的感受。

要了解整句，有效地运用整句，还应注意以下两点：

首先，不可忽视这种语言形式的作用，它反映了人们对于均衡美的需求。正如王朝闻《美学概论》里所说："人们可能有这种经验：一首就其内容来说是相当完整的新诗，常常因为缺乏必要的韵律和节奏，而给人以不完整的破碎感觉；相反地，一首缺少完整内容的旧诗，往往却因其外部形式的

◎汉语修辞艺术谈

严整,读来抑扬顿挫而能造成一种似乎完整的印象。"

其次,不仅要注意形式的对称,还要注意内容的均衡。如果内容失衡,也难以构造出理想的整句。从下面这个故事中,能够获得一些启发。

苏轼、苏辙与佛印为友,三人出游,为一景致所吸引。佛印先出上联:"无山得似巫山好",苏轼随即接一下联:"何叶能如荷叶圆。"在佛印称赞、苏轼得意之际,苏辙提出异议。说道:工整倒是工整,但内容轻重不均。不如改作"何水能如河水清"。苏轼、佛印一致赞同。的确,"叶、荷叶"对"山、巫山",从感觉上看,其大小、轻重明显失衡,就整个形象的比照而言,由于不均衡使人有不快之感。可见,不论形式还是内容,若是失去了匀称的特质,将会破坏其均衡美。

三、散句

散句,不拘一格,纷繁复杂,好像很难再进一步做细致的分类研究。如果把"不拘一格"的内涵扩大一下,不局限在结构特点方面,那么,就会发现在"各式各样"的纷繁的句子形式中,也有不同的类别,显现出各自的特点。

(一)错综变化的散句

1. 化整为散型

有时,就其内容而言,完全有可能组织成整句,而作者却有意使其错综变化,或改变结构,或增添字数,成为散句。试看曹禺《日出》里写黄省三对李石清说的几句话:

李先生,银行现在不是还盖着大楼,银行里面还添人,添了新人。

这里,完全有可能组成整句:"银行现在不是还盖着大楼,银行里面不是还添了新人。"或者:"银行现在不是还盖楼,盖着大楼,银行里面不是还添人,添了新人。"可是作者没有这样写,而是将均衡的内容融于参差不齐的句式里。又如:

我们随时像李先生一样,前脚跨出大门,后脚就不准备再跨进大门! (闻一多《最后的一次演讲》)

这也可以构成整句,"两脚一旦跨出大门,两脚不再跨进大门。"但是,这样的语句太死板,也不利于表达激愤的感情。如像上文这样一变通,互文见义,灵活自由,利于情感的抒发。

2. 变换语气型

本来可以用同样的语气表达,而作者却有意变换成不同语气,使语句富

于变化。例如:

　　　射箭要看靶子,弹琴要看听众,写文章作演说倒可以不看读者? 不看听众么?　　　　　　　　　　(毛泽东《反对党八股》)

　　　你们瞧,在那天边隐约闪亮的不就是黄河吗? 那在山脚缠绕不断的自然是汶河了。　　　　　　　　　　(杨朔《泰山极顶》)

　　　是嘛,为了祖国,为了人民,为了更高的人类理想,一个人的生命又算什么?　　　　　　　　　　　　　(杨朔《英雄时代》)

这三例都可以用陈述的语气叙述,但读起来过于平淡死板,于是作者变换了语气。第一例,先用两个陈述句,后接两个反问句,让人感到语流奔泻之际,突然波涛汹涌,浪花四溅,构成跌宕之势。第二例,用反问句突兀而起,接着陈述句使语气平缓下来,形成起伏之势。第三例,原也可以用陈述的语气表达:"一个人的生命不算什么。"而作者没有这样做,却用一个反问句,使语言活泼起来。其实,语气的变化,正是作者情感波动之反映。

4. 文白兼用型

在叙述描写中,在各式各样的句子中,有时选用一些文言词语或句式,于是出现了"文白兼用"现象,这也可看作是错综变化的散句。例如:

　　　他们今天顽固,明天顽固,后天还是顽固。什么叫顽固? 固者硬也,顽者,今天、明天、后天都不进步之谓也,这样的人,就叫做顽固分子。　　　　　　　　　　(毛泽东《新民主主义论》)

　　　夫文童者,将来恐怕要变秀才者也;赵太爷,钱太爷大受居民的尊敬,除有钱之外,就因为都是文童的爹爹。

　　　　　　　　　　　　　　　　(鲁迅《阿Q正传》)

在现代汉语中,插入了文言词语和文言句式,使行文活泼起来,而且亦庄亦谐,营造出幽默诙谐的趣味。当我们沉浸在浓浓的情趣之中时,会感觉到冷嘲热讽的力量。

(二) 不拘一格的散句

所谓不拘一格,就是各式各样的词组、分句交错使用,句子之间,形式上不要求有相同或相似的结构,语气也不要求一致性,内容上不要求有相对应的关系。例如:

　　　我爱楚国,我就不能不爱先生……先生,我经常想照着您的指示,把我的生命献给祖国。可我没有想到,我今天是果然做到了。

　　　　　　　　　　　　　　　　(郭沫若《屈原》)

这里有短句,有长句;有的因果相承,有的语意转折;有双重否定句,又有直接肯定句。形式参差错落,语气跌宕起伏。

◎汉语修辞艺术谈

　　状物抒情，析理释义，散句灵活自由。但并不是说，句意可以不加提炼组织；句子长短，可以不加取舍；节奏疏密，可以不加安排。而是说，意义上的提炼组织和形式上的取舍安排，不像整句那样要求有较为严格的对应关系，它是按照表达的需要，长则长，短则短，虽参差不齐，但错落有致。就这一意义讲，它灵活、自由。例如：

　　　　太阳已经落下去。蓝色的天上飘着一块一块的浮云像红绸子，
　　照在还乡河上，河水里像开了一大朵一大朵的鸡冠花。苇塘的芦花
　　　　被风吹起来，在上面飘飘悠悠地飞着。　　（管桦《小英雄雨来》）
这是一幅浓彩重抹的壮丽图画，暗衬着小英雄雨来的美好心灵，也寄寓着作者的深情。而这一壮丽景色，则全是用散句描绘的。你看，时间不能不写，又不可多写，因为重点是写在这一时刻出现的色彩绚丽的景物，所以用一短句，简洁明快。蓝天上的浮云，和绿水中的倒影，是这幅"画"中的主体，所以不惜笔墨，从颜色、动态、数量等方面来修饰限制，又用比喻使之鲜明突出，句子随之也长起来了。天上与水中的景色之因果关系，用短句"照在还乡河上"点明，使文脉上下贯通。作者仍未尽意，于是又描写白色的芦花，以之点染"画"面。芦花随风飘舞的轻盈状态，用两个活泼的句子描写，协调自然。这样，一幅立体感很强的富于动态的美丽图画，便展现于读者面前。它含蓄着作者喜爱的赞美之情。不难看出，这段描写是随"意"造句，不受约束的。又如：

　　　　在梁三喜烈士的墓前，是一簇叶茂花盛的美人蕉。硕大的绿叶
　　之上，挑起束束俏丽的花穗，晨露在花穗上滚动，如点点珠玉闪光
　　……　　　　　　　　　　　　　　　（李存葆《高山下的花环》）
还需指出，这样的散句，不是杂乱无章地堆积，而是以景物在一定时间里的空间位置为顺序的有机组合。我们知道，差异性和多样性的统一，是形式美重要的表现形式。这些散句的差异性、多样性——内容多少不同，句型长短不齐，节奏疏密不均，都在它们共同描绘的景致和共同表达的情感之中得到统一，因而形成一个和谐的整体。从而，景物得以生动地显现，情感得以自由地抒发。

四、整散句的变换

　　整句和散句，在不同的语言环境里，各有其功用，效果不同，并没有优劣之分。依据表达的需要，当整则整，当散则散。可是，在语言的实践中，也常常看到这样的现象：不具备组成整句的条件，硬要组成整句；宜用整句的时候，又偏偏组句欠佳。这就需要做适当调整，以求得理想的表达效果。

例如：

  尽管他们来自不同的地区，尽管他们彼此不相识，尽管他们的性格有所不同，但共同的语言把他们紧紧地连在了一起。

这段话偏句部分貌似整句，但是由于内容上对应关系不明显，很难组织成整句。不如用散句表述顺畅自然："他们来自不同的地区，尽管彼此不相识，性格也有所不同，但共同的语言把他们紧紧地连在了一起"。再看一例：

  我喜欢自然风光，还喜欢生活中的故事，情节曲折的小说更让我喜爱，我也喜欢大自然音响，富于魅力的风光摄影更让我着迷，当然，那美妙动听的音乐尤其让我陶醉。

在这段话里，内容上的对应关系很明显，有构成整句的基础。很遗憾，作者没有进行合理的组织安排，致使行文紊乱。应作调整：

  我喜欢自然风光，更喜爱富有魅力的风光摄影；我喜欢大自然的音响，更喜爱美妙动听的音乐；我喜欢生活中的故事，更喜爱情节曲折的小说。

这样，内容上互相对应，语言上均衡对称，显现出整句的特点。其实整句的组织安排，也是一种"布置"的艺术。比如下面这段话：

  音乐家常把灵感变为跳跃的音符，文学家呢，他们优美的辞章往往源于灵感，一般人的灵感，常是霎时的喜悦。至于画家，他们完美的构图也常常与灵感相关。

这是散句的表述形式。如果按照内在的逻辑关系，将音乐家、文学家、画家并列起来，分述这些艺术家将灵感变作了不同的艺术品，可谓同中见异。最后再说"一般人的灵感"，只是"霎时的喜悦"，与艺术家们比较，显然不同，可谓异中见同。这样语义关系清晰严谨。对应关系鲜明的内容，再用整齐匀称的语句来表述，一个较为理想的整句便会呈现在读者面前：

  音乐家的灵感常成为跳跃的音符，文学家的灵感常成为优美的辞章，画家的灵感常成为完美的构图，而一般人的灵感则只是霎时的喜悦。

第二节　肯定句、否定句

一、什么是肯定句、否定句

肯定句和否定句，是从客观事物互相对立的方面来表达思想感情的。对事物加以肯定的句子，叫肯定句，如"《屈原》是郭沫若写的历史剧"。对

◎汉语修辞艺术谈

事物加以否定的句子,叫否定句,如"《子夜》不是鲁迅的小说"。

应该注意:肯定句和否定句,有时同人们对事物的肯定、否定态度并不是一致的。有两种情况:

(1) 反语,俗称说反话。例如:

> 也有解散辫子,盘得平的,除下帽子来,油光可鉴,宛如小姑娘的发髻一般,还要扭几扭,实在标致极了。(鲁迅《藤野先生》)

"实在标致极了",多么肯定的语气,可是,这里不是赞美,而是讽刺,意在否定"清国留学生"的这些举止。

> 皇军好,皇军多好啊,皇军不杀人,不抢粮……
>
> （电影《平原游击队》）

"皇军好"是肯定句,其实是说"皇军不好";"皇军不杀人,不抢粮"是否定句,然而正是肯定皇军既"杀人"又"抢粮"罪行的存在。很明显,说这句话的人,对皇军所持的态度与句式所表达的肯定、否定语气,正好相反。不过,用肯定句表达否定的意思,用否定句表达肯定的意思,这也是一种讲话的艺术,是一种修辞方法。

(2) 同意异形的语言形式。例如:

> "好热闹——好不热闹"、"功夫了得——功夫了不得"、
> "我差一点让人骗了——我差一点没让人骗了"、
> "好容易——好不容易"

这些肯定的句子与否定的句子,所表达的都是同一个意思,都是肯定的态度,这是约定俗成的固定的语言形式。但要注意,并非任何一个肯定句与它的否定式,都能表达一个同样的意思。以上这两种句子形式,不属于我们讨论的内容。

还须说明,由于肯定句较为简单,所以在此不单独讲述。本节着重介绍否定句,以及肯定句和否定句结合运用的语言现象。

二、否定句的类型

(一) 单纯否定句

对事物的性质、状态、特征给予直接否定的句子,称为单纯否定句。句中常用"不、不是、没、没有、无、非"等词语表示否定义。

虽然有时一个意思既可以用肯定句表达,也可以用否定句表达,而意蕴终归不同,如"他进步很大"也可说"他进步不小","这篇文章挺有意思",也可说"这篇文章是不错"。但是,两种句式所表达的意思,毕竟不完全相同。不论语气的直接与委婉,还是程度的高与低,都是有差异的。因

此，在特定的语言环境中，由于题旨的制约，有时只能用肯定句，或者否定句，而不能相互替代。例如：

  一个人的能力有大小，但只要有这点精神，就是一个高尚的人，一个纯粹的人，一个脱离了低级趣味的人，一个有益于人民的人……
（毛泽东《纪念白求恩》）

这里的分句都是肯定句，是在充分肯定了白求恩大夫的伟大精神和热情赞扬了他的崇高品质之后，为人们指出学习他并成为他那样的人之途径。先肯定人的能力有大小，后设置一个条件"只要……"，接着作出一系列的判断"就是……"语气明快、感情强烈。这是从正面指出道路，树立榜样，给人以鼓舞和振奋的力量。如果用否定句，便成了"一个人的能力不同，如果没有这点精神，就不是一个高尚的人，不是一个纯粹的人，不是一个脱离了低级趣味的人，不是一个有益于人民的人……"这是从反面提出问题加以否定，是对消极面的批评。这与全文的主旨——学习白求恩，是不协调的。看来，此处只能用肯定句，不能用否定句。又如：

  可是，志愿军的行期，仍然是一天天地迫近了。朝鲜父老们，他们白天做活也淡淡没有情趣，夜里也不能安静睡眠。
（魏巍《依依惜别的深情》）

否定的命题，暗示着肯定的命题。"没有情趣"，暗示出原本是有情趣的；"不能安静睡眠"，暗示出原本是可以安静睡眠的。为什么会有这么大的变化呢？就是因为听到志愿军就要回国的消息，朝鲜父老的心理和情绪上，引起的强烈反应。这正深刻地表现了朝鲜父老与志愿军"依依惜别的深情"。此处，就很难用肯定句表达。

有的似乎可以换成肯定句，但意蕴却发生了变化，使行文大为逊色。比如在孙犁的《荷花淀》里就有这么两句话：

  但是大门还没有关，丈夫还没有回来。

这是两个否定句。若换成肯定句"大门还敞着，丈夫还在外边"，似乎意思差不多，然而结合人物、情节、环境来考虑，其修辞效果，却有天壤之别。

  一般情况下，兵荒马乱，又这么晚了，应该人早归，门早关的。正是该关而"没有关"，该回而"没有回"的矛盾，引人深思。这里用否定句，既暗示将有不一般的变故发生，又写出水生嫂等待丈夫的焦虑心情，合情合理。若用肯定句，则仿佛表明已经发生的事情仍在继续着，这与情节和人物此刻担忧、切盼的心境是相背离的。"伏笔"之妙，也就荡然无存了。

  （二）双重否定句

  将两个否定性词语用在一句话中，构成否定之否定的形式，表达一个肯

定的意思,这种句子就是双重否定句。可分作几个小类:

1. 委婉肯定

在一定语境制约下,出于某种心态,曲折委婉地表达肯定的意思,一般说来,语气是缓和的。有以下三种情况:

(1) 前一个否定否定后一个否定。例如:

黄:……我不是不领情。可是……您是没有瞧见我家里那一堆活蹦乱跳的孩子……

李:……我跟你讲,我不是不想周济你,但是这个善门不能开,我不能为你先开了例。　　　　　　　　(曹禺《日出》)

这类双重否定句的组织,是有其内在的根据的。前面的剧情说,李石清认为黄省三对他给予的关照"不领情",而黄因为有求于李,于是赶紧否定,"不是——不领情",表示"的的确确"领情。后来,黄知道李并不可怜他,便怪李不帮助他,即"不想周济他";而李也对此加以否定,说"不是——不想周济你",表示想帮助这个肯定的意思。

这类句子,在双重否定之后,往往语意有较大的转折,造成一波三折之势,黄省三的悲苦无奈和李石清的凶狠伪善,在委婉曲折之中,表现得淋漓尽致,饶有意趣。

(2) 后一个否定否定前一个否定。例如:

"黄河渡口,自古以来,夜不行船,等天亮吧!"不能等!为了救人,今夜非过河不可!　　　　(《为了六十一个阶级弟兄》)

"看见了区上的工作同志,说是孩子们不上学念书不行,起码要上夜校……要不,将来闹个睁眼瞎。"　　(管桦《小英雄雨来》)

例文中的双重否定句,分别表示"一定要"、"必须要"的肯定意思。它们的构成原因,在于内容间的特殊关系。"非过河"是承接前句"夜不行船"而来的,再用"不可"否定,表示极为肯定的意思;后句"不上学"的语意,是蒙后面"闹个睁眼瞎"的后果提出的,继而用"不行"否定,表示"必须要"的肯定意思。内容之间的矛盾性,决定了语意表达的委婉曲折,语气却是果断、坚决的。

(3) 形"单"而实"双"的双重否定句。例如:

我本来不想去,可是俺婆婆非叫我再去看看他——有什么看头啊!　　　　　　　　　　　　　　　(孙犁《荷花淀》)

六十一个同志的生命,危在旦夕!一千支注射剂,非得空运!
　　　　　　　　　　　　　　　(《为了六十一个阶级弟兄》)

"非叫我再去看看他"、"非得空运",都不是单纯否定句,而是双重否定句,只是后面没有出现"不可"等否定性词语而已。所表达的同样是肯定的意思，而其语气，似乎更急迫，更强烈些。

2. 推测肯定

在特定的语境制约下，处在特别的心态中，双重否定句所表达的肯定意思，带有推测的意味，语气较为婉转。

(1) 未尝＋否定词

他所讲的，未尝不是一个好主意。

你这篇文章虽然不错，但是未尝没有缺点。

(2) 未必＋否定词

你不提这件事，他未必不知道。

表面上看没什么，但她未必不伤心。

他们会吃人，就未必不会吃我。

(3) 不（无、并非）＋否定词

仔细想想，他的说法也不无道理。

我们单位并非没有人才，只是没有发现而已。

春城无处不飞花。

以上诸例，表意更加委婉，都是在曲折婉转中表达一个肯定的意思，而推测的语气是很明显的。

三、否定句的运用与作用

否定句常常与肯定句结合在一起，相互映衬，突出语意。由于内容不同，其结合的方式不同，其表达功用也不同。

(1) 映照衬托，强调语意。例如：

它们不是生动活泼的东西，而是死硬的东西了；不是前进的东西，而是后退的东西了；不是革命的东西，而是阻碍革命的东西了。　　　　　　　　　　　　　　　（毛泽东《反对党八股》）

用否定句，衬托肯定句。于是将党八股的特征、性质和危害强调出来，再加以如此肯定的语气，让人信服。

黄：……我不能死，李先生，我要活着！　　（曹禺《日出》）

先否定"死"，再肯定"活"，在衬托之中，黄的态度非常明确、坚决。

如果我们在否定与肯定之间，想象一下黄省三此时此刻的心态和情绪，你会看到，他为着可怜的孩子们而求生的强烈愿望和拼死挣扎的决心。这些，都是在否定与肯定的对比衬托中得以充分展现的。

(2) 插入"不"字，语势跌宕。例如：

◎汉语修辞艺术谈

    "沙场秋点兵"或者能有那种气派？不，阵容相近，热闹不
  够。   （吴伯箫《记一辆纺车》）
先提出问题，用"不"否定，再叙述二者相近又不同的特点，比较中，强调并突出了纺线比赛的壮阔场面。又如：

    周大勇估计：一打响，西村敌人会增援。不，夜里敌人一时闹
  不清情况，不敢乱动。   （杜鹏程《保卫延安》）
先叙述一种估计，否定之后，引出新的估计，把意思又推进一步，反映出认识的突变，语气也随之加强。再看下面的例子：

    人们满怀急不可耐的激动心情，向茫茫的夜空，向东北方向，
  不，向我们伟大的首都，了望着，了望着……
            （《为了六十一个阶级弟兄》）

    不仅仅是这六十一个死而复生的人，不，我们每个人都有两次
  生命。   （《为了六十一个阶级弟兄》）

    不仅仅是我们的这些筑路民工，不，十二万平陆人，不，六亿
  五千万中国人，人人心里都燃烧着一团烈火。
            （《为了六十一个阶级弟兄》）

这些例子，有着共同的特点，首先，句子所表述的内容与情感，都呈递进态势。而"不"，在此属于轻微否定，即并非彻底推翻前面的内容，它不过是语意推进的一个阶梯，又像奔腾的洪流之中的闸门，毫无疑问，它是语意不断推进的助推器。其次，句中用一个"不"，或者两个，营造出了起伏跌宕的语势，这一起一伏，正是作者心潮激荡的节拍，付诸语言文字，便形成了语流中的节奏感，具有了音乐美的特质。

  （3）刻画心理，委婉达意。肯定句、否定句和双重否定句，有时结合起来运用。此时，双重否定句的功用——刻画心理，委婉达意——方显得尤为突出。如前所举《日出》的例子："我不是不领情"，令人看到弱者黄省三此时此刻万般无奈的悲苦心境；而"我不是不想周济你"，使人想见"强者"李石青冷酷狡猾的伪善面孔。又如，某电视剧中蒋介石自言自语的一番话：

    和，不能和，又不能不和；战，不能战，又不能不战。

反映了抗战初期，蒋介石处于一个无奈的位置，一边是日本侵略者的强大武力的威逼，另一边则是全国军民奋起抗战的强烈要求，这两句话正反映了他在"和"与"战"之间，举棋不定，犹豫不决的极为矛盾、极为复杂的心理状态。此处的顿挫、婉曲的语言，正是他此时心境和情绪的写照。

  以上所举的例子，一般都与其他句式结合运用，很多都用于揭示人物的

心理状态。如前所举：

  周大勇估计：一打响，西村敌人会增援。不，夜里敌人一时闹不清情况，不敢乱动。（杜鹏程《保卫延安》）

肯定与否定结合，造成跌宕之势，实乃心理变化中的自我否定，思想认识的一次飞跃。

  我本来不想去，可是俺婆婆非叫我再去看看他——有什么看头啊！（孙犁《荷花淀》）

这位年轻的妇女想丈夫找丈夫，不好意思直说，借婆婆之口表达出来，语义委婉，语气却强，把她想掩饰又掩饰不住的心理展现出来了。诸如此类的例子，都反映出在特殊的语境中，人物的特殊心理状态。

四、肯定句否定句的变换

一般情况下，肯定句与否定句可以转换，但有的时候却不能转换。即使可以转换的，其意思和情味也不尽相同，要依据表达的需要来定。

（1）肯定句变为否定句。例如：

  他干起活来一向是干脆利落的。变为：

  他干起活来从不拖泥带水。

  这本小说写得很有意思。变为：

  这本小说写得真不错。

  要说他的长相嘛还可以。变为：

  要说他的长相嘛不算难看。

把与肯定句中肯定性词语意义相反的词语，加以否定，便完成了转换。很明显，两句话的意蕴是有差异的。

（2）肯定句变为双重否定句。例如：

  他这样做很有道理。变为：

  他这样做并非没有道理。

  多么艰难我也要坚持下去。变为：

  多么艰难我也不能不坚持下去。

  这位新来的语文老师大家都喜欢。变为：

  这位新来的语文老师大家没有一个不喜欢的。

把否定之否定的词语，诸如"并非没有"、"不能不"、"没有…不"置于肯定的词语前面，便完成了转换。虽说两句话都表达一个肯定的意思，而双重否定句，语气却委婉了许多。

第三节　长句、短句

所谓长句、短句，很难用一个具体的标准来划分，我们是从结构的繁简和用词的多少来区分的。我们把句子结构复杂、用词又多的句子称为长句；把结构简单、用词又少的句子称为短句。但是，应该说明，这种区分是相对而言的。

一、长句

句子之所以长起来，主要是由于句子（包括复句的分句）的附加成分多而复杂造成的。根据表达的需要，有时不能不对主语、谓语和宾语的性质、状态等加以限制和修饰，因此，句子的形体也就随之扩展开来。

长句多用于书面语，它形体长，容量大，"善表现缠绵的情调"，具有与短句不同的功能和作用，一般说有以下几点：

（一）描述精细

在描述性的文字里，如果利用长句铺陈排比，就会把事物的形象描绘得精细充实，把作者的感情表达得淋漓尽致。例如：

　　　　一个脸孔肥肥的，两眼很有心计的约摸五十四五岁的老妇人来迎她……
　　　　　　　　　　　　　　　　　　　　（柔石《为奴隶的母亲》）

"老妇人"前有长长的定语，句子就长起来了。但这是必要的，她虽然不是小说中的主要人物，却关系着主人公的遭遇和命运，需要在肖像上加以描绘，给人以清晰的印象。先从"一个"、"五十四五岁"这些数量关系上来限制，再从脸的状态和眼的神情来描绘，以透视其内心世界。这样，一个养尊处优、面善心狠的地主大娘子的肖像，便具体细致地勾勒出来了。又如：

　　　　抗旱部队按照"先保人、后保畜，先生活、后生产"的原则，在"不掉一村、不失一屯、不缺一户、不漏一人"，确保没有一名群众没水喝的前提下，积极向群众宣传党中央、中央军委的抗旱救灾号令和政策……
　　　　　（《解放军报》之《从抗旱救灾行动看"三队"职能作用》）

这是叙述抗旱部队做宣传工作的一句话，其基本结构很简单："抗旱部队……宣传……号令和政策。"可是，根据什么，怎样进行，宣传对象，都不清楚。所以在"宣传"前用了三个较长的状语，即"按照……原则"、"在……前提下"、"积极向群众"，加以修饰限制；宾语前用"党中央、中央军委的抗旱救灾"加以限定，于是句子长了起来。但是，从效果来看，这种有根有据、有情有义的详尽表达，令人心悦诚服。

（二）寓情深厚

长句的容量大，可以负载丰富的内容和深厚的感情；长句的形体长，读起来必然有相应的语音停顿，易于形成鲜明而舒缓的节奏，适宜传达缠绵的情调。例如，何其芳的诗《我们最伟大的节日》，所用多为长句，乃抒情之需要。

  多少年代，多少中国人民
  在长长的黑暗的夜晚一样的苦难里
  梦想着你，
  在涂满了血的荆棘的道路上
  寻找着你，
  在监狱中或者在战场上
  为你献出他们的生命的时候
  呼喊着你。

这一节诗，由三个长句组成，极为概括又非常生动地回顾了中华民族的优秀儿女，为新中国的诞生而艰苦奋斗的历程。如此艰难曲折又如此壮烈宏大的历史过程，假如改用三个短句：

  多少中国人民／梦想着你／寻找着你／呼喊着你。

很显然，思想内容的深度和广度都大为逊色。它既没有展示出壮阔的历史画面，也难以抒发诗人的深沉激情。因此，诗人根据表达思想与感情的需要，在每一句的谓语之前，都用一个长长的状语加以修饰、限制，使每一个长句不仅负荷着丰富的内容，而且蕴含着深沉的感情。

在这首诗中，每一个长句，都有多次的必要停顿，使语流的节奏舒缓下来，为情感的抒发寻找到了最适宜的形式：

第一句，在舒缓的节奏和惨淡的色彩所构成的情调中，交织着沉痛与欣喜；第二句，缓慢的节奏配以悲壮的色彩，抒发了无限感慨的激情；第三句，在分享胜利的欢乐时刻，不能不想起那些英烈们，诗人心里激荡着的崇敬、感激和自豪汇合而成的感情波涛，在舒缓的节奏里奔涌出来。

（三）表意严谨

多而复杂的修饰成分，从不同的方面对事物加以限制，使概念清晰准确，为合理的判断，周密的推理奠定了基础，可以将事物之间的复杂关系清楚地表述出来。例如：

  为了人民幸福的现在，为了人民幸福的明天，唯愿画坛上再出

◎汉语修辞艺术谈

现一些革命历史题材而形象真实和有思想深度的作品。

（王朝闻《为了明天》）

这是作者分析了雕塑《苦难岁月》的艺术感染力之后，写的几句话。两个"为了……"是并列的状语，说明目的；又用"再"修饰"出现"，表明过去曾有，将来还要有。而后用几个定语，从题材、艺术性和思想性三个方面加以限定。只有出现这样的作品，才能达到前面讲的两个目的。内容条理清晰，语意缜密严谨。又如：

  鲁迅是在文化战线上，代表全民族的大多数，向着敌人冲锋陷阵的最正确、最勇敢、最坚决、最忠实、最热忱的空前的民族英雄。

（毛泽东《新民主主义论》）

这是一个很长的判断句。如果用短句："鲁迅是英雄"，也未尝不可，但效果却迥然不同，既不能完整地写出鲁迅先生的精神面貌，也不能深刻地反映作者对他的认识。于是，在宾语"英雄"前面用了多而复杂的定语，从战斗的领域，战斗的性质，战斗的风格，以及他的伟大品质和历史地位等多方面来严格地限制和修饰，从而对鲁迅作出了最全面、最科学的评价。

二、短句

句子短小，是由于其基本成分不需要带附加成分，或者不需要带多而复杂的附加成分。这种结构单纯，短小精悍的句子，多用于口语或口语化的作品中。短句的修辞功用大致有以下几点：

（一）表意简洁明快

有时为了将事物的某些特征，或者人物的迅急动作展示出来，让读者立刻感受得到，往往用短句最为得力。例如：

  太阳刚露出鲜红的脸，村子里的早晨是冷清清的，田野里传来隐隐的吆牛声。

（李准《不能走那条路》）

三个短句，把广阔农村早晨的空旷、安谧而又美丽的图画展现在读者面前，简洁、明快。又如：

  "你们独裁。"可爱的先生们，你们讲对了，我们正是这样……

  为什么理由要这样做？大家很清楚。不这样，革命就要失败，人民就要遭殃，国家就要灭亡。

（毛泽东《论人民民主专政》）

这属于论辩性的语言，面对"你们独裁"的诬蔑，需直截了当地予以回击，如首段，几个短语，旗帜鲜明，态度坚决。此外，还需讲理，以理驳敌，以理服人。所以，后面几句话，阐明了实行人民民主专政的必要性，简洁透彻。读这样的文字，会明显地感到：语意明快，态度明朗，干脆利落，极为有力。

在刻画人物的过程中，有时需要描写人物的言行举止，因性格不同，所用句子长短也有区别，例如：

> 那人便焦急起来，嚷道："怕什么？怎的不拿！"老栓还踌躇着；黑的人便抢过灯笼，一把扯下纸罩，裹了馒头，塞于老栓；一手抓过洋钱，捏一捏，转身去了。嘴里哼着说："这老东西……"
> （鲁迅《药》）

描写康大叔的举止言行，用了一系列的短句，通过这些短句，读者能听到他狂暴凶狠的叫嚷，能看到他迅急粗鲁的动作，进而想象出一个凶神恶煞、贪婪卑陋的刽子手的形象。对于如此人物的刻画，得力于短句的恰当运用，是很明显的。

（二）适于激越之情

表达亢奋激越的感情，往往用短句。句子短，有的短到一两个字，中间不需要多少停顿，甚至不需停顿，一口气说出，慷慨激昂。这在口语化的语言里，是屡见不鲜的。例如：

> 今天，这里有没有特务？你站出来！是好汉的站出来！你出来讲！凭什么要杀死李先生？ （闻一多《最后一次的讲演》）

这些短句，咄咄逼人，使无比愤怒的感情，像火山爆发一样喷发出来。

> 黄：……你们真是没有良心哪，你们这样对待我，——是贼，是强盗，是鬼呀！ （曹禺《日出》）

黄省三被资本家榨尽了血汗，又被逼上绝路，此时面对这些禽兽，他由沉痛转入愤恨，发疯一般冲动起来，这些短小精悍的句子，正适合表达这种情绪。

三、长、短结合

老舍先生在谈到《言语与风格》时说："短句太多，设无相当的事实与动作，便嫌紧促；长句太多，无论是说什么，总使人的注意力太吃苦，而且声调也缺乏抑扬之致。"因此，长句和短句往往结合在一起使用。在一篇或一段文字里，将长、短句有机地组织在一起，可以收到既简洁明快，又细腻严谨的效果，读起来波澜起伏，蕴藉丰富。

> 我不觉对着茶花沉吟起来。茶花是美啊。凡是生活中美的事物都是劳动创造的。是谁白天黑夜，积年累月，拿自己的汗水浇着花，像抚育自己儿女一样抚育着花秧，终于培育出这样绝色的好

◎汉语修辞艺术谈

花？应该感谢那为我们美化生活的人。　　　　（杨朔《茶花赋》）
这里第一个短句，简洁的描绘了作者观赏茶花并为之陶醉的情态。

第二个短句，表达了作者观赏茶花的感受和由此引起的激动感情。

第三个短句，作者的感情由激动转为平静，将认识扩大、深化，明快地告诉读者一个深刻的哲理。

第四个句子是长句，以一个长句设问，缓缓的语调包含着深厚的情感，一步步启发读者思考：创造美的事物，需要花费多少心血，需要付出多少代价啊！美是谁创造的呢？当读者领悟到美好事物的创造者，其心灵同茶花一样美好时，作者便用了一个短句。

第五个句子是短句，肯定地明确地表示，应该感谢他们。我们朗读这段文字，会体会到，由于句子长短错落，语势缓急有度，使作者深厚、诚挚的情感也随之起伏荡漾。

四、长句变短

句子因修饰成分或限制成分繁多又复杂而长了起来，用多了读起来很吃力。这就需要把长句化为短句，以便读起来轻松顺畅，表意简洁明了。怎么化短，方法很多。试看下面的例子：

俄罗斯科学家最近设计出一种外形为不透光的黑色管状物，具有重量轻、能耗小、精确度高、抗干扰能力强的特点和数字摄像、使航天器准确识别方向等功能的新型星际"指南针"。

这是一个很长的句子。首先找出这句话的主谓宾关系，再把多而杂的修饰限制成分分类组合，变作分句。改写为：

俄罗斯科学家最近设计出一种新型星际"指南针"。这种新型星际"指南针"的外形为不透光的黑色管状物。它具有重量轻、能耗小、精确度高和抗干扰能力强的特点。它还具有数字摄像、使航天器准确识别方向等功能。

再看一例，原句：

"从事任何一种工作不愿开动脑筋和付出辛劳而想获得成就的想法只是一种幻想。"

主语"想法"前面的长长的定语，可用代词"这种"代替，也可化为较短的句子：

从事任何工作，不愿开动脑筋和付出辛劳而想获得成就，这种想法只是一种幻想。

— 110 —

第四节 倒装句

汉语的句子成分，一般来说，有一定的顺序和固定的位置：
（定语）主语——［状语］谓语＜补语＞——（定语）宾语，这是常规的句子结构形式。但是，句子的组织，又有其灵活性，为达到某种修辞目的，可以改变通常的结构形式，颠倒成分位置，这样的句子称为倒装句。

通常句是常规句，在运用语言时，往往打破常规，以适应表达的不同追求。探究打破常规的方法与效果，更具有实用价值和理论意义。

因此，这一节，专门探讨一下倒装句。

一、谓语移位

主语在前，谓语在后，表示陈述与被陈述的关系，十分清晰。但是，当说话人在特殊心理需求的促使下，常常先行将谓语说出来，构成谓语前置的句子形式，这比常规的主谓句式增加了许多功能。

（一）表达急切心情

在对话中，情急之下，急于询问、警示及诉说的是谓语部分，甚至是情不自禁的。例如：

　　水声笑了一下。女人看出他笑得不像平常。"怎么了，你？"
　　　　　　　　　　　　　　　　　　　　（孙犁《荷花淀》）

女人急于想知道的是什么原因使他"笑得不像平常"，正是这一急切心情的促使，"怎么了"便脱口而出。如果用常式句，平淡而舒缓，难以表现特殊情境中，女人惊疑的心态和神情。又如：

　　"郑大头气得发抖，……上来要拉我，王老五拦住他：'慢点，郑先生，你不能拉。'"（崔八娃《一把酒壶》）

仅仅把谓语"慢点"的位置移动一下，那种赶紧阻止的急促情态，便跃然纸上了，若说"郑先生慢点"，就顿然失色了。

（二）抒发强烈的感情

有时情感浓烈至极，鼓荡升腾于胸，不吐不快，谓语前置，正是抒发的最佳句式。例如：

　　炸裂呀，我的身体！炸裂呀，宇宙！　　　（郭沫若《屈原》）
　　去吧，野草，连着我的题辞！　　　　　　（鲁迅《野草》）

这两句话，也可以用常规句式表达，试比较：

　　我的身体，炸裂呀！宇宙，炸裂呀！

◎汉语修辞艺术谈

> 野草,连着我的题辞,去吧!

作者并没有采用常式句,这是由感情之强烈难抑决定的。此时,屈原心中无比愤慨的感情,犹如燃烧的烈火,滚动着、升腾着,压抑不住。在这种情感或情绪的强烈刺激下,联想和想象活跃起来,自我感知发生了变异,仿佛身体和宇宙,都容纳不下或控制不住强烈的愤慨之情。只有他们的炸裂,才可使情感得以迸发。此情此景,不吐不快,先吐为快,不由得谓语前置。

《野草》这本杂文集,是鲁迅与黑暗的社会现实斗争的产物,没有黑暗的现实这个"地面",也就没有《野草》的诞生。一旦《野草》没有生存的必要了,也就意味着这一"地面"的毁灭。虽然鲁迅热爱《野草》,但仍"希望这野草的死亡与朽腐,火速到来",恨不得让它同产生它的"地面"——黑暗的旧社会一起火速毁灭。这种激昂的情绪,急切盼望的深沉感情,采用变式句,表达得十分有力。

如果说,屈原的呼喊,是撼天动地的霹雳,那么,鲁迅的感慨,则是深沉滚动的闷雷。采用常式句,难以抒发得如此淋漓痛快。

二、定语移位

一般情况下,定语在主语或宾语之前,为了表达的需要,也可将其后置。例如:

> 小草偷偷地从土里钻出来,嫩嫩的,绿绿的。(朱自清《春》)
> 春天像小姑娘,花枝招展的,笑着,走着。 (同上)
> 荷塘四面长着许多树,蓊蓊郁郁的。 (朱自清《荷塘月色》)
> 树缝里也漏着一两点路灯光,没精打采的…… (同上)
> 她一手提着竹篮,内有一个破碗,空的。 (鲁迅《祝福》)

定语移位,不仅可以使语言富于变化,增强节奏感,还可凸显并强调出表现对象的特征,寄寓作者的情感。

三、状语移位

按照常规,状语置于谓语之前,对谓语加以修饰、限制。但为了适应表达的需要,也可将其置于主语之前,或移至句子之末。

(一) 状语前置

状语置于主语之前,或置于句子之首,是为强调谓语的某些特征,包括其性状特征,时空特征,或者谓语发生时的某种情状。虽然都有强调的意味,而具体来讲,其功用也有所不同。

1. 出于强调语意

有时动作行为发生的时间、地点以及状态等，对人物具有特别的意义，或者留下了深刻的记忆，往往将其前置，使之突出，以示强调。例如：

> 从现在起，谁敢再说我赵蒙生贪生怕死，我和他刺刀见红！是英雄还是狗熊，战场上见。　　　　　（李存葆《高山下的花环》）

"从现在起"前置句首，强调这一时间是必要的。这是在雷军长当众"臭骂"了赵蒙生母亲走后门想把他调离前线，并公开表态要让他第一个抱炸药包去炸碉堡之后，赵蒙生的思想感情，引起巨大震动的当即表态。就是在"现在"这一时刻，宣告了"贪生怕死"思想的结束，也就是在"现在"这一时刻，涌起了"英勇无畏"的思想波涛。强调这个时间，可见出其态度之坚决果断，情绪之高昂激愤。又如：

> 就在那样不平凡的时刻，在那个可纪念的地方，我第一次听见唱：
> 二月里来好风光
> 家家户户种田忙……　　　　　（吴伯箫《歌声》）

把第一次听到唱"二月里来"的时间、地点，置于句首，一方面表明作者对此印象之深刻，（因为在特殊的时间、特殊的地点发生的事情给人的印象，要比平常的时间、地点发生的事情给人的印象深刻得多。）另一方面，是为了强调作者在革命圣地延安度过的第一个"五四"青年节，并抒发了对那段战斗生活的深切怀念。

2. 出于结构安排

有时一个语意段落，内容很多，结构复杂，为了使结构紧凑，层次清楚，表达明快，往往利用状语前置加以调整。这样，可避免松散拖沓之弊。例如：

> 中国电影艺术研究中心（中国电影资料馆），为促进中英两国人民的文化交流，增进两国人民的友谊和相互了解，将于八月中旬至九月中旬在北京、上海、长春举办"英国电影回顾展"。

这句话虽"通"但不好，因为"主语"和"谓语"间隔太长，读起来拖沓不便，语意的连贯性也大大减弱。这是因为谓语"举办"前有很长的状语而造成的。如果把状语的位置调整一下，就大不一样了。

> 为促进中英两国人民的文化交流，增进两国人民的友谊和相互了解，中国电影艺术研究中心（中国电影资料馆），将于八月中旬至九月中旬在北京、上海、长春举办"英国电影回顾展"。

把表目的的状语，置于句首，主、谓之间只保留表时间和表地点的状语，这

◎汉语修辞艺术谈

样,主谓靠得近一些,便可使结构严谨,语意鲜明,语气贯通。说是"出于结构安排",而结构严谨了,语意鲜明了,语气贯通了,语言的表现力自然会增强,这是最终的目的。试修改下面的一段话:

> 我们党几十年来,在国际国内许多重大的斗争关头,都根据马克思列宁主义的科学,对于斗争的形势作出了深刻的判断。

主语"党"与谓语"作出"之间,隔着很长的状语,使句子松散起来。如果将状语重新布置一下,改变原来的结构,或许好些:

> 几十年来,在国际国内许多重大的斗争关头,我们党都根据马克思列宁主义的科学,对于斗争的形势作出了深刻的判断。

把表示时间的和表示时机的状语置于句首,把表示根据的和表示对象的状语靠近谓语,这样使得语意层次分明,结构由松变紧,语气也很畅达。

应该记住,结构的调整,仍然是表达的需要,也是增强表现力的方法之一。因为句子形式是思想内容的载体,只有结构合理而又严谨的形式,才能迅速地有效地将信息传达出去,收到好的效果。否则,将不会达到预期的目的。试看下面的例子:

> 他为了这项庄严使命的胜利完成,在敌人的迫害面前和在遭受各种挫折面前,不屈服,不灰心。

状语杂糅,需调整:

> 他为了这项庄严使命的胜利完成,在敌人的迫害面前,不屈服;他为了这次庄严使命的胜利完成,在遭受各种挫折面前,不灰心。

很明显,结构清晰了,但颇为松散;语意明确了,但又很拖沓。读起来并不美好。如果再重新布置一下,构成新的组合,肯定会好一些:

> 为了这项庄严使命的胜利完成,在敌人的迫害面前,他不屈服;在遭受各种挫折面前,他不灰心。

其实,仅仅把表示目的的状语前置于句首,作为共同的状语;再把表示不同条件或不同情状的状语前置,并且与其所修饰限制的谓语对应起来,就使这句话的面貌大变,表达效果迥然不同。

3. 出于承上启下

语义的表达,应该像清新的流水"一句跟着一句,一节跟着一节",这就需要巧妙的过渡,状语,就是很便利的桥梁。例如:

> 回到故乡已经三天了。在这三天里,按照牧民的传统习惯,他拜访了全村所有的长辈……　　　（玛拉沁夫《花的草原》）

"在这三天里"是紧承上文说出来的,并引发了下文。有了这一过渡,语意、语气才能自然而畅达。再看一例：

> 战争年代潘云的亲生女儿惨死在日本侵略者的大屠杀中，现在，他又一次承担起失去女儿的莫大痛苦，把潘婷美由子送回了生父身边。　　　　　　　　　　　　　　　　　　（《报》）

状语"现在"置于后一分句之首，与第一分句的状语"战争年代"有所呼应，而且形成鲜明的对照，使两个分句衔接很自然，并且在鲜明的对照中，突出了潘云过去失去生女和现在失去养女的巨大痛苦。其崇高的人道主义精神和与日本侵略者灭绝人性的罪行的比照中，凸显了出来。

（二）状语后置

状语后置于句尾，不仅强调了状语的内容，而且往往使句子节奏舒缓下来，增强了抒情的意味。例如：

> 如果我能够，我要写下我的悔恨和悲哀，为子君，为自己。
> 　　　　　　　　　　　　　　　　　　（鲁迅《伤逝》）

这是小说开头的一句话。若用常式句，便是"如果我能够，我要为子君、为自己写下我的悔恨和悲哀。"读来较为平淡，语意无所突出，仿佛一般叙述。而两个状语稍作调整，语意重点则移到"为子君、为自己"上面来了。这是完全符合说话人的心境和欣赏者的需求的。

首先，适应《伤逝》中涓生极度悲痛的心情。常有这样的情景，当人们一旦说到引起哀伤的人和事的时候，则感情异常激动，难以控制。同样，涓生说到"为子君，为自己"这一伤心处时，人们仿佛看到他声泪俱下的样子。后置的状语，便成了语意、情感凝聚的所在。

其次，适应强烈感情的抒发。两个状语后置，使句子松散开来，节奏自然也就舒缓下来。尤其状语又以相同节律加以重复，并以沉郁的仄声煞尾，正适合浓郁情感的抒发。读读这一开头，便有体会。

吴伯箫《歌声》的结尾，也是很典范的例子：

> 这里就不说我喜欢的那首唱遍世界的歌《东方红》了。那是标志着全国人民对伟大领袖衷心爱戴的歌，又是人民群众自己创造的歌。谁不喜欢呢？从心里，从灵魂的深处。

若用常式句"谁不从心里、从灵魂的深处喜欢呢？"，强调的重点是"喜欢"，这在前面已经说得很充分了，而"怎么喜欢"，倒是作者想要着力强调的。后置状语，将"喜欢"的深层内涵拓展了一步——"从心里，从灵魂的深处"，不仅仅加重了分量，强调了语意，而且，这种浓郁的抒情笔调，容易引起读者的共鸣，给人以更多回味。

总之，状语后置，有强调语意和增强抒情意味的功用。

四、分句移位

为了适应表达的需要,有时,复句的分句,也需移位。

(一)一般移位

偏句在前,正句在后,这是常规。有时将正句前置,偏句后移,仅此一变,效果却大不一样。例如:

> 他的性格,在我的眼里和心里是伟大的,虽然他的姓名并不为许多人知道。　　　　　　　　　　　(鲁迅《藤野先生》)

正句前置,就是突出,就是强调。凸现和强调了鲁迅对藤野先生的崇敬之情,而偏句却起着衬托的作用。这样组织句子,除了可以突出语意之外,还可以使句子富于变化,新颖活泼。

> 总之,倘是咬人之狗,我觉得都在可打之列,无论它在岸上或在水中。　　　　　(鲁迅《论"费厄泼赖"应该缓行》)

将无条件的条件后移,语意得以强调,语气得以加强。从而使前面的论断,更为有力、更为果断。而且句子跌宕变化,避免了呆板之病。

用复句表达一个较为复杂的内容时,总是对分句做些巧妙的安排,以增强表现力。试比较下面两句话:

> 常式:资产阶级的共和国,外国有过的,因为中国是受帝国主义压迫的国家,所以中国不能有。
>
> 变式:资产阶级的共和国,外国有过的,中国不能有,因为中国是受帝国主义压迫的国家。
>
> 　　　　　　　　　　　(毛泽东《论人民民主专政》)

把因果关系中的"果",先行说出,有如异峰突起,观点鲜明,态度坚决,语气果断;读起来,起伏跌宕,情感的波澜,溢于言表。常式句,虽然表意清楚,但四平八稳,无跌宕之语势,少撼人之冲力。

(二)特殊移位

这种移位,不仅句子成分的位置发生了变化,句子的意思也发生了变化,并且是质的变化。试看下面的例子:

> 据传,太平军西征时所向披靡,在江西痛歼了曾国藩的湘军,使其处境非常不妙。曾国藩曾向朝廷告急,要求补饷扩军。幕僚于文中历数了义军的勇猛之势,也道出了"臣屡战屡败"的实情。曾国藩看罢,十分恼火,便提笔改成:"臣屡败屡战"。
>
> 曾国藩也是大家,改得极妙。因为:"臣屡战屡败",是一个紧缩复句,扩展开来就是"虽臣屡战,但臣屡败",语意重点在正

句，强调了"屡败"，于是曾国藩变成了常败将军、无能之辈了。若换一下位置："臣屡败屡战"，"屡战"变成了正句，那么，曾国藩一变而为旋仆旋起，百折不挠的猛士了。难怪朝廷展阅战报，觉得他是"英气可嘉"，很快就拨下军饷，使湘军得以苟延残喘。

据报载，解放战争末期，在云南也有一个类似的例子：

一九四九年九月，云南解放前夕。蒋介石令沈醉带了大批军统特务窜入昆明，企图"稳住大西南"。沈醉得了总裁"手谕"，密令枪杀进步学生并逮捕爱国民主人士九十多名。正在准备起义的云南省主席卢汉将军急忙打电报给蒋介石，为这批民主人士和学生说情，蒋回电申斥："情有可原，罪无可逭"。

卢汉看罢电文，知道蒋要开杀戒了，十分焦急，又一筹莫展。后来，他把电文拿给帮助他筹划起义的李根源先生看，征询万全之策。李根源看后，思索良久，灵机一动，说"有了"。于是将电文改成："罪无可逭，情有可原。"立即重新作了一份"手谕"。

昆明的军统头目看后，以为蒋是"恩威并举"，达到敲山震虎的目的就可以了，于是，九十多名民主人士和学生得救了。

蒋介石给沈醉打电话催办此事，沈醉说遵照总裁手谕，已全部释放了，蒋极为恼火，但又不得其解。他怀疑机要秘书译错了自己口授的电文，但又不能排除自己口授时颠倒了语序，犯寻思之余，也无可奈何，只好作罢。（详见《科技日报》1987年10月16日）

这个故事说明，分句换位，偏句成了正句，语意所强调的却是"情有可原"了，而语句所表达的意思也与原句完全不同了。这样的分句移位，令人耳目一新，可收到意想不到的奇效。

第五节 主动句、被动句

何谓主动句、被动句？从主语和动词谓语之间的关系看，句式又有主动句和被动句之分。谓语表示的动作行为是由主语发出的，称为主动句；谓语表示的动作行为在意义上是支配主语的，称为被动句。一般说，主动句和被动句，可以互变。例如：

风卷起了乌云。

这是主动句，也可写成被动句：

乌云被风卷起。

哪一种句式修辞效果好呢？这要看语境的制约和题旨的要求了。如果意在描

◎汉语修辞艺术谈

写风的力量、状态,那么,采用主动句直截了当,明快有力;倘若意在描写乌云的变化及其原因,当然被动句更为鲜明。不难看出,"风、乌云、卷起"三者的内在关系没变,但从不同的角度去表现,则描写的对象、语意强调的重点却不相同,自然给人的感受也不一样。总之,须根据表达的需要来抉择句式。这里主要谈谈被动句。

一、被动句的形式特点

被动句有许多种形式,总的说,可分为带标志的和不带标志的两大类。
(一) 有标志的
例如:
  我总算被儿子打了,现在的世界真不像样……
              (鲁迅《阿Q正传》)
  我给那些因为在近旁而极响的爆竹声惊醒……(鲁迅《祝福》)
  怯怯的焰子让大屋顶压着,喘不过气来。
              (朱自清《松堂游记》)
句中的"被"、"给"、"让"等词是被动句的明显标志。又如:
  读过几页,我就被作品中陆续出现的人物性格的真切生动所吸引,为这些人物跌宕起伏的思想感情以及围绕着他们的行为所展开的情节所吸引…… (秦牧《最瑰丽的最宝贵的——读中篇小说〈高山下的花环〉》)
文中的"被……所……"、"为……所……",也是被动句的明显标志。
 以上的例子,是带标志而又把施动者介绍出来,还有的虽带标志,但没有介绍出施动者。例如:
  而当赵太爷家遭抢以后,这个政权就出面进行干预,于是阿Q被不明不白地抓进县城,被不明不白地监禁和审讯,最后被不明不白地处死刑……   (林非《鲁迅小说论稿》)
由于施动者在前后文里都有交代,无须在此加以强调,所以"被"后面不带施动者,句子更为紧凑。
 (二) 无标志的
例如:
  楼房震塌了,桥梁震断了,水库震裂了……许多学生压在废墟里,惨不忍睹。   (《报》)
  几个学生救出来了,可是他自己的儿子却仍压在倒塌的教室里,他哽咽着说,他无能为力。   (《报》)

这些句子的主语，在意念上，是被后面的谓语支配的，接受动作行为的被动性，是很明显的。

二、被动句的表达作用

（一）突出施动者，强调主语承受动作的被动性

例如：

可惜正月过去了。闰土须回家里去，我急得大哭，他也躲到厨房里，哭着不肯出门，但终于被他父亲带走了。 （鲁迅《故乡》）

这句话，重点在于强调闰土承受"带走"的被动意义，目的是表现闰土的回家是被迫的，从而突出了闰土对迅哥儿的深情厚谊，也可使读者想见他们难舍难分的情景。如果换成主动句"他父亲终于带走了他"，那么，"他父亲"便成了描写的主体了，而闰土此时此刻的心理、感情，却不如用被动句表现得那样突出、鲜明。

中国军人的屠戮妇婴的伟绩，八国联军的惩创学生的武功，不幸全被这几缕血痕抹杀了。 （鲁迅《记念刘和珍君》）

这一被动句既突出了施动者，又强调了主语承受谓语支配的被动意义。"这几缕血痕"正是段祺瑞执政府的滔天罪行的铁证，有必要凸现出来。"伟绩"、"武功"、"不幸"都是反语，强调了他们被动地承受"抹杀"的支配，增强了辛辣的讽刺意味，生动地说明段祺瑞执政府屠杀爱国青年的残忍凶暴，与过去中外反动派比起来有过之而无不及。在此，有力地揭露了反动派穷凶极恶的狰狞面目，抒发了无比愤怒的感情。

（二）使句子更加严谨，语意语气更加畅达

例如：

好了，月亮上来了。却又让云遮去了一半，老远的躲在树缝里，像个乡下姑娘羞答答的。 （朱自清《松堂游记》）

阿Q并没有抗辩他确凿姓赵，只用手摸着左颊，和地保退出去了；外面又被地保训斥了一番，谢了地保二百文酒钱。

（鲁迅《阿Q正传》）

如果在复句中，两个分句的主语不同，而且影响了表达效果，那么，可将后一分句变为被动句，使两个分句同一个主语，能收到结构严谨、简洁，语意连贯、畅达的效果，如第一例。后一例，几个分句的主语都是"阿Q"，集中地描述了阿Q在赵家遭到打骂之后的一连串的不幸，读起来简洁而流畅。

如果将文中的被动句，都改为主动句，效果如何呢？试做比较：

好了，月亮上来了。云又遮去了半个月亮，月亮老远的躲在树

汉语修辞艺术谈

缝里，像个乡下姑娘羞答答的。

这样一来，语意不再流畅，语气时有阻隔，支离破碎；而且婉转细腻的笔触，生动形象的描绘，及其流溢出来的美妙意趣，荡然无存。同理，如果把第二例中的被动句，换成主动句，就会使这段话，面目全非：

阿Q并没有抗辩他确凿姓赵，只用手摸着左颊，和地保退出去了；在外面地保又训斥了阿Q一番，谢了地保二百文酒钱。

如此一改，本来行云流水般的文字，变成了结构散乱，文脉不通，语气不畅的一堆"杂草"，难以收到预期的效果。

三、被动句的运用

运用被动句，要注意以下三点：

1. 掌握其结构特点

被动句，形式上是主、谓关系，而在意义关系上，则要求主语是动词谓语所支配的对象，而且动词谓语也必须能够支配主语，这样才能显现出主语承受动作行为的被动性，否则，不能成为被动句。例如：

第二天我就中途"撤"了，因为我真怕露出马脚，被他们找碴。　　　　　　　　　　　　　　　　　　　　　（《报》）

"被他们找碴"承前省略了主语"我"，谓语是"找碴"。然而"找碴"往往不带宾语，所以在意念上不能支配主语"我"，因此，这句话也就无从表示"我"承受"找碴"这一行为的被动性。看来，谓语必是及物动词，才可构成被动句。此处改用主动句"他们找我的碴"，较为妥当。

2. 主动与被动配合

有时，主动句和被动句互相配合，能增强语言的表现力。例如：

他叫我们喊出打倒日本帝国主义，
日本帝国主义就被我们打倒了！
……
他叫我们驱逐美帝国主义出中国，
美帝国主义就被我们驱逐出去了！

（何其芳《我们最伟大的节日》）

"他叫我们……"是主动句，以被动句相配合，使语句内涵丰富又表达有力。主动句表示毛泽东一发出号召，被动句表示日、美就按照他的预见走向失败。尽管他们承受"打倒"、"驱逐"的行为是极为被动的，但也无可奈何，只好向着失败走去。诗人用这种句子，很简洁很巧妙地表现出领袖的英明和人民的伟大，同时也勾画出了历史的必然。

3. 新型的"被"字句

近年来,"被"字大量出现在口语和书面语中,使用频率很高,被"汉语盘点 2009"评选为汉语第一字。

这样的"被"字句,虽然也表示被动意义,但与我们上述的"被动句"仍有区别。"被动句"中及物动词作谓语,在意念上是支配主语的,主语是受事者。而目前大量出现的"被"字句,似乎不具备这一特点。它是由"被"字分别与动词、形容词、名词以及词组构成的"被字结构",或叫做"被字词组",表示一种被动意义。在句中反映出主体被迫接受"被字词组"所表述的动作、行为、情状,以及心理、情感等。例如:

"五一"期间志愿者挤爆福利院,老人一天"被服务"5次,志愿服务不要成为"走形式"。　　　　　　　　(《北京晚报》)

过度放花炮,让人"被享受"。　　　　　　　　　　(同上)

尉迟恭"被明白"了。　　　　　　　　　　　　　　(同上)

丰台程庄南里电表显示数字与用电量不符,近百户居民"被欠费"。　　　　　　　　　　　　　　　　　　　　(同上)

用品成人化,孩子"被长大"。

玩具使用年龄"被低龄化"。

你的装修"被增项"了吗?

李庄被做思想工作。

文中的"服务"、"享受"、"明白"、"欠费"、"低龄化"等,都不是主体乐意或认可的,相反都是不愿接受,又无可奈何不能不接受的。

"被字词组"具有造句的语法功能,而且比较活跃。它可以充当主语、谓语、定语、宾语。例如:

"被平均"掩盖居民收入差距实情,市政协委员质疑:有多少人在"平均工资"以下。

作品"被上网",女作家告谷歌。

"被上榜"的丁宁也谦虚地告诉记者:"那个名单还不是最后的名单"。

"被落榜"的李盟盟背后……

如何看待中国男篮的"被出线"?

"被字词组"是社会矛盾的产物,它反映了处于尴尬境遇中的弱势民众,对于公平、公正、合理的强烈诉求。这些微弱的呼喊,虽然解决不了根本问题,但是心中的郁闷可以通过这些黑色的幽默,无奈的调侃,柔性的讽刺得以宣泄。"但不管怎么样,我们还有一个'被'字来注释这种荒谬的现象,

◎汉语修辞艺术谈

来发出微弱但态度鲜明的声音。当然,我们期待'被'字从我们生活中淡去的那一天,不是'被淡去',而是真消失"。(《北京晚报》之《从"被"字里看出些许希望》)

第六节 省略句

  一个句子具备主语、谓语(有时要带宾语)叫作完全句。一般说,这些成分是不能不出现的,不过,在一定的语言环境里,为了某种修辞目的,也可将主语或者谓语省略,有时甚至将主语和谓语全部省略,这样的句子叫作省略句。这里应该指出,附加成分的有与无,多或少,并不影响句子结构的完整性,所以,这不属于省略句研究的范畴。这里,着重介绍一下省略句。

一、省略句的类型

（一）主语省略

  对话中省略主语,一般说,并不影响意思的表达,这是常见的语言现象。比如两个熟人早上一见面,甲:"干吗去?"乙:"上班去。"当然,都可以分别带上主语"你"与"我",但是,没有省略句简洁、利落。在文艺作品中,人物的对话,往往采用主语省略句。例如:
  "嚄,阿Q,你回来了!"
  "回来了。"
  "发财发财,你是——在……"
  "上城去了!"　　　　　　　　　　　　(鲁迅《阿Q正传》)
阿Q的答话都省略了主语"我"。
  在叙述性的文字里,前一分句已经出现主语,或者后一分句将要出现主语,此时可以省略主语。例如:
  我自己被人吃了,可仍然是吃人的人的兄弟!
　　　　　　　　　　　　　　　　　　　　　(鲁迅《狂人日记》)
  渐渐听清楚枪声只是向着外面,她们才又扒着船帮露出头来。
　　　　　　　　　　　　　　　　　　　　　(孙犁《荷花淀》)
  第一例,后一分句的主语,承前一分句的主语"我自己"而省略;第二例,前一分句的主语,蒙后一分句的主语"她们"而省略。这就是俗称的"承前省"与"蒙后省"。
  有时主语是难以省略的,尤其在争辩性的对话中,带有认定性的强调意味,对话双方都不肯省略主语。例如,甲:"你不讲理!"乙:"你不讲理!"乙说的"你"不但不省略,反而加重了语气。如果省去主语,便不知所云了。甲:"他没有诚信!"乙:"你才没有诚信呢!"这里的主语也不能省略,乙说的"你",也加重了语气。如若省略,究竟谁"没有诚信",就会指向不明。

(二)谓语省略

谓语是陈述主语的部分,怎么能省略呢?其实,在一定的语言环境里,谓语也能省略,这也是表达的需要。例如:

"秀儿,二喜他是哪一年没的?"

"六七年'反逆流'的时候,二喜哥他……"

(李存葆《高山下的花环》)

"……我们回来的路上,副连长踩响了地雷!他……他干啥事都非得他走在前头不行,他……"三班长放声哭了。(同上)

这两例都是承接着上面的话,分别省略了谓语"死的"和"被炸伤而死"。这是说话人不愿意说出这些不幸的令人悲痛的事情,而故意省略了谓语,我们称这种省略为"有意省略"。

(三)宾语省略

有时一个句子必须带宾语,否则,不能表达一个可以让人理解的意思。例如,"我读"就不明确,而带上宾语,说"我读大学",便补足了语意,可以理解。同样,"你姓",不成一句话,补出宾语,"你姓什么?"才成为一句话;"他得",不可,而说:"他得过奥运金牌",则可。看来,许多时候,一句话里,是不能没有宾语的。我们说,这是常规的句式。可是,在一定语言环境里,打破常规,省略宾语,却能增强句子的表现力、感染力,这也是运用语言的艺术。例如:

"不认识了么?我还抱过你咧!" (鲁迅《故乡》)

像这样的例子,在生活中也是常见的。例如,甲:"你去过拉萨吗?"乙:"我没有去过。"宾语省。总之,省略句在一定的语境中,才能诞生;又须在这一语境中,才可发挥其作用。

(四)主谓宾省略

一句话里如果省略了主语和谓语,仿佛不成其为一句话,然而在特定的语言环境中,不仅可以省略,而且表达效果很好。例如,甲:"你是哪儿人?"乙:"我是北京人。"这是完全句。也可以用省略主谓的句子回答:"北京人。"又如,甲:"您到哪儿去?"乙:"包头。"主谓全省,反倒更简洁、明快。有时主、谓、宾全省:

◎汉语修辞艺术谈

作家刘真的《春大姐》里有一段对话，就采用了此法：

玉春急问明华："你报了多少？"

明华不好意思地说："二百五十个。"

"二百五十个"是"我报了二百五十个劳动日"的省略。简洁、明快，适应了"一个着急问，一个赶紧答"的语境，描绘出两个恋人，在劳动竞赛中，唯恐落人之后的急促、紧张的情态。

二、省略句的表达作用

（一）明快顺畅地表情达意

例如：

他付过地保二百文酒钱，忿忿的躺下了，后来想："现在的世界太不成话，儿子打老子……" （鲁迅《阿Q正传》）

描述的文字，有三个分句。后两个分句的主语，顺承第一分句的主语"他"而省略，使得阿Q的"付钱"、"躺下"、"想"等活动的承接关系很清楚，语意畅达而明快。试想，如果都带主语，将是"他…他…他…"，读起来啰里啰唆，不畅，不达，令人生厌。

她问：

"他们几个哩？"

水生说：

"还在区上。爹哩？"

女人说：

"睡了。"

"小华哩？"

"和他爷爷去收了半天虾篓，早就睡了。"

（孙犁《荷花淀》）

对话中用了不少省略句。因为是一问一答的对话，没有必要将这些主语都说出来，字省而意留，仍可更简明地表达出人物的情意。

（二）委婉含蓄地表情达意

例如：

妈妈望着梁大娘："梁嫂，您一家也都……"

"这不，俺一家子都来了。"梁大娘心平气静地说……

（李存葆《高山下的花环》）

梁大娘和吴爽分别三十年后，又见面了，是在前线部队里。梁大娘是祭奠牺牲的儿子梁三喜，吴爽是来探望儿子赵蒙生。当梁大娘问候吴爽一家"可都好"后，按情理，吴爽也要问候梁大娘家人"可都好"。可是这"好"怎么说得出口呢？前些年，梁大娘的老伴儿、大儿子、二儿子都没有了，只剩下三儿子三喜，可现在又牺牲了，因此，当说到"您一家也都……"便停住了。这一有意省略，透露出吴爽应该问，又不便问，而不问又不安的复杂的心理状态。又如（鲁迅《药》）里的一段对话，堪称范例：

> 他的女人，从灶下急急走出，睁着眼睛，嘴角有些发抖。
> "得了么？"
> "得了。"

什么"得了么"？什么"得了"？略而不说。因为，虽然老栓夫妇对"人血馒头"的灵验深信不疑，但终究是瘆人的，难以直说。另外，也怕小栓听见而不愿吃，更不便直说了。所以用省略句，一问一答，心照不宣。与此同时，也透露出老栓夫妇激动、紧张的心情，小店里因此也弥漫着神秘的气氛。

这类省略句，都是话到嘴边又咽下的"半截话"，其实是"意在言外"，让读者去品味，去思索。

（三）渲染气氛以描绘情态

例如：

> 话未说完，瓜已吃尽。天宝正要扔瓜皮，大年阻道："慢着，慢着，扔了太可惜，留着。"　　　　　　（王汶石《沙滩上》）

"慢着"实际上是"你慢着扔瓜皮"的省略。急于阻止，就来不及用一个较长的完全句表达，于是，"慢着"便脱口而出。读到这里，可以想见那种刻不容缓的紧迫情状。又如：

> "正确你就找去呗！"
> "我是找了，可不是个工人，也还不知道我能不能配得上。"
> "谁？"
> "你！"　　　　　　　　　　　　　　（康濯《春种秋收》）

这是玉翠姑娘向昌林小伙表示爱情的对话，最后两句，全是省略句。"谁？"表现出昌林极为疑虑，又极为急切的兴奋心情；"你！"坚决果断的回答里，饱含着姑娘内心的喜悦和紧张。读这段对话，你会感到，由淡淡平静的气氛，骤然变得热烈紧张起来，这两个省略句起了很大的作用。如果使用完全句"你找的是谁呀？""我找的是你呀！"虽然也能把意思表达出来，但是，人物此时此刻的激动心情，以及那种紧张、热烈的气氛，消失殆尽了。

◎汉语修辞艺术谈

三、省略句的运用

在一定的语言环境里，有意识的省略成分，是提高语言表现力的一种艺术手段。运用这种手段，应本着这样的原则，即词去而意显，不能词去而意阙。从作家的修改文稿的活动中，能学到很多的经验。

  初稿：身体上感觉凉得厉害，手臂与腿部似乎抽搐的样子；而且昏昏的，眼皮重起来了。

  定稿：身体上凉得厉害，手臂与腿部似乎有抽搐的感觉，而且头脑昏昏的，眼皮重起来了。　　（叶圣陶《马铃瓜》）

第一句，删去"感觉"，简练；第二句，"手臂与腿部"、"似乎"、"样子"三者之间，意义上没有什么有机的联系，改稿增添"有"作谓语，语意才明晰起来；第三句，没有省略主语的条件，却省略了主语"头脑"，致使语意不明，改稿里补足，是妥当的。

  初稿：休养所的窗口有个妇女探出脸问："剪子磨好没有？"
     老泰山应声说："磨好啦。"

  定稿：……老泰山应声说："好了。"　　（杨朔《雪浪花》）

删去"磨"，用"好了"这个主谓全省的省略句，更能展示"应声说"时的急促而又欢快的情态，凸显出人物开朗、幽默的性格特征。

由此看来，省略句的运用，是受题旨和语境制约的，当省则省，不当省则不省，省要惜墨如金，以少总多。这也是人们锤炼语言的共识吧。

第七节　文言句、新兴句

现代汉语在发展的过程中，继承了不少文言句式，同时也吸取了其他民族语言的一些句式，从而不断地丰富着自己。我们虽然提倡白话，但不排斥古人语言中有生气的东西；我们虽然提倡发展本民族语言的风格，但也不拒绝接受其他民族语言中有益的东西。因此，我们有必要对文言句式和新兴句式，简略地作一些介绍。

一、文言句

不少优美动人的文言句，至今仍在沿用。有时候，在一定场合，面对某些对象，灵活地使用文言句，不仅能增添语言的文采，而且还能使语意表达得精炼有力。似乎难以用白话代替，即使代替了，其意蕴不同，其韵味也有显著的差别。这种意蕴和韵味，在不同的语言环境里，出于不同的题旨要求，其表现也各不相同。

（一）言简意深，明快有力

文言句多以单音词组成，句子短小精悍，善于运用，可将丰富的内容，熔铸其中；可将强烈的感情，凝聚其里。这样的语句，言简意赅，明快有力。例如：

>　　划清反动派和革命派的界限，揭露反动派的阴谋诡计，引起革命派内部的警觉和注意，长自己的志气，灭敌人的威风，才能孤立反动派，战而胜之，或取而代之。　（毛泽东《论人民民主专政》）

"战而胜之，或取而代之"两个文言句，可谓"一字千钧"。它显示了上述条件一旦具备，所产生的无坚不摧的巨大力量，以及所必然得到的胜利结果。这段文字，逐层剖析事理，不断增强语势，以文言句戛然而止，有势如破竹之感。

>　　我们就是这样做的，即以帝国主义及其走狗蒋介石反动派之道，还治帝国主义及其走狗蒋介石反动派之身。如此而已，岂有他哉！
>　　　　　　　　　　　　　　（毛泽东《论人民民主专政》）

前边以"即以……之道，还治……之身。"这是灵活变化的文言句式，阐明人民民主专政的职能：用敌人对待人民的办法，反过来对待敌人。语意似乎可以结束了，不，作者又用两个文言句，将意义加以深化，把情感加以强化。"如此而已"，表示对敌人也只能如此；"岂有他哉"，这一反问，进一步强调再也没有别的办法了。仅仅八个字，便把针锋相对的态度，果断坚定的语气，大义凛然的气势，表现得十分有力。

（二）庄重典雅，气度从容

在公文和政论以及书信里，也往往采用文言句，以增强庄严郑重的色彩，或表示气度不凡的姿态。例如：

>　　……右列四条，全边区军民人等一律遵照，不得违背。倘有不法之徒，胆敢阴谋捣乱，本府本处出法随，勿谓言之不预。
>　　　　　　（《陕甘宁边区政府、第六路军后方留守处布告》）

整段话都带有文言色彩，后面两句尤为突出。面对敌人破坏边区的阴谋活动，必须表明我们的严正立场和将采取的坚决措施。文中文言句，精炼有力，以郑重警告的语气，表示了必将严肃处置的态度，先礼后兵，从容大度，给人以"不可等闲视之"的感觉，颇具威慑力。

>　　凡此十端，皆救国之大计，抗日之要图。当此敌人谋我愈急，汪逆极端猖獗之时，心所谓危，不敢不告。倘蒙采纳，抗战幸甚，

◎汉语修辞艺术谈

中华民族解放事业幸甚。迫切陈词,愿闻明教。
(毛泽东《向国民党的十点要求》)

这是该文的结束语,全用文言句式。针对国民党和其他各界人士的文化教养、爱好习惯,采用文言句易于接受。从文字本身来说,极其简要地阐明了十点要求的重大意义和实行这些要求的必要性及迫切性。行文温文尔雅,大度非凡。使人感到,虽理直气壮,但不盛气凌人,言辞恳切,真诚可信。显示出"有理、有力、有节"的风范。

(三) 幽默讽刺,饶有风趣

在叙事写人,状物抒情的文字里,恰当地使用文言句,有时会收到幽默讽刺的效果,令人品到趣味横生的妙处。

现在许多人在提倡民族化、科学化、大众化了,这很好。但是,"化"者,彻头彻尾彻里彻外之谓也;有些人连"少许"还没实行,却在那里提倡"化"呢。 (毛泽东《反对党八股》)

(马先生)特别崇拜马连良。恰巧他也姓马,为此,戏曲学校毕业的时候,特地求老师重新给他取了个艺名,叫——马佩良。佩者,服也;服者,迷也。 (王毅《不该将兄弟吊起来》)

秀才听了这庭训,非常之以为然,便即刻撤销了驱逐阿Q的提议…… (鲁迅《阿Q正传》)

前两例对于"化"和"佩"的释义,都用了文言句式。看似典雅庄重,实则诙谐幽默,使语言生动有趣。有时在幽默之中带有明显的讥讽。如上面第三例,阿Q回到未庄,全村大为震惊,就连赵太爷一家也惶惶然不可终日,不得不提防,但又苦无妙法。秀才要"驱逐"阿Q,他的老子赵太爷以为不可,于是就讲了"驱逐"会结怨和"老鹰不吃窝下食"的道理,这便是"庭训"。然而秀才却"非常之以为然",确信这是至理名言,锦囊妙计。文言句的庄重严肃的色彩,与"庭训"之滑稽可笑的内容,形成尖锐的矛盾,因而产生了强烈的讽刺力量。

不但对于阿Q,连我自己将来的"大团圆",我就料不到究竟是怎样。终于是"学者",或"教授"乎?还是"学匪"或"学棍"呢?"官僚"乎?还是"刀笔吏"呢?"思想界之权威"乎?抑"思想界先驱者"乎,抑又"世故的老人"乎?"艺术家"?"战士"?抑又是见客不怕麻烦的特别"亚拉籍夫"乎?乎?乎?乎?乎? (鲁迅《阿Q正传·成因》)

鲁迅对于同志、朋友、敌人对自己的将来作怎样的评价,用选择问的句式,作了不同的估计,而表示疑问的语气词,却有意地将文言词"乎"与白话的"呢"交替使用，似庄实谐，幽默风趣。

对于文言句式的运用应抱正确的态度，毛泽东说过："我们还要学习古人语言中有生命的东西。由于我们没有努力学习语言，古人语言中的许多还有生气的东西，我们就没有充分地合理地利用。"(《反对党八股》)鲁迅也曾指出："许多青年作者又在古文、诗词中摘些好看而难懂的字面，作为变戏法的手巾，来装璜自己的作品了。"(《写在"坟"的后面》)两位大家告诉我们，既要努力地继承古人语言里有生气的东西，来丰富自己的语言；又要采取严肃谨慎的态度，推陈出新，提高语言的表现力。而绝不能食古不化，或者以此来掩盖自己作品的不足，自欺欺人。

二、新兴句

"五四"运动以来，现代汉语吸收了不少外民族语言中有益的东西，形成了一些新的句子形式，展现出新鲜的面貌，具有较强的表现力，值得研究。下面举例略加说明。

(一) 代词有了修饰成分

一般说，汉语的人称代词，不带修饰性词语，而从目前的许多语言现象来看，人称代词前不仅可以用一些词语来修饰，而且还可收到很好的修辞效果。例如：

结果，大家便给满身"洋味"的我起了个绰号——"艺术细胞"。　　　　　　　　　　　　　　　(李存葆《高山下的花环》)

战士们把东倒西歪的我，扶到吉普车内……　　(同上)

两例中的代词"我"，前面都有了修饰成分，分别将"我"的气质、作风；"我"的情态、心理，加以形容描绘。其作用在于先把"我"的特点描写出来，给人以形象的感觉，再去叙述这样的"我"如何如何，互为补充，形象性更鲜明、突出。另外，又使句子结构更为紧凑，更为精炼。如果换成传统句式，便是：

我满身"洋味"，大家便给我起了个外号——"艺术细胞"。

我东倒西歪，战士们把我扶到了吉普车内……

这就成为由两个分句构成的复句了。两相比较，还是前两例结构精炼，语意流畅。

口语中也不乏其例："我把特别的他，介绍给特别的你，简直是天造地设的一对儿"、"我把特别的爱，送给特别的你"等，已很流行。

(二) 两句话紧缩成一句

借助一些关联词语，可将两个句子紧缩成一句话，这也是一种新的句式。例如：

　　大会讨论并通过了这项决议。

如果把这句话展开，便是：

　　大会讨论了这项决议，并且通过了这项决议。

很显然，句子拉长了，但是内容并没有增加，所以，不如前句以简洁的句子，浓缩了丰富的内容，更经济，更实用。又如：

　　顺理成章，她有权利又有资格享受幸福的晚年。

　　　　　　　　　　　　　　　　（李存葆《高山下的花环》）

如果展开，同样，句子也会拉长的：

　　顺理成章，她有权利享受幸福的晚年，又有资格享受幸福的晚年。

这比原句显得繁冗，也失去了原句子具有的干脆果断的语气，自然不适于表达赵蒙生当时极为激愤、冲动的情绪。

（三）颠倒顺序，新颖活泼

颠倒语句的顺序，也能提高表现力，所以运用得非常广泛。可分为两种情况：

1. 分句颠倒顺序

复句，特别是偏正复句的分句，偏、正颠倒，是为了适应题旨的需要。例如：

　　今晚却很好，虽然月光也还是淡淡的。（朱自清《荷塘月色》）

偏、正这么一颠倒，语意的重点，便转向偏句了。这里强调了"月光淡淡"的特定景色，让读者再去体会"今晚却很好"的意蕴以及此刻"我"的心理状态。

　　尽管打，打死了不干事，只要不是罚工钱停生意！

　　　　　　　　　　　　　　　　（夏衍《包身工》）

此句，把偏句所表示的条件突出出来，有力地揭露了资本家，只要能赚钱，是不惜童工的生命的，心肠之狠毒，显而易见。

2. 言者位置灵活

写人物说话，传统形式是"某某说"、"某某云"、"某某曰"在前，所说的话在后。而现代作品中的对话，言者可以在前，可以在后，也可以居中。例如：

　　"可恶！"四叔说。

　　"你是什么意思？亏你还会再来见我们。"四婶洗着碗，一见面就愤愤的说,"你自己荐她来,又合伙劫她去……"

(鲁迅《祝福》)

前一句,先把话写出来,然后再说明是谁说的。一般是说话人感情激动,先把话说出来,符合人物的心理要求。后一段话,把说话人放在所说的许多话之间。这往往是人物感情冲动之际,脱口而出的话,先说出来,中间有停歇,或有表情变化,或有情绪的发展,作者趁机作相应地描述,之后,再写人物的谈话。这样,可以节约笔墨,顺便进行细节描写,又可使行文富有变化,生动活泼起来。

当然,所谓新兴句,远不止这些形式。我们在此仅举几例并略加说明,期望引起大家的注意,今后作进一步的研究。

◎汉语修辞艺术谈

第四章　情意表达讲究丰富多彩（上）

在交际活动中，人们总是想出一些方法，尽量地利用汉语的各种因素所具备的功能，使所说所写的话更加准确、鲜明、生动。久而久之，这些方法便成为固定的表达方式，称为修辞格式或修辞方法。现代汉语的修辞格多种多样，极为丰富，它是修辞学研究的内容之一。

丰富多彩的修辞方法，为我们的表达提供了极为便利的条件。只要我们遵循"多端选一开生面，变里含常喜适机"（张弓为《修辞学习》题词）的原则，总可以选择出最恰当的一种方法，将深刻的认识，表达得准确有力；将细腻的感情，抒发得淋漓尽致；将多彩的物象，描绘得有声有色。

我们从常见的修辞格中选择了二十来种，就其形式特点、修辞作用和如何运用等方面加以讲述。

修辞格式是在汉语发展的长河中产生、发展和丰富起来的，并且已经定型化。由于其形式精练，内涵丰富，所以在叙事、说理、状物、抒情方面，有着很强的表现力，为人们所喜闻乐用。但是，从大量的修辞活动的事实来看，人们应用修辞格，并不总是拘泥于固定化了的死格式，有时面对不同的题旨、复杂的语境以及多样的语体，也有所变通，有所发挥，表现出应用时的灵活性。比如对偶，其"严对"的要求极为严格，当内容和严整的形式难以协调统一时，人们便采用"宽对"的形式。其词性、平仄、字数不要求像前者那样严格地对应着，甚至结构只是相近就行了。由于"宽对"保持了对偶的基本特征，仍然具有整齐匀称的形式美与和谐优美的声音美，这就大大提高了它的实用频率，大大扩展了它的使用范围，不仅在现代诗歌中广泛运用，而且在散文、小说乃至商品广告中也屡见不鲜。它虽然自由松散，但却更为生动活泼。

再拿借代来说吧，按照传统说法，"换名"而已，这在"旁代"中表现得尤为突出。但在"对代"中，"换名"的意义，不能不说有所扩展。以"结果"代"原因"这一类型为例，用"发抖"代"恐惧"可以，用"揭不开锅"代"穷困"也可以。这"发抖"和"揭不开锅"，似乎不宜视为"名称"，这不过是由某些原因而引起的动作或呈现出的现象，为表述得形象、生动,便以之代替"原因"了。如果从这种认识出发,"借代"的含意和范围,将会扩大,这是有利于这种修辞格发展的。

在运用回文辞格时,也会遇到类似的问题。倘若死守着"盘中诗"和"璇玑图"的要求,即所用词汇相同,而词序又恰恰相反,这一"严整"的结构形式,只会束缚人们的思想,使它变为少数文人手中的文字游戏。但是,人们在运用时并非如此,既看到这种辞格的回环美需要继承,又要突破原有的框框,加以发展。于是创造了较为灵活的"宽泛"的回文,人们称它为"回环"。尤其在现代汉语的双音词、多音词不断丰富起来的情况下,很难做到词汇相同而词序又恰恰相反。那么,"宽泛"的回环辞格,便易于为更多的人所掌握,这种回环,也就大有用武之地了。

从上面所举的例子来看,对待修辞格,既要认识其定型化了的特点,又要在修辞活动中灵活地运用,这是我们应持的态度。修辞格,产生于生动活泼的修辞实践之中,是经研究修辞的专家们总结归纳出来的,我们应该再把它用于修辞的实践,让它生动活泼地发挥作用。只有这样,修辞格才能不断发展、不断丰富、不断完善;修辞理论的研究,也才能有新的探索、新的发现、新的归纳。相反,假如将修辞格视为一成不变的教条,循规蹈矩地生搬硬套,势必僵化停滞,没有生气,变成束缚手脚的桎梏。

总之,运用修辞格,既要遵循一定的原则,又要多些灵活性,这对我们进一步学习和研究修辞格是会有益处的。

第一节 抒写——形象鲜明

本节将介绍比喻、借代、比拟、夸张、示现等几种修辞方法。这些方法,经常用来叙事写人、状物抒情,或者析义明理、化抽象为具体,使形象更鲜明,绘声绘色,让读者进入一个五彩缤纷的世界,去领略汉语绘画美的奥妙。

一、比喻

(一) 比喻的特点及类型

1. 比喻的特点

两个不同类的事物之间,有某些相似的特征,用其中一个打比方来说明或描写另一个,这种方法叫做比喻。例如:

芦花开的时候,远远望去,黄绿的芦苇上像盖了一层厚厚的白雪。风一吹,鹅毛般的苇絮就飘飘悠悠地飞起来,把这几十家小房

◎汉语修辞艺术谈

屋都罩在柔软的芦花里。　　　　　　　　（管桦《小英雄雨来》）

远远望去,那一朵朵芦花连在一起,在颜色和状态方面,同一层厚厚的白雪很相似,于是就用"盖了一层厚厚的白雪"打比方,来描写远处的许多芦花相连的样子。又因为苇絮洁白轻盈,被风一吹就飘飘悠悠飞起来,这同鹅毛被风一吹就飘飘悠悠飞起来的状态相似,所以,就把"苇絮"比作"鹅毛"。

从这一例,可以看出比喻的主要特点,即它有三个要素:

(1) 本体。它是被比喻的事物,如远望所见到的芦花的形象和被风吹起的苇絮。

(2) 喻体。用来打比方的事物,如"盖了一层厚厚的白雪"和"鹅毛"。

(3) 相似点。指本体和喻体之间某些相似的特征。例如,芦花同白雪,苇絮同鹅毛,分别在颜色、静、动的状态方面给人以相近似的感觉。

本体和喻体,有时必须用一些词连接起来,这些词叫比喻词。但有的比喻不用比喻词,并不影响其结构的性质。总之,本体、喻体、相似点,是构成比喻的三大要素,三者缺一,不能构成比喻。

2. 比喻的类型

比喻的类型多种多样,大致分为三类:

(1) 明喻。这类比喻很明显,一看就知道是在打比方。例如:

特别是中学、小学和幼儿园的老师,像春蚕那样,为祖国后代奉献着自己的一切;像园丁那样,呕心沥血,培育祖国的花朵茁壮成长。　　　　　　　　　　　　　　　　　　　（《光明日报》）

把中小学和幼儿园教师比作"春蚕"和"园丁",因为二者分别在"奉献一切"和"呕心沥血"方面相似。明喻常用的比喻词有"像"、"如"、"像……一样(似的、那样)"、"如……一般(一样)"等,这是其明显的标志。例如:

地上的热气跟凉风搀合起来,夹杂着腥臊的干土,似凉又热;南边的半个天响晴白日,北边的半个天乌云如墨,仿佛有什么大难来临,一切都惊慌失措。　　　　　　　　　　　　（老舍《骆驼祥子》）

雨中的海,蒙蒙的一片似缀满晨雾般的令人感到朦胧。

（邓荣坤《秋雨》）

例文中的"如"、"仿佛……似的"、"似……般的",都是明喻的显著标志。

(2) 暗喻。这类比喻不如明喻明显,它是暗中打比方。暗喻,一般说,又可分为四个小类:

134

①判断式。例如:

　　生存的小品文,必须是匕首,是投枪,能和读者一同杀出一条
生存的血路的东西。　　(鲁迅《南腔北调集·小品文的危机》)

"……小品文……是……是……",形式上是个判断句,其实"是"已经兼有比喻词的作用了,相当于"像"。这句话,暗中将"生存的小品文"比作"匕首"和"投枪"了。这类判断式暗喻,常用的比喻词有"是"、"为",有时也用"变成"、"叫做"、"等于"等。例如:

　　我想:如果把两千多封都摊开,从天上撒下,将化作漫天飞舞
的雪花;从地上行走,将成为一条潺潺的河流。

(柯岩《奇异的书简》)

"化作"、"成为"是判断式暗喻常用的标志。

②复指式。例如:

老狗你不要耍威风。
大风要吹灭你这盏破油灯!　　(李季《王贵与李香香》)

句中的"你",分别同"老狗"、"这盏破油灯"是复指关系。其间含有比喻义,即分别用"老狗"、"这盏破油灯"打比方,来描写"你"(崔二爷)。

③附加式。例如:

我听见:
我们的大地上
　　卷起的
入党宣誓的
　　不息的风暴!

"入党宣誓"是"不息的风暴"的附加成分,其实,也暗含着比喻意义,即把"入党宣誓"的浩大声势比作了"不息的风暴"。又如:

　　一晃十五年过去了。
　　历史的潮水早已漫平了记忆的沙滩。即使有几只贝壳留下波纹
儿,也很淡很淡了。　　(李存葆《山中,那十九座坟茔》)

"历史"、"记忆"是本体,分别作了喻体"潮水"、"沙滩"的修饰成分,实际上,它们之间有相似之处,是描写与被描写的关系。

④注释式。例如:

　　一颗心——一片翻腾的大海,
　　一双眼——一道冲决的大堤。　　(李瑛《一月的哀思》)

从形式上看,这两句话的后一部分,是注释前一部分的,而从内在的联系来

◎汉语修辞艺术谈

看，却是用后者打比方去形容描写前者。又如：

　　桃花——一团团烈火，

　　要把万恶的王朝烧成灰烬；

　　桃花——一片片朝霞，

　　正迎着光华万丈的太阳慢慢上升。　　　（严辰《龙华》）

形似"注释"，实则描写：桃花像"一团团烈火"，像"一片片朝霞"。

　　（3）借喻。这类比喻与明喻和暗喻不同的是，喻体代替了本体，即被比喻的事物不出现在比喻的形式之中。这就要求有一定的语言环境，也就是说，被比事物要在前后文里有所交代。例如：

　　他站住了，脸上现出欢喜和凄凉的表情；动着嘴唇，却没有作声。他的态度终于恭敬起来了，分明的叫道：

　　"老爷！……"

　　我似乎打了一个寒噤；我就知道，我们之间已经隔了一层可悲的厚障壁了。我也就说不出话。　　　（鲁迅《故乡》）

闰土和"我"，少年时代"哥弟称呼"，现在，闰土称"我"为"老爷"，两人在思想感情方面，已经有了很大的"隔阂"。这种"隔阂"作为描述的对象——本体，并未出现，而是用喻体——"隔了一层可悲的厚障壁"直接来代替。假如没有前面的描述，突兀地就说"隔了……厚障壁"，读者是难以理解的。又如：

　　防御不等于老蹲在这里，我们要往前挤！马蜂不敢蜇你，你就要捣马蜂窝，马蜂自然就要出来蜇你，这样就可以更多地打死马蜂。　　　（马烽《挤垮它》）

这里没有出现本体"敌人"和"敌人的窝点"，而是分别用喻体"马蜂"与"马蜂窝"来代替。因为有"防御不等于老蹲在这里，我们要往前挤"的交代，读者会理解这是打比方，来说明要进行积极的防御。

　　（二）比喻的修辞作用

　　比喻的运用非常广泛。在状物、抒情、说理的时候，往往使用比喻，以加强语言的表现力量。一般说，比喻具有以下几方面的作用：

　　1. 生动形象地描绘事物

　　在叙事写人、状物抒情的时候，生动、形象的语言，可以激发读者的兴趣，使欣赏的注意力持久。聪明的作者，深深懂得读者的这种心理要求，因此，总是千方百计地使描述的语言生动、形象起来，采用比喻就是有力的手段之一。

　　比如你这样叙述一件事："某老师很关心学习底子差的同学，利用课余

时间给他们补课。"虽然也能将事情讲清楚,但总觉得有些平淡。能不能讲得生动些呢?请看下面的叙述:

> 他从作业上和平时测验中,注意发现哪些同学底子差,就给他们吃"小灶"。　　　　　　　　　　　　　　　　　(《报》)

不直说"补课",而说"吃小灶",是借喻的说法。"吃小灶",人们很熟悉,其味道美、营养足,都是精心制作的,是身体虚弱的人所需要的。用它比喻"补课",便把这位老师对学习底子差的学生不是歧视,而是更加关怀的那份关爱,形象地表现出来了。

当你在飞驰的火车里观看夜景时,会看到灯火和山岭相对运动的状态,怎样将其描绘出来,让别人也有身临其境的感觉呢?也许你有许多好办法。请先看看贺敬之是怎样描写的吧:

> 一站站灯火扑来,象流萤飞走,
> 一重重山岭闪过,似波涛奔流……　(《在西去列车的窗口》)

两行诗用了两个明喻。用"流萤飞走"喻迎面而来而又迅疾逝去的灯火,用"波涛奔流"喻一闪而过又连绵不断的座座山岭。这些比喻生动地描绘了"灯火"、"山岭"相对运动的形象特征,也是诗人在特定情境之中,观看这些景物的特殊感觉之形象化的表现。读者由"流萤飞走"和"波涛奔流"的动态形象,联想起自己的生活经验,进而展开想象,自然地进入诗句所描绘的境界。值得注意的是,诗歌中的比喻,往往成为诗的形象的组成部分,诗人正是通过诗的形象来表达情思并感染读者的。

比喻用于描写人物,不仅可以描写人物的肖像和动作,而且还可以将难以表现的心理活动形象化。例如:

> 顾二姑娘离开了自己的家,就像出了笼子的雀子一样。她又年青了。她本来二十三岁,她是一株野生的枣树,欢喜冷清的晨风和火辣的太阳。　　　　　　　　　(丁玲《太阳照在桑乾河上》)

顾二姑娘挣脱束缚,获得自由时的那种轻松、欢畅的心理和情态,用"像出了笼子的雀子一样"这一比喻,具体化,形象化。又用"她是一株野生的枣树,欢喜冷清的晨风和火辣的太阳"作比,展现出其性格中,既有纯净温和的一面,又有泼辣火热的一面。这些较为抽象的特征,也可以用不同的方法表现,而此处则用比喻使之更加生动形象。

2. 深入浅出地阐明事理

在阐释深奥的或抽象的事理时,也常使用比喻。经验告诉我们,有时借助喻体的鲜明性和生动性,可以使复杂的事理突然简洁明了起来,易为人们所接受。例如:

◎汉语修辞艺术谈

　　才华，再也不是令知识分子产生飘然之感的鲜花，而是触动悲伤之情的苦药。　　　　　　　　　　　　　　（理由《痴情》）

　　文章的结尾最好能让读者觉得余香满口，余味无穷，千万不要是一粒发了霉的花生米。　　　　　　（徐仲华《文章的结构》）

这两段文字都说明了一个观点。假如用一般的表述，方法很多，可以这样说：

　　才华，再也不是令知识分子骄傲自满的资本，而是触动悲伤之情的诱因。

　　文章的结尾最好能让读者觉得满口余香、余味无穷，千万不要让人读后生厌。

这样的文字平淡无味，而例文把这些较为抽象的道理用比喻外化为具体的可感的物象，读者借助这些生动的物象很容易领悟这些道理，而且饶有趣味。

臧克家在谈诗人的生活和技巧的关系时，也用了比喻：

　　学习不就是技巧的磨练，应该是钻进人生的深海里去！技巧不过是诗人的外衣，而生活才是他的骨肉哩。　　（《我的诗生活》）

把写作技巧比作"外衣"，把生活体验比作"骨肉"，这是用"外衣"和"骨肉"的关系喻"技巧"和"生活"的关系。前者是人们熟知的生活常识；没有健康的体魄，不论穿上怎么漂亮的衣服也不会美。明白了这一点，自然会推知：学习写诗，关键是丰富生活经验，锻炼思想感情，而"技巧"是由思想内容所决定，并为其服务的。

　　我想，天才大半是天赋的；独有这培养天才的泥土，似乎大家都可以做。做泥土的功效，比要求天才还切近；否则，纵有成千成百的天才，也因为没有泥土，不能发达，要像一碟子绿豆芽。

　　　　　　　　　　　　　　　　　　　（鲁迅《未有天才之前》）

鲁迅谈了"天才"与产生天才的"泥土"之关系后，又谈了他的主张：目前"做泥土的功效，比要求天才还切近"。他把"天才"比作花、比作乔木，如果没有"泥土"，怎么健康生长？即使再有"天赋"，最终也只能成为"一盘子绿豆芽"。形象生动地说明了当务之急，先要有泥土，而后才能有天才的道理。

不难看出，在议论及说明性的文字里运用比喻，而比喻本身并不是所要讲的道理。不过，借助喻体形象的鲜明、生动来剖析事理，可以使深奥变浅显，使抽象变具体，人们一看便懂，一听便知，其作用是很明显的。

　　3. 褒贬分明地表达感情

　　人们总是根据对某事物的认识和所持的褒贬态度，来择取比喻物的。因此，一个比喻，往往饱含着鲜明的感情色彩，这在叙事、写人和抒情的文字里尤为突出。

杨朔在散文《泰山极顶》里有一段描写：

一路从山脚往上爬，细看山景，我觉得呈现在眼前的不是五岳独尊的泰山，却像一幅规模惊人的青绿山水画的长轴，从下面倒展开来。

作者"一路从山脚往上爬，细看山景"所获得的印象和感受，用倒展开来的"一幅规模惊人的青绿山水画的长轴"打比方，加以描述，首先是二者有极相似的特征，另外对二者的感受也极相近。我们知道，山水画，不仅是自然美的再现，还是人们感情的结晶，这样的艺术品谁不喜爱呢！更何况是一副"规模惊人的青绿山水画的长轴"，更是令人惊叹、热爱、神往了。这一比喻饱含着褒扬的感情。

描写性格不同的人物，也往往选择不同的比喻物，以表达褒贬分明的感情。例如：

我们必须象一座山，既满生着芳草香花，又有极坚硬的石头。你看怎样？　　　　　　　　　　　　（老舍《四世同堂》）

小说中的钱诗人把"我们"比作"一座山"，是因为"山"上"满生着芳草花香"，喻"我们"性格的一个方面：具有温柔洁美的情操；"山"上还有"极坚硬的石头"，喻"我们"性格的另一方面：具有坚强不屈的气节。这个比喻，既道出了钱诗人所崇尚的做人的信条，又表达了他对这样的"我们"的向往和赞许。下面一例，比喻所传达的感情就截然不同了：

"不幸得很！"瑞宣笑了笑。"我们应当杀日本人，也该消灭这种中国人！日本人是狼，这些人是狐狸！"（老舍《四世同堂》）

用"狼"喻日本侵略者的凶恶残忍，用"狐狸"喻冠晓荷、大赤包之流的卑鄙狡猾，很明显，表达了瑞宣对日本侵略者和汉奸们的憎恨、厌恶之情。

为了更鲜明、更有力地表达褒贬感情，须认真择取喻体的形象。褒扬的感情以美好事物设喻；贬斥的感情以丑陋形象设喻。

4. 含蓄深刻地寄寓情思

有的比喻，不仅使表现对象的形象特征鲜明、突出，而且还蕴含着更深一层的意义，发人深思，余味无穷。例如：

路的左边，都埋着死刑和瘐毙的人，右边是穷人的丛冢。两边都已埋到层层迭迭，宛然阔人家里祝寿时候的馒头。（鲁迅《药》）

作者巧妙地将阔人家里祝寿时候的馒头与百姓的丛冢有机地联系起来，构成比喻，除了形象地描绘了坟头儿之多以外，还启发人们深思：这层层迭迭的

◎汉语修辞艺术谈

丛冢与阔人家祝寿时候的馒头之间，有何必然的联系？又如：

在他的记忆中，祖父的教训永远是和平，忍气，吃亏，而没有勇敢，大胆，与冒险。现在，老人说露出胸膛教他们放枪了！压迫与暴行大概会使一只绵羊也要向前碰头吧？（老舍《四世同堂》）

这个比喻，是从祁老人由忍气吞声到大胆反抗的变化中概括出来的。"一只绵羊"比喻祁老人这样善良而懦弱的人，"向前碰头"比喻拼命反抗。它揭示了一条真理：哪里有压迫与暴行，哪里就有反抗与斗争，在生死存亡的搏斗中，懦弱者会变得勇敢顽强。

母亲呵！你是荷叶，你是红莲。心中的雨点来了，除了你，谁是我无遮拦天空下的荫庇？ （冰心《往事》）

赞美母亲、母爱的诗文，不可胜数。而冰心以"荷叶"、"红莲"作比，却别具一格。喻体所描绘的纯朴美好的形象，正是"母亲"、"母爱"的写照。使人不由得展开遐想：宽厚纯洁的抚爱，无私奉献的高洁，细致入微的呵护，是一个生命从诞生，到成长，再到成熟，永远的可靠的摇篮和港湾。此时，感恩、崇敬、热爱之情油然而生。

这类比喻，是在阅历深广、见识深刻的基础上构想出来的，如果生活经验狭窄，又所见肤浅，是难以创造出寓意如此深刻的比喻的。

（三）如何恰当地运用比喻

要想使比喻成为我们表达思想感情的有力的语言手段，须注意以下几点：

1. 要弄清不同类型的比喻在表达上的细微区别

试比较下面三个例子：

（1）古道那一端的黄河像一条银白色的缎带飘动起来……

（郑万隆《古道》）

（2）武大师姐也很不喜欢女儿的柔弱，恨她是一朵挺不起腰的藤萝花，骂她是一条扶不直的井绳，从小不给好脸子看。

（刘绍棠《瓜棚柳巷》）

（3）骤雨过，/珍珠乱撒，/打遍新荷。

（元好问《骤雨打新荷》）

以上三例，用了三种比喻，各有各的作用：

明喻，侧重于描写、说明。如例（1），借助喻体"一条银白色的缎带飘动起来"的形象，把本体"古道那一端的黄河"的特点和样子，作了形象生动地描写。

暗喻，侧重于认定、强调。对表现对象的性状、意义、作用等，需要作出肯定或否定的认定时，往往使用暗喻，以判断式最为典型。如例（2），语义侧重于认定其女儿"柔弱"的性格特点，用"是""挺不起腰的藤萝花"、"是""扶不直的井绳"表述，既有描写的作用，又有强调的意味，"认定"的语气很明显。

借喻，侧重于鲜明、突出。本体略去，喻体居于主位，或加以修饰，或加以描述，越是淋漓尽致，喻体表现得越充分，那么，本体的性状特征也就越鲜明、突出。如例（3），不说本体"雨点"，直接说"珍珠乱撒"，这些动态的珍贵的喻体形象，直接刺激着读者的视、听，让人立刻感知骤雨打荷的美好状态，以及作者的情感态度。

2. 喻体要形象、生动为人所熟悉

比喻的功用，就在于用喻体来描写或说明本体。对于读者来说，便是借助喻体去认识本体，去感受说话人的感情。经验告诉我们，喻体富于形象性和生动性，而且是为人们所熟悉的事物，才能最大限度地调动读者或听者的联想和想象，激发浓厚的兴趣。也只有这样的喻体，才能有效地描写、说明本体事物：抽象的，具体生动起来；深奥的，浅显明了起来；复杂的，简洁清晰起来，使人们乐意并且容易接受。假如，喻体本就是晦涩的、为人们所不熟悉的生僻事物，岂不是越比越糊涂？试看下例：

这篇文章的结构，有如神经结和神经网似的十分严密。

"神经结和神经网"的结构形态，只有少数人了解，大多数人是不熟悉的。既然如此，怎么能借助它们来了解"这篇文章的结构"之严密程度呢？

3. 相似点要准确

相似点是构成比喻的基础，越准确越好。否则，不能创造完美的比喻。《世说新语》写了这样一个故事：

谢太傅寒雪日内集，与儿女讲论文义，俄而雪骤，公欣然曰："白雪纷纷何所似？"兄子胡儿曰："撒盐空中差可拟。"兄女曰："未若柳絮因风起。"公大笑乐。

谢安的侄子，把纷纷扬扬的白雪比作"像空中撒的盐"，而侄女却比作"柳絮因风起"，哪个比喻恰切呢？当然其侄女构想的比喻好，因为她在两物之间寻找到了准确的相似点。不难看出，相似点的准确与否，关系着能不能通过喻体，把本体的性状特征确切地描绘出来。

4. 褒贬要得当

有时，尽管本体和喻体的差异显著，相似点也准确，但是若不注意感情色彩，也还是不能创造出一个完美的比喻。例如，杨朔在《三千里江山》里的一段描写，原来是这样写的：

◎ 汉语修辞艺术谈

> 武震一到桥头,先听到一片人声,鬼哭狼嚎地从桥南头滚过
> 来,转眼就有无数朝鲜人从烟火里涌出来……

用"鬼哭狼嚎"打比方,描写朝鲜人民遭受敌人袭击时的哭喊声,显然不妥当,因为这喻体带有明显的贬义色彩,这同志愿军对朝鲜人民的热爱的感情是相矛盾的。所以后来改为:

> ……先听到一片人声,连哭带叫地从桥南头滚过来……

不用比喻,表达更自然、准确。

5. 比喻要创新

比喻若不创新,势必失去其特殊的表现力量。那么,比喻如何创新呢?

首先,要认识比喻创新是完全可能的。我们知道,表现对象是确定的,但客观事物却是千姿百态,异常丰富多彩的。只要勤于观察,善于发现,就不难在表现对象和某些事物之间,寻觅到相似的因素,创造出新颖、动人的比喻。毛泽东同志谈到"长征"时,用了三个比喻:"长征是宣言书"、"长征是宣传队"、"长征是播种机"。这是从"长征"的不同方面的伟大意义和作用出发,寻找到与之有相似点的比喻物,从而创造出这些具体形象、深刻凝练的比喻。

可见,不同事物有不同的性状特征,即使同一事物,也有不同的属性;同一情思,其产生的原因、强弱程度、抒发目的等,也不尽相同。由此出发,张开联想和想象的翅膀,去寻觅各自的比喻物,是会创造出新颖的比喻的。

其次,要克服创造比喻时联想活动的习惯性。有时我们打比方,能迅速地甚至不假思索地就想起一些现成的比喻物,如一说"白",就想到"像雪",一说"红",就想到"像火";形容屋子冷,会说"像冰窟",等等。类似这样的比喻,由于沿用已久,难以激发读者欣赏的浓厚趣味和获得新的美感。可见,联想活动的习惯性,无疑是比喻创新的障碍,必须克服。

从前人运用比喻的成功经验来看,有两点值得借鉴:

(1) 远取譬。刘勰在《文心雕龙·比兴》里说:"诗人比兴,触物圆览,物虽胡越,合则肝胆。"新颖的比喻(兴,姑且不论)都是由差异性极大的事物构成的。其差异,犹如胡天越地,但是一经发掘出相似的因素,构成比喻,则浑然一体,肝胆般密切。我们知道,事物的差异性越大,形象对比越鲜明,就越能引起人的兴趣,给人以新鲜、奇特的感受。例如,前面所举的《四世同堂》里的钱诗人,把"我们"比作"一座山",进而把"我们"性格的两个特点:温柔洁美的情操和坚强不屈的气节,分别喻之为"芳草香花"与"极坚硬的石头"。本体和喻体,都是非同类,不同质的事

物,差异性可谓大矣。然而,却如此和谐地构成一个统一体——比喻。其组合的新颖巧妙、形象的鲜明突出、内涵的丰富深刻,都在吸引着、感染着读者。又如:

> 海在我们脚下沉吟着,诗人一般。那声音仿佛是朦胧的月光和玫瑰的晨雾那样轻柔;又像是情人的蜜语那样芳醇;低低地,轻轻地,像微风拂过琴弦;像落花飘零水上。　　(鲁彦《听潮》)

描写"潮声"用了一连串的比喻,其中像"朦胧的月光"、"玫瑰的晨雾"、"情人的密语"及"落花飘零水上"这些喻体,与本体的差异性异常之大。可是作者却能利用"通感"的心理机制,寻觅到二者之间的相似点,也就是说,听潮的听觉美感,与视觉、触觉、意觉所保存的美好形象之间,加以沟通,寻找到了多种相似之处,于是将海潮之美,做了新颖独特的表现,而且淋漓尽致。

远取譬,难就难在差异性大的事物之间,那细微的类似,被那众多的不同特征掩蔽着,不易发现;而妙也就妙在常人难以发现的相似点,被你的慧眼一下捕捉到,令人叹为观止。

(2) 巧取譬。巧妙的联想和想象,孕育着新奇动人的比喻。应该充分发挥联想和想象的力量,去探索、去发现、去进行新的创造。下面谈两点:

①在熟悉的事物中再发现,寻求既熟悉又陌生的比喻物。例如:

> 周进接酒在手,向众人谢了扰,一饮而尽。随即每桌上八九个碗,乃是猪头肉、公鸡、鲤鱼、肚、肺、肠、肝之类。叫一声:"请!"一齐举箸,却如风卷残云一般,早去了一半。
>
> (吴敬梓《儒林外史》)

"一齐举箸……早去了一半",按习惯,自然会想到"狼吞虎咽"的样子。可是作者没有走这条习惯的老路,而是根据这些人下箸之猛、挟取之狠以及八九碗美馔佳肴一举减半之快等特点,探索到更适切的比喻物——"风卷残云"。"风卷残云"是人们所熟悉的,经常喻一下消灭干净,多用于军事上的凌厉攻势,但是在猛、狠、快几方面,同此宴席的情景极类似。这里既舍弃了"一齐举箸……早去了一半"习惯联想的对象,又舍弃了"风卷残云"经常形容的对象,二者重新组合成比喻,出人意料。

"风卷残云"是人们所熟悉的,而它与"一齐举箸……早去了一半"之间新的相似因素,一般人又未曾发现,从而是陌生的。这种既熟悉又陌生的比喻,令人耳目一新。

②通过想象,创造出既陌生又熟悉的比喻物,是比喻创新的又一途径。例如:

飞流直下三千尺，
疑是银河落九天。

(李白《望庐山瀑布》)

我是个蒸不烂、煮不熟、捶不匾、炒不爆、响珰珰一粒铜豌豆。

(关汉卿《不伏老》)

"银河落九天"和这样的"铜豌豆"，是诗人想象出来的形象，现实生活中不曾有，这对读者来说是陌生的；可是，读者借助生活经验和诗句的指引，也完全可以想象到它们的样子，因此，又是可以理解、可以接受的。就这一意义讲，诗人想象中创造的比喻物，是读者既陌生又熟悉的。当人们欣赏着这样奇异的比喻时，会感到惊奇、感到愉快，会获得更多、更新的美感。

比喻的创新，途径很多，以上所谈，是最基本的两种。亚里士多德说得好，"比喻是天才的标识"。的确，天才的语言艺术家，从不满足于已有的创造，他们总是以其敏锐的感官感知着世界，以其丰富的联想和想象，不断地创造着新奇动人的比喻，显示着语言艺术的才华。

二、借代

(一) 借代的特点及类型

1. 借代的特点

什么是借代呢？不直接说出人或事物的名称，而用与它密切相关的事物名称来代替，以使人或事物的性状特征更加鲜明、突出，这种修辞方法就是借代。

借代在书面语和口语里都运用得很广泛，为人们所喜闻乐见。例如，在一定的场合，你会对自己的伙伴这样说："胖子，你先吸支前门；大个儿，你来支香山；春节我再请你们喝茅台。""胖子"、"大个儿"都是体形特征，借来代替这两个人；"前门"、"香山"都是烟的牌子，此处用以代替这种牌子的香烟；茅台酒因产于贵州茅台这个地方，所以用"茅台"代这种酒。这些都是借代的说法。

被表现的事物称为"本体"，借用的事物名称，称为"借体"，二者之间的关系，叫做"相关性"。"本体"、"借体"和"相关性"是构成借代的三个要素。

2. 借代的类型

借代的类型，一般说，分为下面几种：

(1) 旁代。用表现对象自身的某些特征，或者用与其关系密切的事物

第四章 情意表达讲究丰富多彩（上）

名称来代替表现对象，都属旁代。例如：

　　白吃菜场"心里美"心灵美不美？

　　排队挂号"白大褂"缘何受纠缠？　　（《北京晚报》标题）

"心里美"是水萝卜品种的名称，"白大褂"是医务人员的工作服，这里分别代替"水萝卜"和"医务人员"。

另外，还可以用人物的语言，事物的所在地、产地、质料等来代替表现对象。例如：

　　他备尝过生活的酸苦，懂得世道的艰难，在那些"唉唉"的年代里，一家五口，拼死拼活，也几乎积不出钱来。

　　　　　　　　　　　　　　　　　　（高晓声《水东流》）

"唉唉"是人们在悲苦之时，发出的慨叹声。此处"'唉唉'的年代"代替多灾多难、一贫如洗的年代。

　　山上是咬着牙挨着，山下也是扎紧了腰带过日子呢。无论如何也得把粮食送上去。　　（王愿坚《粮食的故事》）

"山上"是红军驻扎和活动的地方，此处代指红军战士；"山下"却是指地方干部和群众了。

（2）对代。这是利用一件事物的两个对应的方面相代替的一种形式。可分为四个小类：

①具体代抽象。例如：

　　转业回去不图别的，老婆孩子在一块，热汤热水！

　　　　　　　　　　　　　　　　　　（李存葆《高山下的花环》）

用"热汤热水"代替"安定""舒适"这些抽象的意思。

②部分代替全体。例如：

　　教育指挥员战斗员爱护朝鲜的一山一水一草一木，不拿朝鲜人民的一针一线……　　（《毛泽东给志愿军的指示》）

"一山一水一草一木"、"一针一线"代替朝鲜人民的一切资源财富。

③特指代泛指。例如：

　　看呵，/奔你来！/学你来！──我们的大地上/正脚步匆匆！/……十个、/百个、/千万个……雷锋……/雷锋……/雷锋……

　　　　　　　　　　　　　　　　　　（贺敬之《雷锋之歌》）

"雷锋"是特指名称，这里泛指公而忘私、全心全意为人民服务的先进人物。又如：

　　我明白这是XX队派来接我的"解差"。管他是董超，还是薛

◎汉语修辞艺术谈

霸，反正得开步走，到草料场劳动去。　　　　（丁玲《牛棚小品》）
"董超"、"薛霸"是押解林冲的官差，穷凶极恶，这里代指某"战斗队"派来押解"我"的人员。"草料场"是高俅陆谦谋划陷害林冲的场所，这里代替劳动改造的场所。这些也是"特指代泛指"的类型。

④结果代原因。例如：

那些不遵守剧场秩序的人们，和小朋友们比一比，难道不觉得脸红吗？　　　　　　　　　　　　　　　　　　（《文汇报》）

"脸红"是由于"羞愧"而流露出来的表情，比直说"羞愧"要委婉些、形象些。这是"结果"代"原因"。又如：

警备队、警察、差役，一概敛迹，不敢下乡敲诈……他们看见农民的梭镖就发抖。　　　　（毛泽东《湖南农民运动考察报告》）

"发抖"是由于"害怕"引起的。这里不说"害怕"却说"发抖"，将抽象的概念具体化、形象化了。

(3) 文字代。用相关的字，代替字背后的内容，可收以简驭繁之效。例如：

过去选职代会代表，领导让谁当谁就当。现在大家投票选举，"正"字说了算。（报）

选举唱票时，一票一笔，五票一个"正"字，计票清晰、快捷。"正"字代替了民主选举，并含有公开、公平、公正之意。

印象深刻的倒是过春节，不过，重视的是"节"，也不是"春"，记得的内容，只一个字，就是"吃"。　　（茹志鹃《春颂》）

"吃"字，代替的是春节最重要、最核心的内容：一家人围坐一起，吃团圆饭的情景，以及走亲访友"吃"，迎来送往"吃"，人人吃，处处吃，时时吃的喜气洋洋的祥和景象。

绿茶和其他茶叶不同，没有经过发酵和熏制，主要靠茶叶自身天然的香味，也就是一个"清"字。　　　　（刘学林《品茶》）

一个"清"字，代替了绿茶独具的特色：清香、清新、清纯。或者说代替了"自身天然的香味"。

(二) 借代的修辞作用

明白了借代的形式特点，还应进一步懂得借代在表达上起什么作用，下面举例介绍一下：

1. 可以使语言生动起来

我们知道，人或事物的名称较为抽象，而人或事物的属性——色、味、状、态等总是比较具体、形象的。那么，根据表情达意的需要，选择某事物的显著特征代替该事物，则容易唤起人们的联想和想象，给人以具体的感受。例如，有时不说"争吵激烈"，而说"争吵得脸红脖子粗"，用这一情态，代替"激烈"的程度，仿佛令人看得见、摸得着。有时形容生活窘迫，也不说"穷困至极"，而用"揭不开锅"来代替，这就把抽象的意思具体化了，自然使人感到形象和生动。在文学作品里，这样的例子是很多的。试看下面的例子：

> 靳开来朝我使了个眼色，"哟，你瞧，一提春妮，连长的嘴就合不拢了"。　　　　　　　　　　（李存葆《高山下的花环》）

用"嘴就合不拢了"作借体，既表示了"笑"的意义，又描绘出了笑得甜蜜的样子，其内涵比一个"笑"字丰富多了，富有启发想象的魅力。

> 你肚里有墨水儿，脑瓜子又活，看个文件什么的，只要拿眼把题目一扫，里面的内容便能猜个大概。　　（贾大山《取经》）

前两句话，如果直接用"文化"和"思维"这些抽象的概念来叙述，就比较平淡；所以，作者换了一个说法，也就是用与它们有密切关系的"墨水儿"和"脑瓜儿"来代替，于是，就变抽象为具体，化平淡为活泼了。

2. 可以突出事物的特征

事物都有自己的特征，在一定的情境之中，某些特征显露得更为突出。倘能巧妙地抓住这些特征，用来代替表现对象，则能使读者既看到鲜明突出的形象，又可窥视其本质。例如：

> 战士们围着靶子，欢呼雀跃："78环！78环！"
> "喂，'艺术细胞'，瞧瞧这是不是艺术呀！"
> "可爱的雨果先生，过来，过来瞧瞧哟！"
> 　　　　　　　　　　（李存葆《高山下的花环》）

"艺术细胞"和"雨果先生"都是指段雨国，这是用人物的语言特征代其本人。段雨国读过几本外国小说，便自命连里的才子，妄想当中国的雨果。他看不起农民出身的战士，认为他们身上压根儿就没有半个艺术细胞。因此，战士们就用"艺术细胞"和"雨果先生"称呼他，饱含着讥讽。这一借代，揭示了他自命高雅和鄙薄农民战士的思想意识，又反映出战友们对这种思想意识的否定态度，而语言却是诙谐幽默的。

> 其中三个留"大背头"的，贪婪地盯着一个"瘦长脸"手里晶莹闪亮的金刚石……在抓陈光宏等人时，三个"大背头"都竭力为自己开脱……　　　　　　　　　　（《北京晚报》）

作者抓住印象最深的脸型和发型作借体，代替犯罪分子，使其形象的丑陋更为突出、鲜明，读者可透过其丑陋的形象窥视其肮脏的灵魂。

3. 可以委婉地表达情意

由于某种情境的制约，人们对某些事物，不愿意直接说出其名称，就往往换一个名称，使语意表达得委婉些、含蓄些。例如：

> 散会时，靳开来对高干事笑了笑："喂，笔杆子！一旦我靳开来'光荣'了，你可得在报纸上吹吹咱啊！"
> 　　　　　　　　　　　　　　　（李存葆《高山下的花环》）

这里两处用了借代，"笔杆子"代高干事，突出其工作性质。"光荣"，也是借代说法。为保卫祖国而死，是光荣的。但在散会后，随便开玩笑时，靳开来却不说"死"或者"牺牲"，而是用"光荣"来代替，使语意委婉，并且带上幽默、风趣的色彩，人物开朗、乐观的性格跃然纸上。

有时为了避讳某些事物，不便直说，也用借代方法表达。例如：

> 直到咽气的前几天，才对长福说，她早就象她母亲一样，不时的吐红和流夜汗。　　　　　　　　　（鲁迅《在酒楼上》）

用"咽气"代"死"，血是红色的，于是用"吐红"代"吐血"。这是说话人有意回避刺激性强烈的"死"和"血"这些字眼儿，换个说法，委婉地说出这些事情，同时也反映了人物的心理活动。

有时说话人却是故意绕个弯子，不直陈其事，此时也用借代。例如：

> （赵蒙生反驳说）"瞎吹？你回去问问你爸爸，我爸爸让他立正，他不敢稍息！"　　　　（李存葆《高山下的花环》）

赵蒙生没有直说谁的爸爸级别高，而是用"你爸爸"必须服从"我爸爸"命令的具体行动，加以说明，语意虽委婉，却有说服力。

4. 可以揭示人物的思想性格，表达褒贬感情

人的习惯、爱好、技能、情感等，往往能从他对待伴随物的态度上表现出来。所以，如果恰当地选择某些伴随物作借体，可以更为突出地显示人物的思想、性格和情感等方面的特点，从中也可以表示出说写者的褒贬态度。例如：

> 老杨同志到场子里什么都通，拿起什么家具来都会用，特别是好扬家，不只给老秦扬，也给那几家扬了一会，大家都说"真是一张好木锨"。　　　　　　　（赵树理《李有才板话》）

"木锨"是老杨同志善于使用的农具，大家便用"一张好木锨"借代老杨同志出色的扬场技术，既显示了他劳动人民的本色，又表达了群众对他的钦佩和赞扬。

> 世界已进入高消费的时代，听说日本人衣服穿脏了连洗都不洗，扔进垃圾堆里就换新的。可咱这里，"八撮毛"竟然借一个半

馒头整人，真是滑天下之大稽也！　　（李存葆《高山下的花环》）

因为梁三喜一只牙刷用得只剩下八撮毛，还舍不得扔掉换新的，段雨国看不上，于是便把梁三喜叫做"八撮毛"。从这"八撮毛"的借代用法，可以看到梁三喜艰苦朴素、克勤克俭的优良作风，同时也反映出段雨国对梁三喜及其优良作风所持的贬斥态度。

在描述人或事物时，总是根据表达的需要——肯定或否定，来择取人或事物最显著的、同时又是作者感受最深的特征，构成借代，以使表现对象的特征更显豁，作者的态度更鲜明。例如：

"呵！不得了了；人言啧啧了；我却只装作不知道，一任他们光着头皮，和许多辫子一齐上讲堂"。　　（鲁迅《头发的故事》）

"辫子"代"留辫子的学生"。在清末民初，辫子的有无，几乎成了保皇派同革命派的标志。说话人选择"辫子"作借体，恰能反映这些学生愚忠、守旧的思想，自然带着嘲讽的意味。

"义哥是一手好拳棒，这两下，一定够他受用了。"壁角的驼背突然高兴起来。　　（鲁迅《药》）

"驼背"代"五少爷"。因其"背""驼"，作者才择取这一形体上的特点，用以勾画这个前清遗少的丑陋形象，表达了厌恶的感情。

（三）如何恰当地运用借代

从上面所举的例子来看，"用事物的特征来代替事物的名称"，是借代修辞的总原则。而在我们具体运用借代的时候，还应该注意以下几点：

1. 要具备一定的语言环境

构成借代的根本因素，是本体和借体之间的关系，而这种关系，须在上下文里有所交代，或者有所透露。否则，读者难以知道什么代什么，必然影响借代的修辞效果。例如：

"老栓，你有些不舒服么？——你生病么？"一个花白胡子的人说。

"没有。"

"没有？——我想笑嘻嘻的，原也不像……"花白胡子便取消了自己的话。　　（鲁迅《药》）

因为前面已有交代"一个花白胡子的人说"，所以后面再说"花白胡子便取消了自己的话"，我们才明白这是用了借代的方法。

2. 借体要鲜明、突出

人或事物，都有若干特征。在这一情境中，这一特征显著，而在那种情境中，则那种特征突出，我们宜根据表达目的和所持态度，恰当选择。总的要求是，要选择那些既鲜明、突出，又富有典型意义的特征。例如，"知否，知否，应是绿肥红瘦。"这是在"雨疏风骤"之后，根据海棠叶浓密而花稀少的特征，分别选择了"绿"与"红"，两种最鲜明的颜色作为借体。徐迟在《哥德巴赫猜想》里有一段描写，借体的选择，同样十分恰当：

> 庄严的科学院被骚扰了：热腾腾的实验室冷冷清清了。日夜的辩论，剧烈的争吵。行动胜于语言，拳头代替舌头。

"拳头"是武斗最方便的"工具"，"舌头"是辩论最有力的"工具"。用这样的特征构成借代，会有力地启发读者的联想和想象，进而了解所描绘的情景和体会说写者的感情、态度。

3. 弄清借代与借喻的区别

由于借喻的本体不出现在比喻的形式中，因此，看起来与借代很相似，其实，二者有着本质的区别。试比较下面的两句话：

(1) 因我爱人柳岚上大学的事，妈妈竟遇上了难劈的柴。

(2) 红旗跃过汀江，直下龙岩上杭。

哪是借喻，哪是借代呢？从构成基础来看。例（1）的主旨，并非说妈妈竟遇上了"劈柴"，从上下文来看，是说遇到了"难以克服的障碍或困难"，这就是本体。那么，"难以克服的障碍或困难"同"难劈的柴"之间，有什么联系呢？除了相似之外，没有其他必然的关系。可见，例（1）用的是借喻。例（2）的题旨，也不是描写"红旗"如何，而是描写"红军"作战的情况。那么，"红军"和"红旗"之间有什么联系呢？显然，没有相似的特征，却有密切的关系。"红旗"是工农红军鲜明的标志，为突出红军队伍的形象特征，用"红旗"代替"红军"，换名而已。这是借代的用法。

值得注意的是，借喻（其他类型的比喻也如此），本体与喻体之间的相似点是虚的，也就是说，不是固定不变的。例（1）用"难劈的柴"打比方，也可用"难啃的馍"、"难和的泥"等打比方。可见，借喻（包括其他比喻）是临时性的组合。但是，借代却不然。本体与借体之间的关系则是实在的，不可改变的。例（2）里的"红旗"是"红军"的标志是如此，又如"红领巾"是"少先队员"的标志也是如此。其实人或事物自身的特征和伴随物，都有着特定的实在的关系。

从形式特点来看，借喻（或暗喻）可以还原成明喻。例（1）可写成"妈妈竟遇到了困难，就像遇到难劈的柴"。而借代则不能变成比喻的形式，如例（2），不能说"红军像红旗跃过汀江"，因为"红旗"与"红军"之间没有相似点。

这里也有一个值得注意的特点：比喻的句子，一般说，是按照喻体的形状特征，选择并搭配词语，加以描述或形容的，如例（1），"难劈"适于修饰"柴"而不适于修饰"困难"。道理并不复杂，比喻的方法，本来就是借助喻体来表现本体的，喻体描绘得愈形象、生动，就愈能充分地表现本体。借代的句子，却是根据本体的性状特征选择并搭配词语的，如例（2），"跃过"、"直下"，这些行为不可能是"红旗"发出的，而只能是"红军"的行为。道理很简单，借代，既然用借体代替了本体，那么"红旗"代指"红军"，自然仍按"红军"的特征选择并搭配词语。知道借代和借喻的区别，才会更有效地运用它们。

三、比拟

（一）比拟的特点及类型

1. 比拟的特点

比拟，就是把物当作人，或把人当作物，或把此物当作彼物来描写的修辞方法。例如：

海水，轻轻地抚摸着细软的沙滩，发出温柔的唰唰声。

（峻青《海滨仲夏夜》）

然而这一次的胜利，却又使他有些异样。他飘飘然的飞了大半天，飘进土谷祠，照例应该躺下便打鼾。 （鲁迅《阿Q正传》）

"海水"本没有人的特征，这里用"抚摸"、"温柔"来描写，使它具有了人的动作和情感。"飞"和"飘"是鸟类的动作和其他物的动态特征，用来描写阿Q的心境和行动，很明显，是将他拟作鸟和其他的物了。

比拟的构成，完全基于对表现对象的深切感受和由此而产生的强烈感情。我们知道，当人们怀着强烈感情观察外物时，会自然而然地把主观的感情转移到外物上面。因此，没有感情的物，便有了性格、感情；没有某物的属性、特征的物，便有了该物的属性特征。这种修辞方法可增强语言的生动性，并使主观感受得到充分的表达。

2. 比拟的类型

（1）把物当作人来写。这种比拟，就是把自然现象、物体或概念当作人来写，赋予它们人的思想、感情和性格，使之俨然像人，这就是通常所说的"拟人化"。

外边树梢头的蝉儿却在那里唱高调："要死哟！""要死哟！"

（茅盾《雷雨前》）

"蝉"不仅会"唱"，而且还唱出了"要死哟"的"高调"，具有了人的情感活动，这实际上是作者的主观感受罢了。

(2) 把人当作物来写。这种比拟，是基于对所描写的人，抱有强烈的或褒或贬等感情而构成的，这就是通常所说的"拟物"。

尤其是县政府豢养的警察、警备队、差役这般恶狗，他们怕下乡，下乡也不敢再敲诈。（毛泽东《湖南农民运动考察报告》）

"豢养"本指对动物的饲养，这里用来形容"警察、警备队、差役"这些人。看到他们仗势欺人、无恶不作的嘴脸和农民恨之入骨的感情，作者便把他们当作狗来描写了。

(3) 把此物当彼物来。这种比拟，是将彼物的属性、特征移于此物，以突出表现对象的特征，并将作者的感受传达给读者。

风在吼。/马在叫。/黄河在咆哮。/黄河在咆哮。

（光未然《黄河大合唱》）

"吼"、"咆哮"是猛兽震怒时发出的叫声，可是"风"怎么会"吼"、"黄河"怎么会"咆哮"呢？这是作者以满怀抗日救国的激情观察外物所获得的特殊感受：仿佛一切都怒不可遏，都同仇敌忾。于是构成比拟，生动地传达了这种感受。

以上所谈的三种类型，是针对用于某些语言片段里的比拟而言的，至于通篇的比拟，如童话、寓言、神话等，在此不想涉及。

（二）比拟的修辞作用

1. 使叙述形象生动

例如：

天空中底云雀，林中底金莺，都鼓起它们底舌簧。轻风把它们底声音挤成一片，分送给山中各样有耳无耳的生物。桃花听得入神，禁不住落下了几点粉泪，一片一片凝在地上。小草听得大醉，也和着声音的节拍一会倒，一会起，没有镇定的时候。

（许地山《春底林野》）

这是一幅"春的林野"之生动图画。鸟儿们唱起了欢快的歌，春风把美妙的歌声，吹送给林野中每一个成员，它们感动了，陶醉了。如果是这样描述，没什么新颖动人之处。而作者却借用比拟的方法，把这里的一草一木写活了。"桃花听得入神，禁不住落下了几滴粉泪……""小草听得大醉，也和着声音的节拍一会倒，一会起……"这些无情之物，具有了人的浓厚情感，具有了人的动作情态，把林野中春的活力，春的鲜美写得灵活活现。

抽象的事理，有时也可以用比拟的方法形象化，使论述生动活泼起来。

例如：

最后则是事实先生跑将出来，给这些空谈家一瓢冷水，证明他们不过是一些贪便宜、想少费气力多得收成的空谈主义者。

（毛泽东《论持久战》）

把"事实"这一概念拟人化，称之为"先生"，它"跑将出来"给空谈家们"一瓢冷水"。这些形象鲜明的动作，生动地说明了客观事实的强大说服力，并能使人想象出空谈主义者在现实打击下狼狈不堪的样子。这样阐述事理，变抽象为形象，幽默、风趣，引人入胜。

2. 使感情褒贬分明

例如：

西瓜虽美，可是论香味便不能不输给香瓜一步。况且，香瓜的分类好似有意的"争取民众"——那银白的，又酥又甜的"羊角蜜"假若适于文雅的仕女吃取，那硬而厚的，绿皮金黄瓤子的"三白"与"蛤蟆酥"就适于少壮的人们试一试嘴劲，而"老头儿乐"，顾名思义，是使没牙的老人们也不至向隅的。

（老舍《四世同堂》）

西瓜，论香味，无可奈何地输给香瓜一步；而香瓜还有胜过西瓜一筹的本领，就是能"争取民众"，即可以满足仕女、少壮、老人等不同人的需求。显然，把西瓜、香瓜当作人来写了。它们如此多姿、如此多情、如此美好，其实，这正是北平人民，在太平年月里，对自己劳动果实深深珍爱的感情和享受这些果实时愉快幸福的心情的反映。如果直说：西瓜虽美，但香味儿比不上香瓜，而且香瓜品种多，不同口味的人可以任意选择。很明显，在形象性和生动性方面，尤其在感情色彩方面，远远不如比拟方法表现得那样鲜明、那样突出、那样强烈。又如：

凡走狗，虽或为一个资本家所豢养，其实是属于所有的资本家的，所以它遇见所有的阔人都驯良，遇见所有的穷人都狂吠。

（鲁迅《"丧家的""资本家的乏走狗"》）

对梁实秋等，不称"帮凶"，而称"走狗"；不说"收买利用"，而说"豢养"；不说"和顺善良"，而说"驯良"；不说"疯狂叫骂"，而说"狂吠"，是把这些政客文人当做狡猾凶恶的狗来写，使憎恶痛恨的感情更突出更强烈。

3. 使气氛更加浓郁

例如：

"嗡啦"一声！／锻件象一团火球／，滚到地上；／它老兄还没站稳，／咱的铁钳呀，／就把它按倒砧子上！

锵！／锵！大锤头愤怒得发疯，／又高兴得发狂！／挺着脖子，

◎ 汉语修辞艺术谈

喘着粗气,／可着劲儿往下闯！

(《朗诵诗选·锻》)

对"锻件"、"铁钳"和"大锤头"用拟人的方法加以描写,尤其"大锤头",写得生龙活虎,有力地渲染了锻铸工人劳动时那种紧张欢快的气氛。

群山肃立,江河挥泪,辽阔的祖国大地沉浸在巨大的悲痛之中。　　　　　　(《敬爱的周恩来总理永垂不朽》解说词)

把"群山"、"江河"、"大地"当作人来描写,它们的"肃立"、"挥泪"和"悲痛",实乃人们哀痛达到极点时所看到的外物的形象。可从这些形象给人的感受来看,却渲染了一种悲伤、压抑的气氛,使听读者产生感情上的共鸣,自然地进入这些词语所描绘的境界。

综上所述,不论拟人还是拟物,都是为把表现对象的特征和人的强烈感受融为一体,以达到更生动地表现事物和更充分地抒发感情之目的。

(三) 如何恰当地运用比拟

1. 要有真实而强烈的感情

比拟是强烈的喜、怒、哀、乐等感情在特定条件下,转移到表现对象上面,产生人与物、物与物交融的结果。如果没有这种感情基础而勉强为之,不会有动人的力量。总之,表达需要则用,不需要则不用。

叶圣陶《前途》原文有一段叙述：

"嫁时的几件衣裳……略为体面一点的,藏在一只不充实的箱子里头,逢到天气好太阳老的时候,便取出来晒着,算是温温旧日的情谊,等一会,重又请它们回入箱子里。"

后一句用比拟描写。可是,从前文的描写来看,对"衣裳"的"藏"与"取",都是一般的叙述,到把"衣裳"放回箱子里时,也没有特别的感触和激动的情绪,无须乎把"它们"拟人化,所以,作者后来改为："……等一会,重又塞进箱子里。"这样,前后一致,自然和谐。

2. 要顾及事物的特征

既然是"比拟",其中就多少含有"比"的因素。也就是说,这虽是情感的转移活动,但在拟人或拟物的联想中,也要注意表现对象和拟体之间特征的协调。否则,会影响表达效果。例如：

当杏子还没断绝,小桃子已经歪着红嘴想取而代之。

(老舍《四世同堂》)

将"小桃子"拟人化,是从它的动作和思想两个方面来写的。而"歪着红嘴"是根据桃子的性状特征联想的,"取而代之"的思想,是根据杏季将过,桃子已近成熟,二者先后相承的自然现象想象的。如果说,"桃子张着

— 154 —

红嘴",不仅形象特征不相符,就是感情色彩也很不协调。所以,运用比拟,一定要顾及本体的特征。

3. 感情、态度要分明

比拟,一般说,多表示对表现对象的态度和感情。尤其把人当作物来写,将其拟作什么,应注意褒贬的态度和感情要清晰、明朗。否则,不利于表情达意。例如:

  天气虽然不暖,蒲公英却已经开了,柔弱的茎上顶着小黄花,雄赳赳地站在路旁。

这里把蒲公英拟人化了。既然是"柔弱的茎……",怎么能给人以"雄赳赳"的感受呢?是表达怜惜的感情还是颂扬的感情,便模糊不清了。这是由于形象特征没有把握好所造成的。

4. 要弄清比拟和比喻的区别

比喻旨在"喻",凭借两种事物之间的某些相似,构成甲像乙的格式。用乙描写甲,即使暗喻、借喻,甲、乙仍是异类。而比拟旨在"拟",就是把甲当作乙来描写,使甲具有乙的属性特征,甲乙已经融为一体了。例如:

  在百鸟群里,百灵鸟是最优秀的歌手。
  春天来了,百灵鸟在高声歌唱,歌唱爱情,歌唱幸福。

第一例,"百灵鸟"同"歌手"之间是相似关系,是暗喻。第二例,"百灵鸟"不仅会"歌唱",而且唱的还是"爱情"、"幸福",具有人的情感活动,鸟与人融为一体,很明显,是比拟。

四、夸张

(一)夸张的特点及类型

1. 夸张的特点

所谓夸张,就是在客观实际的基础上,发挥丰富的想象力,故意将事物的某些特征加以扩大或缩小,以便更充分地描写事物和表达感情。例如:

  "常二爷的心跳到口中来。" (老舍《四世同堂》)

"心跳到口中来",是绝对不可能的,这是夸张的说法。这是根据常二爷非常紧张的心理状态,想象出这副形象,极言其心情紧张而已。又如:

  他(二诸葛)就指着小二黑骂道:"闯祸东西!放了你你还不快回去?你把老子吓死了!不要脸!" (赵树理《小二黑结婚》)

事实上,二诸葛并没有被吓死,他故意地用"死",将害怕的程度夸大到了极点,使其对小二黑的怨恨得以充分地表达。

由上举两例,可以看出,夸张的显著特点,就是要"言过其实"。换句

◎汉语修辞艺术谈

话说，夸张要说出事实上绝对不会有的事，不能让人信以为真，但是，还要使人听了点头认可。

2. 夸张的类型

就夸张所表现的内容而言，可分为两大类型：

（1）扩大型。根据说写者的主观感受和表达的需要，将表现对象的形象、数量、程度、作用等，故意说得比实际上要高、要大得多。例如：

　　瑞宣没瞪眼，而只淡淡地看着小老鼠，老鼠发了怒："你的厉害，你的也会穿木鞋的！"说罢，他扯着极大的步子走开，好像一步就要跨过半个地球似的。　　　　　　（老舍《四世同堂》）

步幅再大，也绝不会"一步跨过半个地球"，但这一夸大了的形象，却能将小老鼠气急败坏的样子，表现得更为突出，更为鲜明。在口语中，人们也爱使用这类夸张："胆大包天"、"顶天立地"、"一落千丈"、"一句话噎死人"，等等，都是扩大型的夸张。

（2）缩小型。根据说写者的主观感受和表达的需要，将表现对象的形象、数量、程度、作用等，特意说得比实际上要低、要小得多。例如：

　　（喜子）答道："就你这巴掌大的小县城？告诉你吧老乖乖，开开眼光……往近了说，小地方还住过武汉三镇！漫说你转不过屁股的小布丁点的县城，就是千门万户也认不错门，也分得清敌友我。"　　　　　　　　　　　　　　　　（梁信《龙虎风云记》）

县城再小，也不会像"巴掌"那么小，也不会"转不过屁股来"。这是小说中说话人为突出指导员驰骋南北，见过世面，而故意将此县城的形象加以缩小了。这类夸张，生活中也常常听到："这二亩地打不了几颗粮食"、"肚子里搁不住半句话"、"说话的声音比蚊子还小"，等等。

（3）超前型。事物的发生、发展、结束，总是依循着一定的时间顺序进行的。而超前型夸张，却一反常规，"将后出现的事物说成超前出现，或与前一事物同时出现；或者把本来同时出现的事物说成有先有后。"（王德春主编《修辞学词典》）试看下面的例子：

　　"请"字儿未曾出声，"去"字儿连忙答应；早飞去莺莺跟前，"姐姐"呼之，喏喏连声。　　　　　　　　　（王实甫《西厢记》）

按常理，都是先说"请"之后，再答应"去"，最后才去"莺莺"跟前。可是，张生呢，别人还没说"请"字，他却答应"去"了，而且"早飞去"莺莺跟前了。这种超前的夸张的语言，生动地描绘了张生想见莺莺的急不可待的心情，新奇有趣。又如：

　　"你这烟不错，是蛟河烟。没错，是蛟河烟。"

"嘀！行家嘛！你什么时候学会抽烟的？"

"在娘肚子里我就会抽两口了！" （陈放《白与绿》）

这是明显的超前夸张，极言其抽烟历史之长久，甚至到了不可置信的地步，但读来，让人感到风趣幽默，蛮有意思。

（二）夸张的方法

构成夸张，一般说有两条途径：

1. 直接夸张

利用某些词语，直接将表现对象的特征扩大或缩小，从而达到夸张的目的。例如：

不知道这些说法是不是完全可靠。但是，搁不住各人一张嘴，十张嘴就能说活一个死人。 （康濯《春种秋收》）

"死人"是"说"不"活"的，可是此处却如此肯定地说"就能说活"，显然是夸张。目的在于渲染舆论的力量是极大的。

每一个都打扮得那么花哨好看，小妞子都看呆了，嘴张着，半天也闭不上！ （老舍《四世同堂》）

"嘴张着，半天也闭不上"，是不可能的，也是夸张的说法，这些词语，直接将妞子"看呆了"的样子加以夸张，以突出妞子感到惊奇的心理和情态。

2. 间接夸张

借助某些修辞方法，将表现对象的特征加以扩大或缩小，从而达到夸张的目的。例如：

刘明华家只有九亩地，房子又矮、又旧，院子小得象个手巴掌……
（刘真《春大姐》）

"院子"有多小？没有直接说。作者打了个比方："象个手巴掌"，让读者通过喻体的形象，去想象"院子"小得是何等可怜。

晓荷老老实实的立了起来。一起来，他就看了城墙一眼，他恨不得一伸胳膊就飞起来，飞到城墙那边。 （老舍《四世同堂》）

钱诗人放了冠晓荷，冠晓荷以为是"死里逃生"的万幸，此时此刻，他把自己想象成会飞的鸟，这是比拟的说法。他恨不得"一伸胳膊"就飞回城里——他的最安全的安乐窝，这又是夸张。通过比拟把冠晓荷此时此刻的心理状态加以夸张，以突出他想逃离险境的心情之急切，已是无以复加了。

此外，还可以通过借代、示现、呼告等修辞方法达到夸张的目的。

（三）夸张的修辞作用

夸张，不论采用什么方式，将描写对象的特征扩大或者缩小，都会使所描绘的形象和它实际的样子有很大出入。说写者正是通过这种夸张了的鲜明

◎汉语修辞艺术谈

形象，表现难以描绘的物象，抒写难以表达的情感。而听读者，也正是借助这种夸张了的形象，去认识表现对象，去体会它所蕴藉的情思。

某些事物，有时即使用细致的笔墨，也难以描写得很精到；而一旦使用夸张，则能极尽其性质、状态。例如：

> 我同时便机械地拧转身子，用力往外只一挤，觉得背后便已满满的，大约那弹性的胖绅士早在我的空处胖开了他的右半身了。
> （鲁迅《社戏》）

说人多拥挤，即便用"非常"、"极其"之类的副词，也未必描写出拥挤的能使人感受到的极高的程度。鲁迅用"大约那弹性的胖绅士早在我的空处胖开了他的右半身了"这夸张的形象，描写出没有丝毫缝隙的情景。读者由这形象，便展开想象，想象到有多么拥挤，就多么拥挤，进而体会"我"的贬斥之情。

> 两面奇峰对峙着，满山峰都是奇形怪状的老松，年纪怕不有个千儿八百年！颜色竟是那么浓，浓得好象要流下来似的。
> （杨朔《泰山极顶》）

"颜色竟那么浓"，已经是很高的程度了，但是，从作者的感受来看，仍嫌不足，再怎么写呢？很难下笔。于是，作者张开想象的翅膀，将静态的颜色拟作流动的物体，即通过比拟加以夸张，极尽其"浓"的特征。这样，读者不仅在脑子里"看见"了千年老松充满活力的雄姿，而且在心中会自然地产生热爱和赞叹的感情。

人物的特征和情感活动是复杂的，固然用其他修辞手段可以表现，但当这些手段难以胜任时，夸张，却能使其表现得更为突出，更为鲜明，更为充分。例如：

> 莫夸财主家豪富，财主心肠比蛇毒。
> 塘边洗手鱼也死，路过青山树也枯。　（电影《刘三姐》）

后两句，谁也不会认为是事实，但又觉得入木三分，淋漓痛快。因为这些用夸张树立起来的形象，异乎寻常，足以使人为之一惊。自然会激发人们的联想和想象：树和鱼尚且枯、死，何况人呢？究竟怎么狠毒，读者可在这夸张了的形象引导下，充分地去想象，这就极大程度地揭露了财主心肠的狠毒。

> 他（常二爷）不敢抬头，而把牙咬得山响，热泪顺着脖子往下流。
> （老舍《四世同堂》）

作者抓住了常二爷咬牙的表情来描写，把咬牙发出的声音加以扩大，扩大到"山响"的程度。这巨大的响声，足以震撼读者的心灵，激发想象的活力。于是，常二爷受到日本人让他下跪的侮辱时，那副极度愤恨的情态，便呈现在我们面前,那种悲愤的强烈感情,在我们心中引起了共鸣。

  我这时突然感到一种异样的感觉,觉得他满身灰尘的后影,刹时高大了,而且愈走愈大,须仰视才见。 (鲁迅《一件小事》)
如果说,"车夫那么高大,而我多么渺小",未尝不可。然而,缺乏形象性、生动性和鲜明性,也似乎言未尽意。而鲁迅用了夸张,把"我"思想认识发生巨大变化、感情激动难抑时,所看到的车夫的身影,扩大到"须仰视才见",这是何等奇特的形象。想象中的视觉形象如此奇特,恰恰反映了"我"思想的剧变,使热情的颂扬,无比的崇敬和深深的内疚交织在一起的复杂激烈的心理活动,表现得这么充分,这么鲜明突出,是平铺直叙的描写难以比拟的。

  总之,利用夸张,有时可以将难以描写的事情,写得性状无遗,将难以表达的情思,抒写得淋漓尽致。其目的,正如高尔基所说:"艺术的目的在于夸大好的东西而使其他显得更好;夸大有害于人类的东西,使人望而生厌。这种方法也是语言的一种有用的艺术。"(《高尔基论文学》)

  (四)如何恰当地运用夸张

  恰当地运用夸张,就是既要言过其实,又不能让人信以为真,还要将描写对象充分地表现出来,给人以强烈的感染。为收到这样的效果,应注意以下几个问题:

  1. 要从客观实际出发

  所谓从客观实际出发,就是说,不论扩大还是缩小事物的特征,都要符合客观事物的规律性,不能任意为之。否则,令人难以置信,势必影响表达效果。《文心雕龙·夸饰》所说的"饰而不诬"就是这个意思。可是,有人却忽略了这一点。例如,有的习作里有这样的句子:

  他是劳动能手。春天耪地,他总是脚不点地冲在别人头里。
这是耪地,不是赛跑。在不伤害禾苗,又不漏掉杂草的基础上,速度快,才是值得赞扬的。如果速度快到"脚不点地",免不了要伤苗漏草,这样的"劳动能手",令人难以信服。这一夸张,违背了锄地的基本要求。

  作家们总是很慎重地对待夸张的,表达上需要夸张,则恰当运用;倘若不需要,便勇于割爱。例如,峻青的著名散文《秋色赋》,初稿写道:

  那时候,天气很冷,潍河里还在流着浮冰,平原上整天价在刮扬天揭地的老黄风。人们就在这大风中刨地种田……
"老黄风"刮得"扬天揭地",可谓大矣;而人们就在这大风中"刨地种田",这都是夸张的说法。然而,这怎么可能呢?对大风的夸张,与"刨地种田"的活动相矛盾;对"刨地种田"的夸张,又没有现实基础,这一夸

◎汉语修辞艺术谈

张，就失去真实性和感人的力量。所以，作者定稿时改为"……平原上整天价在刮着大风……"，照实写来，不用夸张，表达效果反倒更好。

鲁迅先生在《漫谈漫画》中曾指出："漫画虽然有夸张，却还是要诚实。'燕山雪花大如席'，是夸张，但燕山究竟有雪花，就含有一点诚实在里面，使我们立刻知道燕山原来有这么冷。如果说'广州雪花大如席'，那可就变成笑话了。"这段话，透辟地说明了运用夸张应遵循的一条原则。

2. 要有分寸，合情合理

恰如其分的夸张，才富有艺术感染力。假如"夸张"到过分的地步，便于情理不合，也就失去了它应有的作用。因此，《文心雕龙·夸饰》里提出"夸而有节"的要求。

在语言交际活动中，夸而"无节"的例子时有所见，例如：

　　我的心象装上个高频率震动器似的跳个不停。　　（《报》）

看到这样心脏跳动的"我"，读者会想到什么呢？首先是"我"是否还能活着。因为把心脏跳动夸张过了头，令人难以相信。

诗人石祥在《周总理办公室的灯光》一诗里，对夸张的推敲、修改，很值得借鉴：

原稿：

　　最难忘十年……呵，／周总理几乎没睡一分一秒！／……连续作战，／辛勤操劳，／从黎明直到深夜，／从傍晚又到明朝。

"几乎没睡一分一秒"，夸张得实在过分；"从黎明直到深夜，从傍晚又到明朝"，不合事理，也不合情理。这样歌颂周总理废寝忘食的工作精神，反倒不能使人感到真实可信，所以作者作了较大的修改：

前两句改为："最难忘十年……呵，周总理休息得更少，更少"，改夸张为写实。后两句改为："从黎明直到傍晚，从深夜又到明朝"，仍有夸张，说明总理夜以继日地工作，有分寸，合情理，效果比原稿好。

"夸而有节，饰而不诬"是运用夸张的基本要求和原则。正如刘勰所说："然饰穷其要，则心声锋起；夸过其理，则名实两乖。"（《文心雕龙·夸饰》）就是说，根据表情达意的需要，抓住表现对象的本质特征，加以恰如其分地扩大或缩小，才能在听者读者心里迅速引起共鸣。如果夸张到超过事理的一定限度，则成为荒诞之谈，令人望而生厌。

3. 要力求明显

夸张过分，固然不好；但是，夸张不充分，让人分不清是写实还是夸张，也不会收到良好的效果。所以，在写人、叙事、状物和抒情时，若是有意识地运用夸张，就应当使之明显，让人一看就知道是夸张。例如：

> 忽然的他（常顺）醒了，车已经停住。他打了个极大地哈欠，像要把一条大街都吞吃了似的。　　　　　　　　　　（老舍《四世同堂》）

倘若只说"打了个极大地哈欠"，并非夸张，而又说"像要把一条大街都吞吃了似的"，则是夸张了。这是用事实上绝对不会实现的事，形容他极度困乏的样子。

夸张必须"言过其实"，唯其如此，才能达到"发蕴而飞滞，披瞽而骇聋"的效果。

4. 要注意使用范围

不同题旨、不同对象、不同语体，对语言风格的要求也不同。夸张，作为一种语言艺术，在运用时，就不能不考虑上面这些因素。一般说，在文艺语体里，夸张运用得比较广泛；而在调查报告、经验总结、契约公司、司法公文以及科学论文中，夸张则很少使用，或者不用。

这里，有一个问题值得注意，就是在阅读欣赏文艺作品时，不要把语言艺术的夸张，与科学的论断等同起来，否则，便不能正确认识和运用夸张。拿杜甫《古柏行》中的两句诗来说吧，他看到诸葛亮祠堂里的两棵高大的古柏，又想到诸葛亮的不朽业绩，于是，情不自禁地赞叹道："霜皮溜雨四十围，黛色参天二千尺"。到了宋代，大科学家沈括读后，却发现了"毛病"。在他的名著《梦溪笔谈》中指出，若周长四十围，那么，径长就是七尺；可是高却二千尺，这树岂不是太细长了吗？因此，他认为这两句诗是老杜的败笔。你看，杜甫用夸张方法创造的艺术形象，沈括偏要用数学公式去推算、衡量，自然不会认识这一艺术形象的美学价值，结果在历史上留下了一个大笑话。

要知道，艺术的真实，不只是生活的真实。尤其夸张的艺术，乃是在鲁迅所讲的那点"诚实"之基础上，驰骋想象，对事物特征进行扩大或缩小的加工而创造出来的，诸如"白发三千丈"、"飞流直下三千尺"、"黄河之水天上来"、"六亿神州尽禹尧"、"惊回首，离天三尺三"等，"词虽已甚，其义无害也"。创作的实践和欣赏的经验告诉我们，对于夸张，写气图貌不求其真，而表情达意则求其准。

五、示现

（一）什么是示现

把不在眼前的事物加以生动形象的描绘，使听读者如见其人、如睹其物、如临其境，这种修辞方式叫示现。例如，毛泽东的《沁园春·长沙》，在描写了眼前景物和抒发了激壮情怀之后，笔锋突然一转，写道：

◎汉语修辞艺术谈

携来百侣曾游，忆往昔峥嵘岁月稠。恰同学少年，风华正茂；书生意气，挥斥方遒。指点江山，激扬文字，粪土当年万户侯。曾记否，到中流击水，浪遏飞舟？

这里将少年时代的生活、斗争的图景，以及那时意气风发的精神状态，再现于读者面前。这就是用示现方法构成的犹在目前的艺术境界。

（二）示现的类型

（1）追述示现。追述示现，就是把已经过去的人事或场景，描述得仿佛就在眼前。例如：

那不是你吗？
敬爱的周总理，
人大会堂，正传出你爽朗的笑声，
天安门前，又走过你矫健的步履，
你刚听完
一个工地会战的汇报，
又问起灾区
每户人家的油盐柴米；
……

（李瑛《一月的哀思》）

"传出……笑声"、"走过……步履"、"听完……汇报"、"问起……油盐柴米"是周总理生前忙碌的身影及其音容笑貌。诗人发挥丰富的想象力，把这些再现出来，而且活灵活现。读者可借助如此生动形象地描写，想象出总理辛勤忙碌的情状和忘我工作的精神，也可体会到诗人深切怀念和无限崇敬的情感。

（2）预言示现。预言示现，即将未来出现的事物和情景，描述得好像已经展现在眼前。例如：

"造反？有趣……来了一阵白盔白甲的革命党，都拿着板刀、钢鞭、炸弹、洋炮、三尖两刃刀，钩镰枪，走过土谷祠，叫道，'阿Q！同去同去！'于是一同去。"

"这时未庄的一伙鸟男女才好笑哩，跪下叫道，'阿Q，饶命！'谁听他！第一个该死的是小D和赵太爷，还有秀才，还有假洋鬼子……留几条么？王胡本来还可留，但也不要了……"

（鲁迅《阿Q正传》）

阿Q对革命的形式、革命的对象、革命的目的有自己的理解和认识，这里用预言示现的方法，将他想象中的革命行动和革命后的状况，形象生动地再现出来了,仿佛看得见,听得到,摸得着。

(3) 悬想示现。悬想示现,就是把人物主观幻想的境界,描写得历历在目,不论在视觉、听觉还是触觉,都有真切实在的感受。例如:

我看见
　　你们——
　　　　我们古代的诗人们!
你们正站在云端
　　向我们
　　　　眺望。
在我们的合唱声中,
　　传来
　　　　你们的惊叹声,
在我们的工作服上,
　　投下
　　　　你们羡慕的眼光……

(贺敬之《放声歌唱》)

诗中所写的古代诗人们"向我们眺望"、发出"惊叹声"和投下"羡慕的眼光",都是诗人想象中的情景,而这些幻想的形象写得这样的栩栩如生,把我们带入一个今人与古人对话的奇异的世界,从而有力地衬托了我们的伟大业绩。

(三) 示现的作用

示现是驰骋想象,将不在眼前的事物绘声绘色地展现在读者面前,自然寄托着作者的情思。对于读者来说,这样的生动形象的描写,容易激发想象的活力,想象中复制出过去的,未来的,或者幻想的事物及情景,不仅可以更真切地领悟作者的思想认识,还可以受到感染,获得美的享受。请看下面几个例子:

　　回头再望望亲爱的太行山,在重重高山的后面,在一道深深的
山谷里,柿子核桃的树荫中,有一座石板造的小屋。我的大姐,还
默默守在那个小窗前,静听着高山的瀑布,日夜不停地往下流,流
向村庄,流向遥远的树林中。　　　　　　(刘真《长长的流水》)

"我"已经随部队来到华北大平原,但是自己生活过、战斗过的地方,尤其由衷爱戴的大姐,仍在脑中不断地浮现。这里用追述示现的方法,把太行山的一山一水,一草一木,以及大姐的一举一动,一颦一笑,写得如在目前,让我们体味"我"依恋不舍的深情。

◎汉语修辞艺术谈

郭小川在《秋歌》里写道：
　　我知道，总有一天，
　　我会衰老，老态龙钟；
　　但愿我的心，还像入伍时候那样年轻。
　　我知道，总有一天，
　　我会化烟，烟气腾空；
　　但愿它像硝烟，火药味很浓，很浓。

诗人用预言示现的方法，对自己未来的想象加以描绘：一个老当益壮的高大形象，一种死而不已的革命精神，十分鲜明、生动地表现出来了。这些虽然都是未来的事情，但写得如在目前，读者可借助这样的描绘，直接感受到诗人炽热的感情。

作者总是根据不同的内容——人物在特定环境中的不同想象，选择不同类型的示现的。例如：
　　单四嫂子的眼泪宣告完结了，眼睛张得很大，看看四面的情形，觉得奇怪：所有的都是不会有的事。她心里计算：不过是梦罢了，这些事都是梦。明天醒过来，自己好好的睡在床上，宝儿也好好的睡在自己身边。他也醒过来，叫一声"妈"，生龙活虎似的跳去玩了。
　　　　　　　　　　　　　　　　　　　　　（鲁迅《明天》）

单四嫂子眼前出现的使她感到幸福的图景，是根本不能看到的，这只不过是她的幻想而已。根据这一特殊的心理，选用了悬想示现，把她的幻觉描绘得如此真真切切——生活依旧安详美好，孩子依旧生龙活虎。这就与残酷的现实，形成强烈的对比，落差愈大，便愈显出其丧子的痛苦哀伤，也就愈能感染读者。

总之，追述示现，往往反映出人们对过去事物的回忆，所表达的或者是美好情景的记忆，或者是难以抚平的伤痕；预言示现，常常反映人们对未来前景的向往，或者对未来不测的假设；而悬想示现，则是幻想的境界，是人物特殊心理的变异反映。

（四）示现的运用

1. 要以客观现实为基础

不论哪一种示现，都是超越时空，超越实际存在的。但这并不是说可以凭空想象，它是在客观现实基础之上充分发挥想象力而构成的。追述示现，基于曾经感受过的事物；预言示现，根据某种现实进行推论而想象出它的前景；悬想示现，则是在强烈的主观愿望冲击之下幻想出某种情景。示现的事物，不管能不能变为现实的存在，都必须合乎情理，不得凭空乱想。

2. 要有深切的感受

对所表现的事物，诸如肯定或否定，热爱或憎恶，欢喜或痛苦等，如果缺乏深切的感受，没有在心灵深处留有刻骨铭心的烙印，就很难激发联想和想象的活力，而展开奇异的想象。也就不可能将"过去的"事物，"追述"回来；将"未来的"事物，"预言"出来；将"幻想的"事物，"悬想"出来；而且那么绘声绘色，活灵活现，让读者大有身临其境之感。

第二节　形式——优美醒目

对偶、排比、反复、顶针、回环这五种修辞方法，有一个共同的特点，就是形式整齐有序。或者说，对所表达的内容，组织成若干个均匀的部分，再用整齐有序的语句表达出来，很讲究"布置"的艺术。很明显，这些修辞方法，都具有形式美的特质，让人感到优美醒目。

一、反复

（一）反复的特点以及类型

1. 反复的特点

为了强调语意和充分地抒发感情，有意地重复使用某些词语或句子，这种修辞方法叫反复。例如：

小顺儿又哭了，哭得很伤心。"哭！哭！你就会哭！"她气哼哼的把他扯进家来。　　　　　　　　　　（老舍《四世同堂》）

韵梅对小顺儿受日本孩子欺侮而不敢还手，只是哭，非常气愤。在训斥小顺儿时，用一个"哭"，不足以强调这种软弱行为和表达她对这种软弱行为的气愤，于是，又用了第二个、第三个"哭"字。这是词的反复。

老人把槐树下的一场战争详细说了一遍。

瑞宣笑了笑："放心吧，爷爷，没事！没事！教小顺儿练练打架也好！"　　　　　　　　　　　　　　（老舍《四世同堂》）

祁老人认为连韵梅也参与了这场"战争"，是惹了大祸，惶恐不安。瑞宣为解除他的顾虑，并让他听得明白、清楚，特意把"没事"重复说出来，强调出"没有什么了不起的"这一意思。这是词组的反复。

光明呀，我景仰你，我景仰你，我要向你拜手，我要向你稽首。　　　　　　　　　　　　　　　（郭沫若《屈原》）

屈原对光明的无限崇敬和迫切追求，使他的情绪激动起来了，不反复倾诉不足以表达其"景仰"的炽热和诚挚。这是句子的反复。

◎汉语修辞艺术谈

看来，反复是在语意需要加以强调和感情强烈难抑的基础上，对词语或句子的巧妙布置。

2. 反复的类型

一般说，反复分为连续反复和间隔反复两种。

（1）连续反复。连续反复，就是让同一的词语或句子接连出现，中间没有别的词语相隔。例如：

呵！响起来，
　　响起来，
　　　　响起来吧！
我们阶级大军的
　　　　震天号声！
敲起来，
　　敲起来，
　　　　敲起来呵！
我们革命人生的路上
　　这嘹亮的晨钟！……

（贺敬之《雷锋之歌》）

"响起来"和"敲起来"都连续出现三次，无其他词语相隔。

（2）间隔反复。间隔反复，就是让同一的词语或句子间隔地反复出现，反复的词语或句子之间有其他词语相隔。例如：

这天晚上，我怀着极度的痛苦，坐在我和你一同睡过的那间房里，就是在这房里，你曾向我倾吐过你对罗群的深深地爱，就是在这房里，我们不断响起欢乐的青春的笑声，也就是在这房里，我们谈到对党对事业对爱情都应无限忠贞。　（鲁彦周《天云山传奇》）

"就是在这房里"反复出现三次，而中间都有句子隔开。

（二）反复的修辞作用

1. 强调语意

用反复的方法，可以把语意突出出来，同时使听读者接受反复的语句的刺激，以引起注意。例如：

我看到樱花，往少里说，也有几十次了。在东京的青山墓地看，山野公园看，千岛渊看……在京都看，奈良看……雨里看，雾中看，月下看……　　　　　　　　　　　（冰心《樱花赞》）

作者把八个"看"字，恰当地组织到表示地点和情景的语句里去，构成反复，突出了观赏樱花次数之多，给读者留下深刻的印象。这时你会自然地领

166

悟到作者的真正意图不止于此,还在于告诉作者,日本到处都是樱花,以及她对樱花的兴趣之浓,感情之深。又如:

> 当时,罗群是泪流满面说的,这个硬汉子,我从来没见他这样哭过,他哭,群众哭,我也哭。（鲁彦周《天云山传奇》）

"哭"字反复出现,在于强调,罗群等看到吴遥一伙使党的事业遭到巨大损失而又无法挽回时内心的悲痛,突出地说明,尽管吴遥等人把罗群打成右倾,但他的心却同群众紧密联系,同党的事业紧密相连。若说"他、群众、我都哭"也未尝不可,但"哭"这一重要的情感活动,仿佛冲淡了,自然其感染力也有所减弱。

2. 抒发感情

古人讲,"言随意遣"。的确,人们的感情激动起来,或激越,或缠绵,"非一词而足也",这时,不反复诉说,便不能足其意,尽其情。反复正适合表达这种感情。例如:

> 电,你这宇宙中的剑,也正是,我心中的剑。你劈吧,劈吧,劈吧!把这比铁还坚固的黑暗,劈开,劈开,劈开!
>
> （郭沫若《屈原》）

楚国腐朽黑暗,屈原无法忍受,恨不得立刻把这黑暗劈开、打碎。这种激愤的感情已经到了不可遏制的程度。试想,假如用一个"劈吧"或者"劈开",就好像给汹涌狂怒的感情波涛,只开了一个小小的洞口,滞塞不畅,而将"劈吧"和"劈开"分别接连排列起来,就像猛地打开闸门,感情的怒涛便喧泻奔腾,淋漓尽致。再看一例:

> 终于过去了
> 中国人民的哭泣的日子,
> 中国人民的低垂着头的日子;
>
> 终于过去了
> 日本侵略者使我们肥沃的土地上长着荒草,
> 使我们肚子里塞着树叶的日子;
>
> 终于过去了
> 美国的吉普车把我们像狗一样在街上轧死,
> 美国大兵在广场上强奸我们妇女的日子;
>
> 终于过去了

◎汉语修辞艺术谈

> 中国最后一个黑暗王朝的统治!
>
> （何其芳《我们最伟大的节日》）

这一伟大的节日，是中国历史的伟大转折。此时此际，诗人不能不想到过去，不能不倾诉中国人民所遭受的苦难和控诉帝国主义的暴行。多少侮辱，多少苦难，多少血泪，然而，这一切都已经一去不复还了。诗人的感情迸发了，每诉说一种苦难和控诉一桩罪行，都以压抑不住的激情首先呼喊出"终于过去了"，而且用间隔反复的形式出现，意在强调这一转折的伟大历史意义。同时也抒发了打碎沉痛的过去迎来解放的现在，那种拨云见日般的轻松欣喜之情。

3. 表现心理

揭示人的心理活动，方法很多，有时借助词语的反复，可以表现处于某种境况中的心理状态。例如：

> 孔乙己显出极高兴的样子，将两个指头的长指甲敲着柜台，点头说，"对呀对呀!……回字有四样写法，你知道么？"
>
> （鲁迅《孔乙己》）

"对呀对呀"是孔乙己对小伙伴回答的肯定、赞许和鼓励。读到这里，我们可以想见，孔乙己得到满足时的极为高兴的样子和兴奋的心情。又如：

> "女人，女人"他想。
>
> "和尚动得……女人，女人!……女人!"他又想。
>
> （鲁迅《阿Q正传》）

作者没有用细致的笔墨描写阿Q的心理活动，而是巧妙地用了极为简洁的反复"女人，女人!……"表现阿Q此时求偶欲望之强烈以及思而未得、辗转反侧的苦恼。

> 听长顺进来，她猛孤丁的坐起来，直着眼看他。她似乎认识他，又似乎拿他作一切人的代表似的："他死得冤！死得冤！死得冤！"
>
> （老舍《四世同堂》）

作者将小崔媳妇的动作和语言结合起来，向读者展示她这时的心理状态。从她的话"死得冤"三次反复中，我们会感受到她由于极度悲哀，极度愤恨而到了不能自控的地步。类似的例子，在古典文学作品里也时有所见。陆游的《钗头凤》就很典型：

> 红酥手，黄滕酒，满城春色宫墙柳。东风恶，欢情薄。一怀愁绪，几年离索。错！错！错！
>
> 春如旧，人空瘦，泪痕红浥鲛绡透。桃花落，闲池阁。山盟虽在，锦书难托。莫！莫！莫！

陆游在沈园又遇见前妻唐琬,真可谓思绪万千了。多少美好的回忆,多少难言的悲苦,多少无奈的悔恨,交织在一起,如此复杂的心理状态,用一连串的"错错错",作了描绘。多年来埋藏在心底的这些"悲苦",这些"悔恨",以及那些美好的记忆,按说是按捺不住心头的激动,两人相拥而泣,或者一封书信,痛痛快快地倾诉一番的,但碍于封建礼教、道德的压力,只好不住地警示着自己:"莫!莫!莫!"矛盾而又极为复杂的心理状态,也展现在读者面前。

4. 描绘情态

反复,有时也适合于描绘人的情态。例如:

我疑心这是极好的文章,因为读到这里,他总是微笑起来,而且将头仰起,摇着,向后拗过去,拗过去。

(鲁迅《从百草园到三味书屋》)

"拗过去,拗过去",生动地描绘了这位老先生被某些文句所陶醉而津津有味儿地吟诵的神态,表现了这个老学究的迂腐可笑。又如:

主席也举起手来,举起他那顶深灰色的盔式帽……一点一点的,一点一点的,举起来,举起来…… (方纪《挥手之间》)

毛主席向群众告别时举起手、举起帽子的动作,是用"一点一点的,一点一点的"、"举起来,举起来"这一反复的方法描写的,让读者可以想见主席那缓慢沉稳的动作,进而体会到他那必定取胜的信心。再看一例:

不知谁说:"也许鬼子把雨来扔在河里,冲走了!"大家就顺着河岸向下找。突然铁头叫起来:"啊!雨来!雨来!"

(管桦《小英雄雨来》)

这一例同前两例不同。前两例是用反复的方法直接描绘动作、情态;而此例则是通过人物言语中反复的词语(或句子),让读者去想象人的情态。大家在寻找雨来的尸体无望,又悲哀又焦急时,铁头突然发现了雨来,于是情不自禁地呼喊起来:"雨来!雨来!",使人想象出他惊喜若狂的样子。

话未说完,瓜已吃尽。天宝正要扔瓜皮,大年阻道:"慢着,慢着,扔了太可惜,留着。" (王汶石《沙滩上》)

人们听到"慢着,慢着"反复出现的声音,会想象出大年急于阻止天保扔瓜皮时那种紧迫急促的情状。

(三) 运用反复应注意以下几点

第一,由于表达的需要,将同一词语或句子重复使用,以致多次,乃是提高语言表现力量的艺术手段,不论是状物,还是抒情,都可收到良好的效果。而那种没有必要地重复,俗称"车轱辘话",却使人厌烦,它只能削弱

◎汉语修辞艺术谈

语言的感染力，是语言的赘疣。这是正确运用反复首先要搞清楚的。

第二，反复的词语或句子，是"有意为之"的，不仅要求是同一概念或意思，一般说，还要求反复的词语在句子中充当同样的成分，这才能构成反复。这样语意贯通，语气流畅，才能发挥反复的功效，不是随便重复出现的词语或句子都是反复。例如：

给日本人作过一天事的，都永远得不到我的原谅！我的话不是法律，但是被我诅咒的人大概不会得到上帝的赦免！

（老舍《四世同堂》）

文中的"我"虽然反复出现三次，但这是语法结构的必须，不是修辞的有意重复，不宜看作反复的修辞方法。

二、对偶

（一）对偶的特点及类型

1. 对偶的特点

用结构相同、字数相等的两个词语或句子来表达相互关联的内容，这种修辞方法叫对偶。这种修辞方法，历史悠久，应用广泛，不论书面语，还是口语，出现的频率很高。千百年来，为人们所喜闻乐见的对偶形式——对联，就具有强大的感染力和经久不衰的生命力。

喜庆佳节吉日，要写对子，哀悼亲友去世，要写挽联；名胜古迹、饭店宾馆，都少不了对联。对联，内容丰富多彩，形式多种多样；有长有短，有难有易。都具有形式美和韵律美的特点，雅俗共赏。不过，本节所讲的对偶，限于篇幅，我们主要就现代作品里的对偶修辞方法，举例加以阐述。例如：

那些没有明月的
　　　　中秋……
那些没有人影的
　　　　茅棚……
在哪里呵，
　　爸爸要饭的
　　　　饭碗？……
在哪里呵，
　　妈妈上吊的
　　　　麻绳？……

（贺敬之《雷锋之歌》）

这节诗中,"那些……中秋"与"那些……茅棚","在哪里呵……饭碗"与"在哪里呵……麻绳"分别构成对偶的形式,二者都表达了相互对称又相互关联的内容。

…从湘江畔
　　　昨日,那沉沉的黑夜……
…到长城外
　　　今天,这欢笑的黎明——
雷锋,
　　你是怎样
度过
　　你短暂的一生?
　　　　　　　　　　　　　　　(贺敬之《雷锋之歌》)

诗中的对偶表达了相互反对的内容,意在说明雷锋经历的两个截然不同的时代。

从上面两例可以看出,对偶由于结构相同字数相等,便使之具有形式整齐匀称、节奏和谐优美的特点。正因如此,它成为群众喜闻乐见的一种修辞方法。即使日常用语里,运用也极为广泛,如"旧的不去,新的不来"、"气壮如牛、胆小如鼠"、"东奔、西跑"、"物美、价廉"、"五讲四美"、"天灾人祸"等,不一而足。

2. 对偶的类型

对偶的类型多种多样,一般说,可从其内容及形式两个方面进行分类。

(1) 就其内容而言,可分为三个小类:

①正对。上下两句所表达的意思相近或相似。例如:

　　鸥鸟祥集春城之初,曾有少数儿童追打,个别农民捕捉,但很快为有关部门教育处罚。　　　　　　　　(《光明日报》)

"有"的宾语,是两个主谓结构组成的对偶形式,表述了性质相同的两种行为。

　　海,冲击着,当年的尸骨早已化为泥;海,喧嚣着,当年的怨歌也早已化为风。　　　　　(高南《刘公岛,不会沉没》)

两句的意思,互相补充。

②反对。要求上下两项所表达的意思相反或相对。例如:

　　横眉冷对千夫指,俯首甘为孺子牛。　　　　(鲁迅《自嘲》)

　　这些鸥鸟或数十、或数百只一群,在市中心南桥、得胜桥一带,时而翱翔在丽日蓝天,时而嬉戏于盘龙江面,成为春城几十年

◎汉语修辞艺术谈

来未曾见过的奇景。　　　　　　　　　　　　　　（《光明日报》）

前例,表明鲁迅对敌人和对人民截然不同的两种态度,抒写了爱憎分明的强烈感情。后例,描写了鸥鸟在天上和江面的两种不同的动作,两句话的意思,是相互对应的。

　　或作讲演,则甲乙丙丁、一二三四的一大串;或作文章,则夸夸其谈的一大篇。无实事求是之意,有哗众取宠之心。
　　　　　　　　　　　　　　　　　　（毛泽东《改造我们的学习》）

"无实事求是之意"与"有哗众取宠之心"意思恰好相反。

③串对。要求对偶的两项,在意义上有因果、递进、假设、条件等关系。例如:

　　农民在盼,干部要办　　　　　　　　　　　　（《报》·标题）
　　只有下了别人下不到的功夫,才能得到别人得不到的收获……
　　　　　　　　　　　　　　　　　　　　　　（靳凡《公开的情书》）

前例,两句话在意思上存在着因果关系;后例,第一句说的是条件,第二句则是具备这一条件后所产生的结果,二者之间是条件关系。

还有顺承等关系的,如:

　　即从巴峡穿巫峡,
　　便下襄阳向洛阳。　　　　　　　　　（杜甫《闻官军收河南河北》）

从"即……便……"这些关联词语,可看出两句意思有承接关系。

(2) 就其形式而言,可分为两个小类:

①严对。对偶的两项,不仅要求数字相等而不重复,而且要求词性相对和平仄相对。例如:

　　金猴奋起千钧棒,玉宇澄清万里埃。
　　——△△——△　△△——△△—
　　　　　　　　　　　　　　　　　（毛泽东《七律·和郭沫若同志》）

这两句诗,字数相等,都是七字句,而且"金猴"与"玉宇","奋起"与"澄清","千钧"与"万里","棒"与"埃",词性相对。如果用"——"表示平声,"△"表示仄声,便清楚地看出平仄又相对。

　　红雨随心翻作浪,青山着意化为桥。
　　　　　　　　　　　　　　　　　　　（毛泽东《七律·送瘟神》）

这也是较为严格的对偶,不论是词性,还是平仄,都是工整的,规范的。

②宽对。对偶的两项,不像严对那样如此严格的对应,即字数不一定相等,结构基本相同或相近,至于词性和平仄的对应,也不那么讲究。例如:

　　整个部队班师回国,凯旋门是人海鲜花,颂歌盈耳;庆功宴上

172

是玉液琼浆，醇香扑鼻。　　　　（李存葆《高山下的花环》）

这样组织语句，仍具有对偶的特点和作用，只不过自由宽松一些而已。

（二）对偶的修辞作用

（1）对偶。具有结构匀称、形式整齐的对称美，读起来声音和谐，富有音乐美。例如：

惨象，已使我目不忍视了；流言，尤使我耳不忍闻。

（鲁迅《记念刘和珍君》）

"惨象"和"流言"以及它们在作者心中所引起的褒贬态度和情感，相互对应。两句话的结构相同，而且必要地语音停顿又一致，这就给人以匀称整齐、和谐优美的感受。这种作用，在严对的形式里更为明显：

惜秦皇汉武，略输文采；唐宗宋祖，稍逊风骚。
　— △ 　— △　　— △　 △ —

（毛泽东《沁园春·雪》）

词中对偶的部分，内容相对、结构一致，且不去说，就其平仄安排而言，也是和谐自然的。从必要的停顿来看，前句是"—△，—△"，先扬后抑；后句是"—△，△—"，扬抑抑扬交替。这种平仄有规律的交替重复，使之产生了鲜明的节奏，增强了音乐性。

（2）把对立的事物，用结构相似或相同的语句来表达，即构成正对，可以相互补充、相互映衬，使描写对象的形象更丰满，性状更鲜明。例如：

去年春上，我和教导员去看望她老人家时，甭提大娘对我们有多好啦。吃，她怕我们吃不好；睡，她怕我们睡不宁。

（李存葆《高山下的花环》）

这一对偶句，是从梁大娘对"我们"的"吃"和"睡"两个方面的担心、照顾，表现她对"我们"的热情和关怀，比只说一个方面，内容更充实、全面。又如：

衣服旧了，破了，也"敝帚自珍"，不舍得丢弃。总是脏了洗洗，破了补补，穿了一水又穿一水，穿了一年又穿一年。

（吴伯箫《记一辆纺车》）

如果只说"敝帚自珍，不舍得丢弃"，内容较为抽象。作者又用两个对偶句——"脏了……破了……"和"穿了一水……，穿了一年……"加以描述。对偶的两项互相补充，使内容更加充实，于是，这一抽象的意思，便具体化、形象化了。再如：

掰着指头数日子，我下连差两天还不到一个月。照照镜子：脸黑了！摸摸腮帮：人瘦了！　　（李存葆《高山下的花环》）

◎汉语修辞艺术谈

只用照镜子所看到的脸色,还不足以表现赵蒙生的容貌,又用相对应的方面:摸腮帮所感到的消瘦加以补充,这就充分地描写出他面容的变化,形象地揭示了他为不能调离前线所苦的程度和十分焦虑的心情。

(3) 利用性状相反的事物构成反对,可以形成强烈的对比,在对比中,突出事物的性质状态,以便充分地表示褒贬分明的态度,抒发浓郁强烈的感情。试看下面的例子:

纺羊毛跟纺棉花有不同的要求,羊毛要松一些,干一些,棉花要紧一些,潮一些。　　　　　　　(吴伯萧《记一辆纺车》)

把"羊毛"的"松"、"干"同"棉花"的"紧"、"潮"构成鲜明的对比,将它们各自的特点及纺线时的不同要求,表达得更分明、更突出。

红旗卷起农奴戟,黑手高悬霸主鞭。

(毛泽东《七律·到韶山》)

这两句表达了截然不同的内容和感情,前句描写了"三十二年"前,党领导农民革命的浩大声势,后一句描写了反动派对革命运动的疯狂镇压。在这强烈的相比之中,突出了当时革命与反革命进行激烈斗争的形势,作者褒扬与贬斥的态度、感情十分鲜明。

总之,对偶,除具有形式上的对称美和声音上的音乐美之外,还可以揭示事物之间的内在联系,反映事物之间的对立统一的辩证关系。

(三) 如何恰当地运用对偶

成功地运用对偶,关键在于对思想内容的提炼和对语句结构的安排。试想,要把所表达的思想内容浓缩到两个语句之中,不经去粗取精、加工锤炼的过程怎么行呢?而精警的内容要通过对称的语句表达,也必须精心地推敲语句的结构形式、并加以巧妙布置,才可最后完成对偶的创造。例如,徐迟的《地质之光》里有一段话,原稿是:

李四光用智慧,为我国描绘了多么美丽的石油、煤炭、金属、非金属,稀有、分散元素等矿产资源的远景啊!

后来作者把带重点号的地方都改成对偶的语句。"李四光用智慧"改写为"李四光用他的学识,他的智慧",对偶的两项互为补充,语意更为充实;将"稀有、分散元素"改为"稀有元素、分散元素",这一对称的结构,不仅具有强调语意的作用,而且形成匀称的语句、和谐的节奏。不难看出,首先提炼内容,进而考虑是否需要,然后再巧妙地组织语句,这样使用对偶,才能增强语言的表现力量。

倘若所表达的内容,不宜用对偶的方法来表达,那就不必勉强为之,勉强为之,定无好的效果。

运用对偶,在追求形式美的同时,还要考虑是否合乎逻辑,是否合乎情理,是否意有重复。否则,难以创造富有感染力的对偶。有个笑话值得借鉴:

　　一个财主将过生日,准备大宴宾客。为装潢门面,表示喜庆,兼夸耀儿子的才华,便命儿子写副对联。蠢儿子苦思冥想,写不出来,忽然想到一副旧春联:

　　　　天增岁月坤增寿,春满人间福满门。

他喜出望外,想:只需改换两个字,定能讨得父母的欢喜,博得宾客的赞赏。改罢,红纸金字,贴于门上。祝寿的宾客们一看,先是惊愕,继而捧腹大笑,财主一看,气得直翻白眼。原来,对联写道:

　　　　天增岁月娘增寿,春满人间爹满门。

虽然,"娘"与"爹"对得很工整,孤立地看,也不能不说是符合结构、平仄的要求的,但没有考虑情境,致使不合事理,闹出了笑话。我们也许不会闹这种笑话,但思想内容迁就形式,内在联系混乱等毛病,还是时有所见的。

三、排比

(一) 排比的特点及类型

1. 排比的特点

所谓排比,即用结构相同或相似、语气一致的三个或三个以上的语句,连接排列起来,表达彼此相关的内容,这种修辞方式叫做排比。例如:

　　它既不需要谁来施肥,也不需要谁来灌溉。狂风吹不倒它,洪水淹不没它,严寒冻不死它,干旱旱不坏它。它只是一味地无忧无虑地生长。松树的生命力可谓强矣!　　(陶铸《松树的风格》)

为了表现和歌颂"松树"顽强的生命力,作者把它能够战胜"狂风"、"洪水"、"严寒"和"干旱"的袭击这些特点,组织成结构相同的四句话,依次排列起来,语意密切相关,语势不断增强,这就是排比的修辞方法。

2. 排比的类型

从排比的构成成分来看,可分为两种类型:

(1) 由三个或三个以上的词组构成的排比。例如:

　　在这里,人与自然、生活与艺术、现实与幻想,全都融合在一起,给人一种和谐和温馨的美感。　　(周文斌《和平的呼唤》)

　　分明来到了厦门岛——却好像看不见战场的面容,但见那——百样仙姿,千般奇景,万种柔情……　　(郭小川《厦门风姿》)

前一例,"人与自然……"是三个联合词组构成排比;后一例,"百样仙姿……"是三个偏正词组构成排比。其他类型的词组,自然也可构成排比。

(2) 由三个或三个以上的句子构成的排比。例如:

啊,我思念那洞庭湖,我思念那长江,我思念那东海,那浩浩荡荡的无边无际的波澜呀! （郭沫若《屈原》）

这里叫洋八股废止,有些同志却实际上还在提倡。这里叫空洞抽象的调头少唱,有些同志却硬要多唱。这里叫教条主义休息,有些同志却叫它起床。总之,有许多人把六中全会通过的报告当做耳边风,好像是故意和它作对似的。 （毛泽东《反对党八股》）

前例是由三个单句构成的排比,后例是由结构相似的三个复句构成的排比。

(二) 排比的修辞作用

1. 加强语势

排比,是把密切相关的几个内容,按照相同或相似的结构形式组织起来,连接排列,构成整齐的形式。那么,读起来就会出现相同节奏的一再重复,于是语气也就渐次加强。例如:

火!你在天边,你在眼前,你在我的四面,我知道你就是宇宙的生命,你就是我的生命,你就是我呀! （郭沫若《雷电颂》）

这段话的前后都用排比的方法,表达了屈原对于光明的热爱与追求。语意层层推进,语气步步加强,使炽热的感情火山爆发般迸发出来。

两条路究竟选择哪一条呢?中国每一个民主党派,每一个人民团体,都必须考虑这个问题,都必须选择自己要走的路,都必须表明自己的态度。 （毛泽东《将革命进行到底》）

在两条道路两种命运面前,作者问道:"两条路究竟选择那一条呢?"接着按照人们的认识过程:考虑——选择——表明,构成排比,而且每一句前都以"都必须"作提挈语,这就大大增强了语言的气势,使人有形势逼人、不容迟疑、不容缄默的紧迫感。

2. 论述严谨

排比,句子形式是整齐的有机组织,这就要求所表达的内容按照一定的逻辑关系来组织,或者并列,或者承接,或者递进,内在的严密性与一泻千里的语势相配合,便会增强说服力和感染力。例如:

这样看来,"五四"时期的生动活泼的、前进的、革命的、反对封建主义的老八股、老教条的运动,后来被一些人发展到了它的反对方面,产生了新八股、新教条。它们不是生动活泼的东西,而是死硬的东西了;不是前进的东西,而是后退的东西了;不是革命的东西，而是阻碍革命的东西了。

（毛泽东《反对党八股》）

这里用排比的修辞方法揭露、批判了新八股和新教条，是怎样组织内容和安排句子的呢？先用"不是生动活泼"来衬托"是死硬"，这一特点；再用"不是前进"来衬托"是后退"这一性质；最后用"不是革命"来衬托"是阻碍革命"这一作用。这是把新八股、新教条的不同方面——特点、性质、作用，分别用结构相同的复句突出出来，再把这三个复句接连排列起来，构成排比。很明显，这一排比，层次清晰、步步深入，论述严谨，贬斥的态度也极为鲜明。

3. 语意周全

排比，一般都是将关系密切的若干内容用结构相同或相似的语句构成一个有机的整体，并说明一个意思；或将某事物的不同特征，用结构相同或相似的语句构成一个有机整体，去描绘该事物。这就形成了排比在表达上的一个特点，能将语意全面、详尽地表达出来。前面举的例子都是如此，下面再补充一些：

　　听见这首歌（指《三大纪律，八项注意》），连小孩子都知道
　人民的救星来了，毛主席的队伍来了。它是黑夜的火把，雪天的煤
　炭，大旱的甘霖。　　　　　　　　　　　　（吴伯箫《歌声》）

人民为什么热爱这首歌呢？作者用三个比喻构成排比，多方面描述了这首歌在人民群众之中的重大意义和作用，既详尽又形象。

　　阿Q没有家，住在未庄的土谷祠里；也没有固定的职业，只
　给人家做短工，割麦便割麦，舂米便舂米，撑船便撑船。

（鲁迅《阿Q正传》）

这一排比，列举出别人让阿Q做什么活，阿Q就做什么活的一些事例，目的是将阿Q"没有固定的职业，只给人家做短工"这一意思说得详细些、具体些。

　　其实，我自己是多么浅薄啊！对我们的国家，我们的历史，我
　们的人民，我们的革命，我进行过什么研究？

（鲁彦周《天云山传奇》）

说了"我自己是多么浅薄啊"之后，用排比的方法，一口气列举了四个方面的问题，"我"都没有什么研究，把"多么浅薄"的意义补足，使之充实起来。

　　十五人眼睁睁地看着那七个人都把这金宝装了去，只是起不
　来，挣不动，说不得。　　　　　　　　　　（施耐庵《水浒传》）

◎汉语修辞艺术谈

"起不来,挣不动,说不得"三种动作顺承着排列,生动地描绘了十五个人"被麻翻"时的神态,可以说,是对"眼睁睁地看着"的很完备的补充说明。

(三)如何恰当地运用排比

1. 使内容与排比的形式统一起来

排比,是依据表达的需要,把密切相关的内容,或者某一事物的若干特征,用结构相同或相似,语气一致的语句列举出来,从而收到强调语意、增强语势的效果,并使人感受到回环美。因此,需精心锤炼内容和安排语句,以使二者达到完美的统一。为此,应注意以下几点:

(1) 不生拼硬凑。不要单纯追求形式,把本来不宜构成排比的内容生硬地拼凑成"排比"。例如,石祥的《周总理办公室的灯光》一诗,原稿中有这样的句子:

"夜啊,静悄悄……/静悄悄……/当我们在月下漫步,/当我们在星下思考,/当我们在桌旁静坐,/当我们在灯前对照……/同志呵,/你想过没有?/……"

带重点号的四句话,以排比的形式出现,但是,二三两句似乎都表示"思考"的意思,前后重复;第四句,"灯前对照"是什么意思呢?难以理解。看来,内容未经锤炼,条理不清,便生硬地、含混地构成了"排比",影响了表达效果,所以,诗人作了修改:"……当我们在月下漫步,/当我们在灯前思考,/同志哪,/你想过没有……",不用排比,反而更明晰,更形象,更自然。

(2) 不互相包容。排比的各项,不能互相包容,因为各项在内容上有着密切的联系,或并列、或承接、或递进,一旦互相包容,不是啰唆多余,便是破坏了内在的条理性,自然也不会有好的效果。例如:

周总理正亲切地瞅着我,目光中充满了关切,充满了爱护,充满了深情,像在询问……　　　(《一件珍贵的衬衫》初稿)

其实"充满了关切,充满了爱护"里就包含着"深情",单列一句,岂不多余?因此,定稿删去了"充满了深情",语意更为简洁。

(3) 不颠三倒四。排比各项中的排比,应注意它们之间的逻辑顺序,或者以时间先后,或者以方位变化,或者以范围大小,或者以程度轻重等为序,才能条理清楚地反映出事物之间的内在联系。例如:

文艺工作者要学习社会,这就是说,要研究社会上的各个阶级,研究它们的相互关系和各自状况,研究它们的面貌和它们的心理。　　　(毛泽东《在延安文艺座谈会上的讲话》)

排比的第一项"研究……各个阶级",是概括指出研究对象;第二项"研究……相互关系和各自状况",是指出研究的内容,比第一项具体多了;第三项"研究……面貌和……心理",是研究"各自状况"的延伸,更细致、更深入地指出研究的内容。这是以逐层深入为序排列排比的各项的。假如,我们将第二、三项的任何一项放在首位,都会使逻辑关系混乱,前言不搭后语,不能表达一个清楚明白的意思,更谈不上强调语意和增强语势了。

2. 把排比同反复区分开来

一般说,排比和反复有类似的作用,即都能强调语意和加强语气,使人感到回环美。但它们毕竟是不同的两种修辞方法,其主要区别是:

(1) 排比的作用,通过词语或句子的相同或相似的结构表现出来;而反复,则通过相同的词、词组或句子表现出来。例如:

> 分明来到了厦门城——却好像看不见战斗的迹踪,/但见那——满树繁花、一街灯火、四海长风…… （郭小川《厦门风姿》）

诗中用了排比,排比的三项,都是偏正结构,其中并无同一词语的反复。

> 但总而言之,边疆上是炸、炸、炸;腹地里也是炸、炸、炸。
> 虽然一面是别人炸,一面是自己炸,炸手不同,而被炸则一。
> （鲁迅《中国人的生命圈》）

文中用了反复,"炸"的连续出现,或者间隔出现,都是同一个词的重复。

由此看来,排比重在结构的相同或相似,反复重在词、词组或句子的相同(当然,相同的词组或句子,其结构自然也相同,但不是它的本质特点了)。

因此,人们常将排比和反复结合在一起,进一步提高语言的表现力。例如:

> 你是革命第一,工作第一,他人第一……
> （毛泽东《给徐特立的祝寿信》）

"革命第一,工作第一,他人第一"是排比,但每一项中都有"第一",这又是反复,我们说,这是排比和反复的结合。先列举不同方面的对象,再指出徐老对待的态度:"第一",这就全面地强调了徐老的高贵品质。

(2) 排比至少要有三项结构相同或相似的词组或句子构成。这里应注意,词的列举,不宜视为排比,因为排比重在结构特点,而词与词之间无所谓结构的相同或相似。另外,排比不能只有两项,因为,若两项而且结构相同或相似,就会与对偶纠缠不清。而反复,既可由词构成,又可由词组或句子构成,至少要有两项。

四、顶针

(一) 顶针的特点及类型

1. 顶针的特点

用前一语句的结尾,做后一语句的开头,使语句蝉联递接,这种组织句子的方法叫顶针,又叫联珠,例如:

> 但他有一种不知从那里来的意见,以为革命党便是造反,造反便是与他为难,所以一向是"深恶而痛绝之"的。
>
> (鲁迅《阿Q正传》)

"造反"是前一句的结尾,又做了后一句的开头。这样就把"革命党——造反——与他为难"这几个意思紧密地联结在一起。

顶针在口语中也常常使用,如"你帮助我,我帮助他,大家互相帮助"、"我们所做的是平凡的工作,平凡的工作却有着深远的意义"、"只要敢于克服困难,困难就一定能够克服",等等。语句上下递接,揭示出事物之间的内在联系。

2. 顶针的类型

从顶针的结构特点来看,可分为三个小类:

(1) 词的顶针。例如:

> 不要乱想,静静的养!养肥了,他们自然可以多吃……
>
> (鲁迅《狂人日记》)

> 人家打来了,我们就打,打是为了和平。
>
> (毛泽东《关于重庆谈判》)

(2) 词组的顶针。例如:

> 一步——
> 　一个脚印!
> 一个脚印——
> 　一片鲜花!
>
> (贺敬之《十年颂歌》)

> 西风烈,长空雁叫霜晨月,霜晨月,马蹄声碎,喇叭声咽。雄关漫道真如铁,而今迈步从头越,从头越,苍山如海,残阳如血。
>
> (毛泽东《忆秦娥·娄山关》)

(3) 句子的顶针。例如:

> 咱们做的事越多,老百姓就来得越多;老百姓来得越多,咱们

的力量就越大,咱们的力量越大,往后做的事就越多!

(欧阳山《高干大》)

这山上喊,/那山上应,/西北上唤来军号声。/从此乡音变新调,/一声更比一声紧!/一声更比一声紧,/声声都喊"快出征!"/母亲灯下缝戎装,/乡音滔滔细叮咛……(李学鳌《乡音》)

(二)顶针的修辞作用

(1)顶针可以将事物之间的连锁递接关系(诸如因果、条件、顺承等)表达得更清晰、更严密。例如:

烟头引燃大麻,大麻烧毁货轮,货轮又使港口遭灾,小小烟头造成了一连串的恶果。　　　　　　　　(《北京晚报》)

这里叙述了由"烟头"到"港口遭灾"的发展过程。火势越来越大,火灾不断蔓延,前因后果,一环套一环,层次脉络,非常清楚。

调动之事切不可操之过急,过急了太显眼,太显眼容易出漏子。　　　　　　　　(李存葆《高山下的花环》)

赵蒙生的妈妈吴爽听到反对走后门儿的风声之后,写信这样嘱咐他。为什么"切不可操之过急"呢?因为"过急"就"太显眼",又因为"太显眼"就"容易出漏子",即容易被识破。上递下接,果因相扣,语意严谨、清晰。再看两例:

只有经过共产党的团结,才能达到全阶级和全民族的团结,只有经过全阶级全民族的团结,才能战胜敌人,完成民族和民主革命的任务。

(毛泽东《为争取千百万群众进入抗日民族统一战线而斗争》)

尽管语句间有些词语相隔,而上下递接的特点还是明显的,也是顶针。以前一个条件"共产党的团结"所得的结果——"全阶级和全民族的团结",又作为条件,再引出另外的结果"战胜敌人,完成民族和民主革命的任务"。再如:

礼物会堵住一切人的嘴,会软化一切人的心,日本人也是人;既是人,就得接我的礼;接了我的礼,他便什么威风也没有了!

(老舍《四世同堂》)

这是冠晓荷的话,先说出一个前提,接着推论:"日本人——是人——接我的礼物——什么威风也没有了"阐述了他的金钱贿赂万能的谬论。

这两例都用顶针的方法,目的在于揭示事物之间的逻辑关系。前一例,是符客观规律的,具有说服力;后一例,大前提错了,不能揭示出必然性,但可以把冠晓荷思维的脉络层次清楚地表达出来。

181

◎汉语修辞艺术谈

(2) 顶针还可以清楚地表述出事物推演的过程和数量的不断变化。例如：

声浪碰到群山，群山发出回响；声浪越过延河，河水演出伴奏；几番回荡往复，一直辐散到遥远的地方。（吴伯萧《歌声》）

由"声浪—群山—回响"和"声浪—延河—伴奏"的延展过程，可以清楚地看到"声浪"引起的连锁反应，启发人们想象延安的歌声辐散到远方时那种山应水和的动人情景。又如：

他比先前并没有什么大的变化，单是老了些，但也还未留胡子，一见面是寒暄，寒暄之后说我"胖了"，说我"胖了"之后即大骂其新党。（鲁迅《祝福》）

鲁四老爷同"我""一见面"并非"即大骂其新党"的，而是有一个过程，这里用顶针的方法将这过程的演变描绘得次第分明，既符合叔侄久别相逢的细节真实性，又暴露出这个封建卫道者的性格特征。

有时用顶针表述事物数量关系的变化，自然也带有描写的作用。例如：

他赢而又赢，铜钱变成角洋，角洋变成大洋，大洋又成了迭。（鲁迅《阿Q正传》）

阿Q赌博，由"铜钱"到"迭"，也是经过一个复杂、"艰苦"过程的。这样描写，使我们想见，阿Q"赢而又赢"，钱数不断增加的几乎成功了的情形。又如：

在练习称秤时，我用脚把磅砣反复取上取下，一次不行两次，两次不行就多次，脚面砸肿了、砸破了，我都不在乎，终于学会了过磅。（靳凡《公开的情书》）

这位失去双手的姑娘，练习用脚过磅，是极为艰难的。这里用她练习的次数构成顶针："一次—两次—多次"，由次数的渐次增多，表现她付出的巨大代价及其顽强毅力。

(3) 在诗歌里也往往运用顶针，出于结构和感情的自然衔接，以造成蝉联递接、意味无穷的艺术效果。请看贺敬之《三门峡——梳妆台》里的几个章节：

望三门，/三门开：/黄河东去不回来。/昆仑山高邙山矮，/禹王马蹄长青苔。/马去"门"开不见家，/门前空留"梳妆台"。

梳妆台啊，千万载，/梳妆台上何人在？/乌云遮明镜，/黄河吞金钗。/但见那：辈辈艄工洒泪去，/却不见：黄河女儿梳妆来。

梳妆来啊，梳妆来！——黄河女儿头发白。/挽断"白发三

千丈"，愁杀黄河万年灾！/登三门，向东海：/问我青春何时来?!/

何时来呵，何时来？……/——盘古生我新一代！/举红旗，天地开，/史书万卷脚下踩。/大笔大字写新篇：/社会主义——我们来！

我们来呵，我们来，/昆仑山惊邙山呆：/展我治黄河万里图，/先扎黄河腰中带——/神门平，鬼门削，/入门三声化尘埃！

就这五节诗来看，用"梳妆台"把一、二节联结起来，用"梳妆来"把二、三节联结起来，用"何时来"把三、四节联结起来，用"我们来"把四、五节联结起来。很明显，这些顶针的词语，成为诗意过渡的桥梁和感情发展的纽带。作者可以把自己的情意自然而充分地抒发出来，读者也可从中感到蝉联递接的意趣。诗情画意，别有韵味儿。

（三）如何恰当地运用顶针

顶针构成的基础，乃是客观事物之间相互依存的关系。那么，运用好顶针，首先要对所表现的若干事物之间的内在关系认识清楚，进而加以巧妙地组织、安排。例如：

没有文化的军队是愚蠢的军队，而愚蠢的军队是不能战胜敌人的。　　　　　　　　　　（毛泽东《文化工作中的统一战线》）

作者从革命实践中，深刻认识到文化修养对于军队的重大作用。如何表述呢？先讲"没有文化"对军队素质的影响："是愚蠢的军队"；接着重复说"愚蠢的军队"，一方面强调语意，一方面又揭示它与"战胜敌人"的关系，文中用"不能"予以否定。这样组织语句，便把"没有文化—愚蠢的军队—不能战胜敌人"三者之间的内在的连锁关系揭示出来了，告诉人们文化修养的高低，直接影响军队战斗力的大小，不可等闲视之。

在诗歌中运用顶针，是同作者的精巧构思分不开的，是诗意情感发展之必须。例如，吕云松的《井冈山兰花吟》中描写朱德同志重游井冈山的两节诗：

问兰花，/何事笑开怀？/花不语，/笑指青山外。

青山外，/军长上山来，/风引路，/登花崖。

前一节诗，用拟人的方法极力渲染：兰花"笑开怀"，为什么？花不回答，只是"笑指青山外"。可见"青山外"是使兰花欢乐兴奋的原因所在。当读者急需知道"青山外"究竟如何时，诗人紧接着吟出了"青山外……"，仿佛感情洪流稍一蕴蓄突然迸流开去，又仿佛帷幕突然拉开，把读者带到一个画意诗情融合的意境中去。"青山外"首尾顶针，既是诗意过渡的不可少的桥梁，又是情感、语气的一个重点，增强了抒情的韵味儿。显然，这是按照诗的形象思维规律和诗的结构特点来运用顶针的。

从前面所举的许多例子来看，顶针只有适合于叙事、说理、状物、抒情的需要，才可能有良好的表达效果，倘若作为文字游戏来玩赏，就没有什么意义了。

五、回环

（一）回环的特点及类型

1. 回环的特点

用前一句的结尾作后一句的开头，又用后一句的结尾作前几句的开头，这样布置句子的方法叫回环。语序回环往复，以反映事物之间周而复始的有机联系，是其显著特点。例如：

唱着歌，打着鼓，

手拿着花枝齐跳舞。

我把花给你，你把花给我，

心爱的人儿，歌舞两婆娑。　　　　　　　（郭沫若《屈原》）

第三行用了回环的修辞方法。前句的结尾"你"，作了后句的开头；后句的结尾"我"又是前句的开头。两句话描写"我"、"你"之间互赠花枝的情形：我给你、你给我，回环往复，情意绵绵，和谐愉悦。文字简洁、明快。

回环在口语中常常使用，如"你帮助我，我帮助你"、"山连水，水连山"、"会的不难，难的不会"、"善者不来，来者不善"、"真人不露相，露相非真人"，等等。

2. 回环的类型

从结构方面看，回环是把词语顺序加以巧妙安排所构成的回环往复的语言形式。我们所见到的大致有两种类型：

（1）严整的回环。这种形式，要求顺读成句，而倒念也成文。比如苏东坡的《菩萨蛮》写道：

峤南江浅红梅小，小梅红浅江南峤。

窥我向疏篱，篱疏向我窥。

老人行即到，到即行人老。

离别惜残枝，枝残惜别离。

词的每一句，倒念也成句。全篇又都是按照《菩萨蛮》词牌的格律结构起来。这无疑使思想感情受到极大的束缚。其实这是回文的修辞方法，过去文人们常常以此为能事，或个人玩赏，或进行文字游戏，而我们倒不必去刻意追求这种形式。

(2) 宽泛的回环。这种类型，要求两句话首尾相同，循环往复，能够表现事物之间的内在联系，只要求顺读成句，不要求倒读成文。例如：

> 我中也有你，你中也有我。
> 我便是你。
> 你便是我。
> 火便是凰。
> 凤便是火。　　　　　　　　　　　（郭沫若《凤凰涅槃》）

> 生得平凡，
> 活得光荣；
> 青春不老，
> 不老青春。　　　　　　　　　　　　　　（《让青春闪光》）

这种形式自由灵活，也不乏简洁严谨，是我们应力求掌握的。

(二) 回环的修辞作用

(1) 回环，可以简洁地反映表现对象之间的有机联系，阐明事物之间的辩证关系。例如，"战争教育了人民，人民赢得了战争"。一方面说战争对人民的作用，另一方面说人民对于战争的作用，于是，战争与人民之间既对立又统一的辩证关系，清晰地揭示出来了。下面再举些例子：

> 从我一生的经历，我悟出了一条千真万确的真理：只有社会主义才能解放科学，也只有在科学的基础上才能建设社会主义。科学需要社会主义，社会主义更需要科学。　（郭沫若《科学的春天》）

在具体分析了"科学"与"社会主义"之间的内在联系之后，又用回环的方法加以概括，使之更为凝练，可称为精警的语句，让读者看到二者之间相互依存、相辅相成的辩证关系。又如：

> 但是，任何方面的横逆如果一定要来，如果欺人太甚，如果实行压迫，那么，共产党就必须用严正的态度对待之。这态度就是：
> 人不犯我，我不犯人；人若犯我，我必犯人。
> 　　　（毛泽东《和中央社、扫荡报、新民报三记者的谈话》）

两个回环的语句，都是先说条件，后说结果。即先说"人"如何对"我"，再循环回去说"我"如何对"人"，旗帜鲜明地表达了我们针锋相对的方针。这里反映的是敌、我双方相反相成的辩证关系。

(2) 回环，其形式循环往复，用于描写事物、表达情感，会使之圆满充实，往复和谐。我们知道，圆满充实的内涵和往复和谐的节奏，都会给人

◎汉语修辞艺术谈

以愉悦的美感的。例如：

　　　　画中有诗，诗中有画。

这是评价王维诗、画艺术的文章的标题，高度概括了王维艺术造诣的特点，反映了他的画、诗之内在联系。这一特点和联系，固然可以用别的方法来表述，但用回环，则可以使人想见，画中富有诗的意境和激情，而诗中又有画的形象和色彩之特色，以及二者相互渗透、相互影响之关系。精练的语句，概括如此丰富的内容，使读者由于瞬间获得极大满足而感到愉快。

　　　　他已经筋疲力尽了，但为了抢救井下遇难的工人，不能停步。
　　潜几步，歇一会儿；歇一会儿，再往下潜……　　（《光明日报》）

说了"潜—歇"这一过程，再说新的过程"歇—潜"，"潜"、"歇"往复交替，相互映衬，便把下潜时的艰难情状，充分地、形象地描写出来。

　　还有许多例子，都能说明回环的这一作用。例如，"呵，雷锋/就是我们！/我们/就是雷锋！"（贺敬之《雷锋之歌》）；"对丑类的恨加深着对人民的爱，对人民的爱又加深着对丑类的恨"（刘心武《班主任》）；"人民爱总理，总理爱人民"（《天安门诗抄》），等等。这些叙事抒情的语句，都是先说"甲"之于"乙"，又返回来说"乙"之于"甲"，因此，就比单说"甲"之于"乙"，或单说"乙"之于"甲"，内涵丰富得多，充实得多，而且形成回环复沓的节奏，增强了语句的音乐性。

　　（三）如何恰当地运用回环

　　1. 运用回环，要看表达的需要，不宜刻意追求形式

　　有些事物之间的对立、统一、发展变化，是遵循着周而复始的循环规律进行的。譬如，日出日落的循环，春夏秋冬的循环，新旧的更换，生死的交替等，不一而足。回环的修辞方法，正是在这一基础上产生，而又用之于反映这一辩证关系的。因此，运用回环，须对所表现的事物认真观察，深入研究，看它们之间是否存在着循环往复的内在联系，再考虑有无必要用回环的方法表达，不可像旧时代某些文人那样，作为文字游戏来对待。比如叶圣陶的《稻草人》有一句话原是这样写的：

　　　　他们知道小虫们怎样互相访问，蝶儿们怎样恋爱……

　　后来改为：

　　　　他们知道小虫们怎么样你找我，我找你……

因为"互相访问"就含有你来我往的循环往复关系，有构成回环的基础。另外，原句是较为抽象的，为了增加语言的形象性，也有必要换成回文的语句。改后，使人仿佛看到"你"、"我"之间来往频繁不断的情形。

2. 要把回环同顶针、对偶区别开来

（1）回环与顶针。顶针所反映的是事物之间带有"延展性"的相互依存的关系；回环所反映的则是带有"循环性"的相互依存的关系。这就决定了它们结构上的不同特点。试比较下面的例子：

　　你帮助我，我帮助他。（顶针）
　　你帮助我，我帮助你。（回环）

不难看出，顶针是"你—我—他"，一环套一环，一直延展开来。起码要有三项构成。回环，则是"你—我—你"，两句首尾相扣，又回到原来的起点，没有延伸下去，它只有两项。

这两个例子很简单，下面再比较一些较复杂的例子：

　　指挥员的正确部署来源于正确的决心，正确的决心来源于正确的判断，正确的判断来源于周到的和必要的侦察，和对于各种侦察材料的联贯起来的思索。　　（毛泽东《中国革命战争的战略问题》）

　　各筑起一所相思宝殿，
　　设起一个相思宝座，
　　我宝座上坐着你，
　　你宝座上坐着我。　　　　　　　　　（刘大白《心里的相思》）

前例中用顶针，后例中用了回环，两相比较，看得很清楚。

（2）回环与对偶。回环与对偶的上下两部分，就结构而言，都有整齐匀称的特点，而且字数又都相近，因此，有时不好区分。其实它们的区别是比较明显的。试看下面的例子：

　　为了搭起滑道，他们翻越了多少陡峭的悬崖绝壁；为了找寻水路，他们踏遍了多少曲折的幽谷荒滩。　　（袁鹰《井冈翠竹》）
　　有村舍处有佳荫，有佳荫处有村舍。
　　　　　　　　　　　　　　　　　（徐志摩《我所知道的康桥》）

前例对偶，后例回环。回环要求语意的循环，即由"有村舍处"到"有佳荫"，再反转回来，由"有佳荫处"（多了一个"处"字，而不影响其循环的性质）到"有村舍"，对偶没有这个特点；回环，两项的首尾词语相同，即词语相同，位置各异，对偶没有这个特点，有时恰恰相反，譬如严对的形式，最忌讳词语的相同。这样比较一下，上面举的两例，区别是明显的，归属也就好确定了。

第五章　情意表达讲究丰富多彩（下）

第三节　语意——突出有力

这类修辞方法，或利用事物之间的差异性，巧妙组句，或利用不同的语气、语调进行表达，以引起读者的注意、思考，唤起读者的联想，使表情达意的效果，更为突出有力。本节只选择了设问、反问、对比、衬托、层递五种修辞方法，作简要的讲述。

一、对比

（一）对比的特点及类型

1. 对比的特点

把一种事物相反、相对的方面或相反、相对的两种事物放在一起，对照、比较，使双方的性质、特征更加鲜明、突出，这种修辞方法叫做对比。例如：

　　　　我忘了周瑜贞还在外面，呆呆站在房里，茫然地看着这铺陈华丽而又俗气的卧室。　　　　　　　（鲁彦周《天云山传奇》）

这是宋薇看到的她同吴遥居住的卧室。卧室有"铺陈华丽"的特点，又有铺陈"俗气"的特点，两相映衬，使此卧室的特征鲜明、突出。当然，也反映了宋薇对这种生活环境的厌倦。又如：

　　　　特别是到了舞台上，人们看到的孔明是飘着长须的长者。而周瑜却是毛嫩后生，年龄差别甚大。　　　　（《北京晚报》）

这里，将艺术形象的"孔明"和"周瑜"放在一起对照一下，就愈显得孔明年纪大，而周瑜年纪小了。

2. 对比的类型

对比，一般说，分为以下两种类型：

（1）一体两面对比。这种类型，是把某一事物的相反、相对的两个方面加以对比，以突出该事物的性状特征。例如：

> 因此,他们既美慕冠家,也恨冠家——冠家夺去了他们的好吃食。　　　　　　　　　　　　　　　(老舍《四世同堂》)

"他们",是指小顺儿和妞妞,当他们看到胖二姆拿着好多吃的,满以为是给自己的,不料送给了冠家。此时,在他们幼小心灵里产生了尖锐矛盾着的心理活动。又如:

> 在她(大赤包)的客厅里,她什么都喜欢谈,只是不谈国事。
> 　　　　　　　　　　　　　　(老舍《四世同堂》)

将"大赤包"喜欢谈什么,不喜欢谈什么,放在一起对比,突出其好恶,以掩饰其汉奸的嘴脸。

(2) 两体对比。这种类型,是将相反、相对的两种事物加以对照、比较,二者相得益彰。例如:

> 我记得我是因为我太关心你们的爱情发展,而且是受你委托,才认真站在旁边观察罗群的,那时你用热恋的眼光望着他,而我却是以理智的心灵来观察他的。　　(鲁彦周《天云山传奇》)

"你用热恋的眼光望着他"与"而我却是以理智的心灵来观察他的"相比较,明显地看出二人对罗群的认识、理解不同,这为后来的事实所证明。

> 于是我又想起吴遥在文化大革命前飞黄腾达的情景,他是一步步提升,而罗群却一步步加重处理,这两个人的不同命运,正是从反右派斗争之后开始的。一个现在已是所谓高级干部,而另一个却压在最低层,戴着那么多的帽子。　　(鲁彦周《天云山传奇》)

通过对比,使罗群和吴遥二人所走的相反的道路,截然不同的命运和处境,非常鲜明地摆在读者面前。

(二) 对比的修辞的作用

俗话说:不怕不识货,就怕货比货。这是人们认识事物的经验之谈。对比,就是相反、相对的事物,或者某事物的相反、相对的两个方面,放在一起,让人们比较、对照。在比照之中,真的愈见其真,假的愈见其假;善的愈见其善,恶的愈见其恶;美的愈见其美,丑的愈见其丑。各自的性状特征,一目了然。正因为有这样的修辞作用,所以,对比也运用得相当广泛,下面举例谈一谈。

1. 用于说明事理

人们在说明自己的观点或表明自己的态度时,往往喜欢前后对比,或者正反对比,这不仅使论述条理清晰,而且能将对立事物的性质、特征突出出来,自然,说话人的立场态度也鲜明地表示出来。例如:

> 如果要使革命进行到底,那就是用革命的方法,坚决彻底干净

◎ 汉语修辞艺术谈

> 全部地消灭一切反动势力，不动摇地坚持打倒帝国主义，打倒封建主义，打倒官僚资本主义，在全国范围内推翻国民党的反动统治，在全国范围内建立无产阶级领导的以工农联盟为主体的人民民主专政的共和国……如果要使革命半途而废，那就是违背人民的意志，接受外国侵略者和中国反动派的意志，使国民党赢得养好创伤的机会，然后在一个早上猛扑过来，将革命扼死，使全国回到黑暗世界。
> 　　　　　　　　　　　　　　　　　（毛泽东《将革命进行到底》）

通过两条道路的强烈对比，读者清楚地看到"将革命进行到底"会使民族解放、国家独立、人民幸福，打破黑暗、走向光明；而"使革命半途而废"必将丧权辱国、山河破碎、人民涂炭、扼杀革命，走向黑暗。孰优孰劣、何去何从，不是很明白了吗？又如：

> 担子有轻有重。有的人拈轻怕重，把重担子推给人家，自己捡轻的挑。这就不是好的态度。有的同志不是这样，享受让给人家，担子拣重的挑，吃苦在别人前头，享受在别人后头。这样的同志就是好同志。
> 　　　　　　　　　　　　　　　　　（毛泽东《关于重庆谈判》）

对比中，个人主义者的特点：拈轻怕重，个人第一，和共产主义者的特点：吃苦在前，他人第一，二者泾渭分明。作者对前者的批判、否定和对后者的颂扬、肯定的态度，极为明朗。

2. 用于描叙事物

在描叙事物时，往往将其某些明显对立的特征放在一起对比，以增强描叙的形象性、生动性，给人留下深刻的印象。例如：

> 这又是一个怪人！我心里这样想。她物质生活这么贫困，而精神食粮倒是如此丰富。　　　　　　　（鲁彦周《天云山传奇》）

这段叙述中用了对比，即物质生活的贫困与精神食粮的丰富相对照，既突出了冯晴岚极为困苦的生活，又凸显了她对党、对人民、对所从事的事业之坚贞不渝的精神面貌。"贫困"与"丰富"、"物质生活"与"精神食粮"，内涵相反、相对，差异甚大，极易诱发读者的联想和想象。

> 那虞候道："不是我两个要慢走，其实热了行不动，因此落后。前日只是趁早凉走，如今怎地正热里要行？正是好歹不均匀！"
> 　　　　　　　　　　　　　　　　　（施耐庵《水浒传》）

那虞候的话，反映了杨志的一番苦心。为使"生辰纲"安全通过黄泥冈，他把行宿的时间故意作了反常的安排。但作者没有这样抽象平淡的叙述，而是用"前日""趁早凉走"与"今日""正热里要行"构成明显的对比。于是，使读者仿佛看到两种截然不同的情景，想象出杨志提心吊胆、处处小心的心理状态。

　　"那是你的事,我没法管!"冠先生的脸板得有棱有角的说。
　　"你设法办呢,讨日本人的喜欢!你不管呢,日本人会直接报告上去,我想对你并没有好处!"　　　　　　　　　　(老舍《四世同堂》)

冠晓荷要讨好日本人,叫白巡长催促胡同里的人赶紧打扫卫生,或交清洁费,白巡长委婉地拒绝了,于是冠晓荷便说了这番话。冠没有单说"办,有好处",或者说"不办,没有好处",而是两相对比一起说。既有利诱,又有威胁,比单说一面更有刺激的力量。

　　3. 用于刻画人物

　　有时描写人的肖像、心理、情态、动作等,也使用对比的方法,以鲜明、深刻、简练、生动地揭示人物的性格特征。例如:鲁迅《祝福》里对祥林嫂的肖像描写:

　　(刚来鲁家时)"头上扎着白头绳,乌裙,蓝夹袄,月白背心,年纪大约二十六七,脸色青黄,但两颊却还是红的。"

　　(第二次来鲁家时)"她仍然头上扎着白头绳,乌裙,蓝夹袄,月白背心,脸色青黄,只是两颊上已经消失了血色,顺着眼,眼角上带些泪痕,眼光也没有先前那样精神了。"

　　("我"最后见到她时)"五年前的花白头发,即今已经全白,全不象四十上下的人;脸上瘦削不堪,黄中带黑,而且消尽了先前悲哀的神色,仿佛是木刻似的;只有那眼珠间或一轮,还可以表示她是一个活物。"

　　三次肖像描写,自然形成对比,从面容、神态的巨大变化,看出她不幸遭遇的深重,已经到了绝境。又如:

　　晓荷躺在了床上。他以为一定睡不着。可是,过了一会儿,他打开了呼。　　　　　　　　　　　　　　　　(老舍《四世同堂》)

冠晓荷受到钱先生的惩罚,惊魂未定;到得家来,不料已遭蓝东阳暗算:抓走了人,抄了家。他气急败坏、悲苦交加,难以承受这一打击。作者用对比方法——主观想的和实际情形的尖锐矛盾,生动地描写了他疲惫不堪的一副狼狈相。

　　从上面所举的例子可以看出,对比的确是提高语言表现力的极简单的方法,记得高尔基说过:"为了获得更大的说服力,他必须把所拥护的思想和他反对的思想并列起来"。(《高尔基论文学》)道出了对比不同一般的修辞作用。

◎汉语修辞艺术谈

(三) 如何恰当地运用对比

1. 对比的方法，适合于揭示事物之间互相对立，又相互统一的辩证关系

我们应对要表现的事物深入细致地观察、认识，掌握矛盾对立方面的特点以及矛盾对立的性质。以便选择具有代表性的两个方面，构成鲜明的对比，从而揭示事物的本质。

2. 对比的两种事物或事物的两个方面之间的矛盾要尖锐、对立要鲜明，而且须是属于同一范畴

同一范畴的事物才能进行比较，矛盾、对立越尖锐、鲜明，事物各自的性状越突出，也就越易收到相反相成的显著效果。前面所举的有关对比的例子，都是按照这一要求运用的。

3. 要区分对比同对偶、衬托的同异

(1) 对比与对偶。

相同处：对比和对偶中的反对，就其内容而言，都是相反，或者相对的。

不同处：从结构形式来看，对偶要求上下两句结构相同或相似，字数相近或相同，具有整齐匀称、音节和谐的特点。而对比没有这样的要求，语句结构可以不同，句子可长可短，字数可多可少，具有参差错落的特点。试比较下面两例：

①人固有一死，或重于泰山，或轻于鸿毛。
②为人民利益而死，就比泰山还重；替法西斯卖力，替剥削人民和压迫人民的人去死，就比鸿毛还轻。

很明显，例①属于对偶中的宽对，例②则是对比。

(2) 对比与衬托。

相同处：都是将相反相对的两种事物或一种事物的相反相对的两个方面，放在一起加以比较、对照，以突出所要表现的内容。

不同处：衬托的两项有主次之分，用甲衬托乙，乙是主体，甲是衬体。例如：

  他不能这么白白的挨打受辱，他可以不要命，而不能随便丢弃了"理"！
                 （老舍《四世同堂》）

生命是宝贵的，而常二爷可以不要，但是"理"——中国人的人格、气节不能丢。两相比较，看出常二爷把"人格"、"气节"看得比自己的"命"还重要。又如：

  忽然他发现门是开着的。黑糊糊的门外有个白晃晃的东西，仿

佛是人脸。　　　　　　　　　　　　　　　　（冯骥才《啊》）

"黑糊糊"仿佛是背景，将"白晃晃"的人脸，映衬得更鲜明、更突出。

对比，没有主次之分，对比的两项，尖锐对立着，相互映衬。

看来，衬托，主次分明，以次衬主，有"烘云托月"的作用；对比，不分主次，相反相成，有"相得益彰"的作用，二者有着明显的不同。

二、衬托

（一）衬托的特点及类型

1. 衬托的特点

把甲乙两个相关或相对的意思主次分明地放在一起，以次要的意思衬托主要的意思，使主要的意思更为鲜明、突出，这就是衬托的修辞方法。主要的意思称为主体，次要的意思称为衬体。例如：

> 这位老同志年纪不轻，干劲可真不小，明摆着铲土比抬土轻些，他却偏偏要拣重的干。　　（王愿坚《普通劳动者》）

主要意思是说"这位老同志干劲真不小"，但作者没有这样直说，而是把这个意思同"这位老同志年纪不轻"摆在一起来说，在"年纪"的衬托下，愈见出其"干劲"之大。

> 赵天辉又回头凝望着陆文婷苍白的瘦脸，心里简直不能明白，这个以精力旺盛著称的小陆大夫，怎么突然间就病成这样？
> 　　　　　　　　　　　　　　　　（谌容《人到中年》）

赵天辉把陆文婷的过去"精力旺盛"和目前"病成这样"放在一起来说，形成鲜明的对照。而说话人的主旨是表达对陆文婷病倒的痛惜，所以，过去的"精力旺盛"起了衬托的作用，使目前的"病态"更鲜明、突出。充分地表现了陆文婷健康状况变化之大之突然，正是赵天辉疑惑不解的所在。

看来，不直接说出主要意思，而是用一些次要意思与之对照，烘托出主要意思，这乃是衬托的特点。

2. 衬托的类型

衬托的分类尚不一致，一般说分为正衬和反衬两个类型。

（1）正衬。把不同的事物或观念摆在一起，用一个突出另一个，称为正衬。例如：

> 燕子去了，有再来的时候；杨柳枯了，有再青的时候；桃花谢了，有再开的时候。但是聪明的，你告诉我，我们的日子为什么一去不复返呢？　　　　　　　　　　　　（朱自清《匆匆》）

燕子去了再来，杨柳枯了再青，桃花谢了再开，不是描写的主体，描写它们

◎汉语修辞艺术谈

的目的,在于用这些自然界周而复始的现象,衬托"我们的日子"去而不返。又如:

> 我也讲不好,反正我觉得,有些手术,外国已经搞开了,我们还是空白。比如,用激光封闭视网膜破口。我觉得,我们也应该尝试的。　　　　　　　　　　　　　　　　　(谌容《人到中年》)

陆文婷没有说"有些手术,我们还是空白"。而是先说"外国已经搞开了",再说"我们还是空白",这就把"我们国家的眼科太落后"的意思表达得更突出、更有力。

(2) 反衬。把恰恰相反的事物或观念摆在一起,用一个突出另一个,称为反衬。这种类型,都是用否定的方面,衬托肯定的方面,例如:

> 整个革命历史证明,没有工人阶级的领导,革命就要失败,有了工人阶级的领导,革命就胜利了。(毛泽东《论人民民主专政》)

此例,用"没有……失败"来衬托"有了……胜利",突出工人阶级领导的重要性。又如:

> 共产党就是要奋斗,就是要全心全意为人民服务,不要半心半意或者三分之二的心三分之二的意为人民服务。
> 　　　　　　　　　　(毛泽东《坚持艰苦奋斗,密切联系群众》)

这里,"不要半心半意或者三分之二的心三分之二的意为人民服务"是否定的意思,用来衬托"要全心全意为人民服务",把"为人民服务"一定要"全心全意"的要求强调出来了,再看一例:

> 一切从人民的利益出发,而不是从个人或小集团的利益出发;向人民负责和向党的领导机关负责的一致性;这些就是我们的出发点。　　　　　　　　　　　　　　　　(毛泽东《论联合政府》)

说完"一切从人民的利益出发"之后,可以接着说"向人民负责……",但作者没有这样表达,而是用加以否定了的与之相反的意义来衬托,便把表达的主题推到一个鲜明、突出的位置上。

(二) 衬托的修辞作用

1. 突出主要的意思

我们知道,"万绿丛中一点红",以"万绿丛"为背景,"一点红"就越发鲜明耀眼;"鹤立鸡群",以"鸡群"为陪衬,"鹤"就显得更高大。衬托,就是把主要意思与次要意思放在一起,加以比较、对照,以使主要意思更鲜明、突出。例如:

> 金子银子都容易丢了,只有这黑黄的土地永远丢不了。
> 　　　　　　　　　　　　　　　　　　　　(老舍《四世同堂》)

"金子银子"是贵重的,但"容易丢了",而"这黑黄的土地永远丢不了",两相比较,可看出常二爷把自己的土地看得比金银还贵重,突出了他对于养育自己的祖国土地的深深地爱。

> 你是处处表现自己就是服从党的与革命的纪律之模范,而在有些人却似乎认为纪律是约束人家的,自己并不包括在内。
> （毛泽东《给徐特立的祝寿信》）

毛泽东同志的话,旨在颂扬徐老崇高的革命品质。按说第一句话已经表达清楚了,而作者又用"有些人"只责人不责己的思想作风来对比,使徐老服从党、遵守革命纪律的品质鲜明起来,给人以深刻的印象。又如:

> 焦成思把手中的拐杖扬了扬,脸向着赵天辉,说道:
> "五十年代初,你们这批知识分子,冲破重重阻力,回来为建设新中国服务。想不到七十年代末,我们自己培养的知识分子又往外跑,这个教训太深刻了。"　　（谌容《人到中年》）

焦成思的话,意在说七十年代末知识分子外流的情况严重。他用五十年代初,知识分子回归祖国的情况来衬托,使人在比较中,明显地看到"四人帮"破坏党的知识分子政策,打击迫害知识分子所造成的恶果是何等的严重。

2. 以景衬情,情意更浓

文学作品,常常借助景物描写来抒发感情。用风和日丽衬托欢乐,或用凄风苦雨衬托悲哀,使哀、乐的情感表达得更充分、更浓郁、更感人。例如:

> 时候既是深冬,渐近故乡时,天气又隐晦了,冷风吹进船舱中,呜呜的响,从蓬隙向外一望,苍黄的天底下,远近横着几个萧索的荒村,没有一些活气。我的心禁不住悲凉起来了。
> （鲁迅《故乡》）

作者用一些色彩黯淡的词语描绘萧条的破败的景象,渲染出凄惨愁闷的气氛,使"我"的"悲凉"的心情更加沉重起来。

> 我呢,虽然也跟同志们在一起有说有笑,但总感到心神不定。绿茸茸的草地,哗哗的流水,芬芳的空气,温暖的春风和不知哪里传来的悠扬的笛声,都使我心灵颤动。　　（鲁彦周《天云山传奇》）

这里为什么绘声绘色地勾画一幅柔和、优美的景致呢?也是为衬托人物的情感活动。宋薇姑娘对罗群产生了爱的萌芽,内心感到幸福、愉悦。此时,她看到的景物是那么美好、亲切,然而又觉得这些景物仿佛发现了自己的秘密,于是又羞怯起来,甚至"心灵颤动"起来。这样景物与情感交融,使

◎汉语修辞艺术谈

人物的情感更浓郁、更富有诗情画意,自然增强了感染人的力量。

从上面两例可以看出,以景衬情,可以营造一种氛围,在哀的氛围中愈显其哀,在乐的氛围中愈见其乐。

但是,有的时候,人的情感与特定的景物色彩并不是一致的,这也无妨衬托的构成,其效果仍然显著。例如:

> 雄关漫道真如铁,
> 而今迈步从头越。
> 从头越,
> 苍山如海,
> 残阳如血。
>
> (毛泽东《忆秦娥·娄山关》)

这是词的下阕,描写红军经过血战突破天险娄山关,向遵义大进军的情景。主旨是"雄关漫道真如铁,而今迈步从头越",后两句则是写景。这一苍凉悲壮的景色,暗示了情势的严重,斗争的艰苦。它反衬出诗人必胜的信心和顽强的意志,革命的乐观主义精神跃然纸上。又如:

> 早春的天空分外美丽。那淡蓝色的无限开阔的空间,全给灿烂的日光占有了。鸟雀们拼命向云天钻飞,去迎接从遥远的地方随同大雁一同来临的春天。
>
> ……
>
> 多好的春天呵!
>
> 然而,这一切,对于现在坐在历史研究所当院的一百多人来说,却是无关和多余的。没有一个人有心抬起头,去感受一下早春的天空。
>
> 这里又要揪人了! (冯骥才《啊!》)

多么美好的春景,可是人们无心、也不敢感受它的灿烂的光彩和温暖的气息,这是多么残忍的现实呵!这里,越是把早春写得灿烂明媚,越能反衬出揪斗成风的年代,人人自危,心惊胆战的惨状。

从上面两例,不难看出,景物的色调与人物的情感是不协调的,然而它能把人物的情感衬托得更鲜明、更强烈。王夫之在《姜斋诗话》里说:"以乐景写哀,以哀景写乐,一倍增其哀乐",道出了景、情反衬的艺术魅力。

3. 反义绾结,别有韵味

将意义相反的词语,以修饰限制与被修饰被限制的关系或其他结构关系绾结在一起,置于句子之中,使语意的表达别有一番韵味。例如:

第五章　情意表达讲究丰富多彩（下）

　　　他俩那点儿事儿，早就成了公开的秘密，有什么大惊小怪的？
　　　　　　　　　　　　　　　　　　　　　　　　　　（《报》）
　　　心事浩茫连广宇，
　　　于无声处听惊雷。　　　　　　　　　　　　　（鲁迅《无题》）
用"公开"修饰"秘密"，是矛盾的，然而却突出了这种"秘密"具有一种特殊的意味。在"无声处"怎么能听到"惊雷"的声音？似乎也不合情理，然而却表现出鲁迅不同一般的心理状态。这种反衬，含蓄委婉，十分蕴藉，耐人寻味。又如：
　　　宝玉道："我呢？你们也替我想一个。"宝钗笑道："你的号早
　　有了，'无事忙'三个字恰当得很。"　　　　（曹雪芹《红楼梦》）
"无事"而"忙"，这种"忙"自然是可笑的。这些意义相反的词语，巧妙地一一组合，生动地揭示出人物性格、人物行为的特点。这种衬托，使语言富有幽默感，能收到讽刺的效果。再如：
　　　现在，它已是一座"完美的"监狱，处处看得出日本人的
　　"苦心经营"。任何一个小地方，日本人都花了心血，改造又改造，
　　使任何人一看都得称赞它为残暴的结晶。在这里，日本人充分地表
　　现他们杀人艺术的造诣。是的，杀人是他们的一种艺术，正象他们
　　吃茶与插瓶花那么讲究。　　　　　　　　　（老舍《四世同堂》）
"完美"与"监狱"，"称赞"、"残暴"与"结晶"、"杀人"与"艺术"，词的意义和色彩是相互对立、相互排斥的，而作者偏要用这些给人以美感的词语，去形容、表述这些丑恶事物，在反衬中产生了嘲讽的力量。又如：
　　　陆文婷听着这些含泪的笑谈，心里很苦。她不能制止他们……
　　然而，这样伤心的笑谈又能持续多久呢？他们谈到粉碎"四
　　人帮"，谈到科学的春天到来，谈到"臭老九"变成"穷老三"，
　　谈到中年干部的疾苦，空气又沉闷起来。　　（谌容《人到中年》）
"笑谈"本是愉快欢乐的，可是这里用"含泪"、"伤心"来形容，就使它具有了不一般的意味。让人突出地感到其中饱含着多少辛酸苦辣、多少难以言表的苦楚呵！
　　这几例中的衬托，都能造成冷嘲热讽的艺术效果，以其深刻的揭露、有力的鞭笞和沉痛的控诉震撼着读者的心灵。

（三）如何恰当地运用衬托

1. 对主体和衬体要有深刻的认识
　　客观事物之间存在着对立统一的关系。正如毛泽东同志所说："真的、善的、美的东西总是在同假的、恶的、丑的东西相比较而存在，相斗争而发

展的"。我们不仅要认识这些事物的本质和特征，还要认识它们之间的对立统一的关系，才能恰当地选择衬体，使主体得到突出。如前所举，老舍先生由于把日本侵略者用残杀中国人来寻欢取乐视如"艺术"玩赏，这灭绝人性的罪恶心理分析得十分透彻，才如此巧妙地把"杀人"与"艺术"绾结在一起，构成衬托，揭露了他们的滔天罪行，鞭挞了他们的丑恶灵魂，极为有力。

2. 主体、衬体要分明

在对客观事物有了深刻认识的基础上，就要根据表达的意图，认真考虑用什么人衬托什么人，用什么事衬托什么事，用什么景衬托什么情，等等。主次一定要分明。倘若什么衬托什么，尚不清楚，主要意思（主体）当然不会得到有力的烘托，效果不会好的。

主次分明，是衬托的明显特点，它与对比的主要区别也在于此（详见"对比"辞格）。

3. 情、景衬托要得体

以景衬情，要求自然得体。就是说，若是正衬，景物所渲染的氛围与人物的感情和谐一致；倘是反衬，景物所渲染的氛围则与人物的心境、情感构成尖锐的对立。情景相衬，不论正衬还是反衬，景物是人物眼中的景物、是人物感受着的景物。这样，才能使情、景交融，才能将情烘托得更浓郁，更强烈。那种情与景油水分离的描写，是没有感染力的。

4. 要分清衬托与对偶的区别

衬托和对偶中的"反对"有相同的特点，也有不同的特点。但就形式而言，对偶讲究句式的对称、整齐，音节的和谐、优美，这方面，严对尤为突出。而衬托，只要求内容上主次分明，以次衬主，不要求形式的严整，可以说，语句的形式是较为自由松散的。

三、设问

（一）设问的特点及类型

1. 设问的特点

设问，是无疑而问。也就是说，把早有定见的问题，用疑问的句式向听、读者提问，以引起注意和思考，这种方法叫做设问。例如：

> 如果我们的党员，一生一世坐在房子里不出去，不经风雨，不见世面，这种党员，对于中国人民究竟有什么好处没有呢？一点好处也没有的，我们不需要这样的人做党员。
>
> （毛泽东《组织起来》）

其实，作者对所提出的问题，早就有了确定的见解，这里用疑问的句式提出来，让听、读者集中注意力，进行思考。接着从正面作了明确的回答：一点好处也没有。

这段话不用设问的修辞方法，也能把意思表达出来，即"这种党员，对于中国人民，一点好处也没有……"，但表达效果却不一样，设问，是在引起人们注意和思考，并急于寻求答案的时刻（虽然有时是一瞬间），马上给予回答，疑团冰释，使人们得到满足。显而易见，它能调动人们思维的主观能动性，加深印象，它是语言表达的技巧。

从设问的构成来看，它须有提问和答案两个部分组成。

2. 设问的类型

根据设问答案的显、隐不同，可分为两大类型。

（1）有问有答的形式。例如：

七拼八凑的，弄到了十块钱。谁去买呢？当然是常二爷。

（老舍《四世同堂》）

这种人闹什么东西呢？闹名誉，闹地位，闹出风头。

（毛泽东《整顿党的作风》）

上面两例都是提出答案，立即直接作答。而有的设问，提出问题，并不马上回答，要经过分析、归纳，以结论作答。例如：

又是政治标准，又是艺术标准，这两者的关系怎么样呢？政治并不等于艺术，一般的宇宙观也并不等于艺术创作和艺术批评的方法。我们不但否认抽象的绝对不变的政治标准，也否认抽象的绝对不变的艺术标准，各个阶级社会中的各个阶级都有不同的政治标准和不同的艺术标准。但是任何阶级社会中的任何阶级，总是以政治标准放在第一位，以艺术标准放在第二位的。……我们的要求则是政治和艺术的统一，内容和形式的统一，革命的政治内容和尽可能完美的艺术形式的统一。（毛泽东《在延安文艺座谈会上的讲话》）

（2）只问不答的形式。只问不答的形式，并非没有答案，而是不像前一类那样明显，需读者、听者自己归纳得出，或者经深入思考而体会作者的情思。例如：

南方的甘蔗林哪，南方的甘蔗林！
你为什么这样香甜，又为什么那样严峻？
北方的青纱帐啊，北方的青纱帐！
你为什么那样遥远，又为什么这样亲近？

（郭小川《甘蔗林——青纱帐》）

这是诗的第一节，两处设问，都未作答。答案在哪里呢？诗人用了九节诗，

◎汉语修辞艺术谈

回忆了在革命战争年代,自己和战友们在甘蔗林、青纱帐里的战斗生活、美好憧憬。他们的宝贵青春就是在这里度过的。读完全诗才会明白诗人为什么觉得甘蔗林、青纱帐"这样香甜"又"那样严峻"、"那样遥远"又"这样亲近"。又如:

> 真的猛士,敢于直面惨淡的人生,敢于正视淋漓的鲜血。这是怎样的哀痛者和幸福者? （鲁迅《记念刘和珍君》）

"这是怎样的哀痛者和幸福者",难道鲁迅不知道吗?他比谁都了解得清楚、认识得深刻,可是没有作答,以便激发读者的思考,结合全文去理解它所蕴藉的深刻的内涵,去体会所抒发的深沉的感情。

(二) 设问的修辞作用

1. 引起注意,启发思考

人是具有强烈的探求欲望的,所以对于奇异的现象、疑难的问题、新的知识等,总是有浓厚的兴趣。设问,便是在这样的基础上建立起来的。写文章或者演说,有些重要的内容或问题,不直接告诉读者或听者,而是先提个问题,自然是瞬间的事,可是,就在这一刹那,便使注意力集中起来,思维的活力调动起来,你自觉不自觉地就被说、写者所征服。请看杨朔在《荔枝蜜》里的一段描写:

> 刚去的当晚,是个阴天,偶尔倚着楼窗一望,奇怪啊,怎么楼前凭空涌起那么多黑黝黝的小山,一重一重的,起伏不断?记得楼前是一片比较平坦的园林,不是山。

写到这里,作者没有忙着把"谜底"告诉读者,而问道:"这到底是什么幻境呢?"这便激发了读者急于揭开这"谜底"的兴趣和要求,这种兴趣和要求促使读者如饥似渴地读下去。当你读到:

> 原来是满野的荔枝树,一棵连一棵,每棵的叶子都密得不透缝,黑夜看去,可不就象小山似的。

疑团顿释,感到满足的愉悦。这种强大的艺术吸引力和感染力从何而来呢?显然,作者在此恰当地运用了设问,起了很大的作用。

又如,毛泽东同志在论述"人的正确思想,只能从社会实践中来"这一观点时,也没有采用"注入式",而是用了"启发式"——设问的修辞方法:

> 人的正确思想是从哪里来的?是从天上掉下来的吗?不是。是自己头脑里固有的吗?不是。人的正确思想,只能从社会实践中来,只能从社会的生产斗争、阶级斗争和科学实验这三项实践中来。 （《人的正确思想是从哪里来的?》）

这段论述，如果改成一般的陈述，便是：

> 人的正确思想，既不是天上掉下来的，也不是自己头脑中固有的，而只能从社会实践中来，只能从……

试比较一下，哪一种更具有启发思考的力量呢？很明显，是前者。针对人们的糊涂认识，来了个总的提问，但暂不回答，又连续两次设问"是从天上掉下来的吗？不是。"否定了客观唯心主义的认识；"是自己头脑里固有的吗？不是。"又否定了主观唯心主义的认识。这时，读者的探索性思考更加活跃，到底是从哪里来的呢？急需获得回答。于是，作者适时地作了明确的解答。不难看出，读者被一个一个的问题吸引着，而思考又是一步一步地深下去。

这些例子，可以说明引起注意和启发思考，是设问辞格的主要作用。

2. 蕴含丰富，引人遐想

这种修辞作用，多见于只问不答的设问。例如：

> 云中的神啊，雾中的仙，
> 神姿仙态桂林的山！
>
> 情一样深呵，梦一样美，
> 如情似梦漓江的水！
>
> 水几重呵，山几重？
> 水绕山环桂林城……
> 是山城呵，是水城？
> 都在青山绿水中……
>
> （贺敬之《桂林山水歌》）

诗中两处用了设问，都是有问无答。"水几重呵，山几重？"诗人不是要告诉读者山、水的具体数量，而是看到桂林山重水复的景致，故意提问，让读者想象山环水绕的美景。"是山城呵，是水城？"诗人也不是要二者择一，告诉读者。而是看到桂林城在青山绿水掩映中的特色，用设问引发想象力，去想见桂林既是山城又是水城的独特风光。从两个设问句中，也不难看出诗人对桂林山水的热爱和赞美的感情。

这类设问带有含而不露的特点，它用疑问的句式唤起人们的想象，在想象中发掘所蕴含的丰富内容，进而体会到诗人的深厚情思。再看一例：

> 啊，我知道——
> 最久的

◎汉语修辞艺术谈

     最深的痛苦，
    常常是
      无声的饮泣。
  而最初的
    最大的
      欢乐，
  一定有
    甜蜜的泪水
      伴随！
  "……啊，这是怎么回事？
  这是谁？——
    是他？
      是我？
        还是你？
  ……这是在哪里？
    在我的家？
      我的街道？
    在我们自己的
      土地？……"

（贺敬之《放声歌唱》）

  其实，这一连串的问题，诗人心里"早有定见"了，之所以运用设问，就是先引起读者的注意，进而让读者发挥想象，去发掘诗句所蕴含的丰富内涵，从而在感情上引起共鸣。"啊，这是怎么回事？"先造成悬念，"这是谁？是他？是我？还是你？"并不是"非你即我"的选择，而是让读者联想到所有的人，都沉浸在幸福之中，都流出了甜蜜的泪水。"这是在哪里？"也是先造成悬念，"在我的家？我的街道？在我们自己的土地？"也并非肯定此而否定彼，而是诱导读者由小到大地展开联想和想象，从而想见祖国到处都起着翻天覆地的变化。

  3. 巧妙布置，各有功效

  人们常常根据说写的题旨、情景、对象，巧妙地安排设问，让它在不同的位置上，发挥作用。

  （1）置于篇首。设问置于篇章之首，或者当作标题，有提携篇章的作用。这种设问，往往一下就把读者的注意力吸引过来，促使思考，并且还能帮助读者领会篇章的主要内容。例如：

第五章 情意表达讲究丰富多彩（下）

　　思想和语言孰先孰后？　　　　　　　　　　　　　（标题）

　　　　断头今日意如何？
　　　　创业艰难百战多。
　　　　此去泉台招旧部，
　　　　旌旗十万斩阎罗。

　　　　　　　　　　　　　　　　　　（陈毅《梅岭三章》之一）

看到那个标题，读了这首诗，会体会到设问居篇首，既有先声夺人的作用，又有提携全篇的功效。

　　(2) 置于篇末。设问置于篇章之末，再次引人深思，有"言有尽而意无穷"的韵味。例如：

　　　　因此想到自己孩子的命运，真有些胆寒！钱世界里的生命市场存在一日，都是我们孩子的危险！都是我们孩子的侮辱！您有孩子的人呀，想想看，这是谁之罪呢？这是谁之责呢？

　　　　　　　　　　　　　　　　（朱自清《生命的价格——七毛钱》）

作者以两个设问句作为全篇的结尾，意在把读者的思考和情绪再推进一步。以加深对买卖儿童这一残酷现实的认识和激发对制造"人市场"的腐朽统治者的憎恨。如果你读过这篇文章，会体会到，文章结束了，而你的思考未停，你的愤恨的情绪仍在鼓荡着。

　　(3) 置于段间。设问置于段落之间，往往具有承上启下的作用，使表述自然、严谨。例如：

　　　　这是《左传》记载下来的、春秋战国时代晋国公子重耳在亡命途中发生的故事。

　　　　为什么会发生这样奇怪的事情？除了因为这群贵族是在亡命途中，不得不压抑着威风外，还有一个原因是……

　　　　　　　　　　　　　　　　　　　　　　　　（秦牧《土地》）

"为什么会发生这样奇怪的事情？"是紧承上面所讲的故事而发的，使两段文字衔接起来。对读者来说，经此一问，便由对这故事的注意，自然而然地转入对故事发生的原因的思考，无疑的，设问起了桥梁作用。再看看柯蓝的一篇散文：

　　　　梅枝上挂着圆圆的花苞。梅树知道冬天人间的寒冷，先送来了唯一的花枝，然后才长绿叶……

　　　　梅花是冬天最后唯一仅存的花朵？还是春天最早开放的花枝？当积雪压断枝头的时候，百花凋谢，梅花它踏着风雪来了。而当冬

◎汉语修辞艺术谈

去春来,万物复苏,百花满园的时候,梅花它却又一人先去。是追踪风雪而去呢?还是把它引来的春天留在人间?

梅花恐怕是万花之中,带着最多的心意,为别人忙碌的花枝了……

(《梅花》)

这篇散文以拟人化的方法,歌颂了"梅花"的高尚品格。其中两处用了问而不答的设问句。第二段开头的两个设问,是根据前段所写梅花在寒冬先开花,后长叶的特点提出的,既能把第一段内容加以引申,又给读者造成悬念,引起遐思。当读者由于后两个设问的诱发,想象着"梅花"引来美好的春天,又悄然而去的形象时,作者立刻推出第三段,热情赞扬了"梅花"的崇高精神,语意又进了一层,给读者的印象更为深刻,使第二、第三段在意义上紧紧联系起来。

(三) 如何恰如其分地运用设问

1. 恰如其分,不可滥用

从成功的经验来看,把需要强调的内容,用设问的方法提出来,可以引起注意和思考的兴趣,从而加深印象。那么,就需慎重设置,不可滥用。如果不分主次、轻重,一味设问,势必烦琐、拖沓,令人厌烦,反而分散注意力。

2. 深思熟虑,巧妙布置

既然设问是"无疑而问",有时还要自问自答,那么对所提问的问题以及答案,非有深刻的认识和正确的答案不可。倘若对所问的问题尚不明晰,怎么能引人注意和思考呢?另外,成功的设问,还在于巧妙的安排、布置。那就不能不从全文的布局、结构着眼。"哪儿该做重点,异峰突起,哪儿该转换议题,循序渐进,哪儿该顺势而来,适可而止,都要胸有全局,随机应变,这样运用设问,才能使行文波澜起伏,跌宕多姿,而又浑然一体。"(黄汉生主编《现代汉语》)

3. 书面语里,使用问号

说话时的设问,通过疑问语气,使人听得很清楚。而在书面语里,则须用问号(?)来表示,否则,会影响语意的表达。

四、反问

(一) 反问的特点及类型

1. 反问的特点

为了强调语意和加强语气,把一个确定了的意思,用疑问的形式表达出来,这种修辞方法就叫反问,又叫反诘。反问也是无疑无问的,不需要回答,因为"答案"就寓于问句之中。例如:

他正这样的思索，长顺又说了话：

"我想明白了：就是日本人不勒令家家安收音机，我还可以天天有生意作，那又算得了什么呢？国要亡了，几张留声机片还能救了我的命吗？我很舍不得外婆，可是事情摆在这儿，我能老为外婆活着吗？人家那些打仗的，谁又没有家，没有老人呢？人家要肯为国家卖命，我就也应当去打仗！是不是？祁先生！"

(老舍《四世同堂》)

这段话里，一连用了四个反问句。其实，长顺心里早就有了确定的意思：即使日本人砸不了他的买卖，也算不了什么；要是亡了国，几张留声机片是救不了命的；"我"不可能老为外婆活着；那些打仗的人，谁都有家，谁都有老人。很明显，长顺故意用疑问的形式说出来，既不是自己不明白，当然也无须祁先生回答，而是为了加重语气使意思得到强调。

2. 反问的类型

（1）肯定式反问。所谓肯定式反问，即肯定的意思，经反问而表达一个否定的意思。例如：

他有点怕，但是决定沉住了气。心里说："我是天字第一号的老实人，怕什么呢？"

(老舍《四世同堂》)

"累了一天，晚上得睡觉，谁有工夫听那个！"小崔这么说。

(老舍《四世同堂》)

"怕什么"、"谁有工夫听那个"，都是肯定的结构形式，意思也是肯定的。但用疑问的语气表达出来，结合上下文意，却明确表示"不怕什么"。"谁都没有工夫听那个"，这恰是否定的意思。

（2）否定式反问。所谓否定式反问，即否定的意思，经反问而表达一个肯定的意思。例如：

如果用最浓最艳的朱红，画一大朵含露乍开的童子面茶花，岂不正可以象征着祖国的面貌？

(杨朔《茶花赋》)

"天工人可代，人工天不如。"生活的真理不正是这样么！

(秦牧《花城》)

"不正可以象征着祖国的面貌"和"生活的真理不正是这样"都是否定的意思，但在各自的语言环境里，用疑问的语气构成反问，则又表达一个肯定的意思，即"正可以象征着祖国的面貌"、"生活的真理正是这样"。

（3）选择式反问。所谓选择式反问，就是一个意思同它的否定式结合起来构成反问，从中选取一个加以认定。例如：

到秦皇岛一个来回，整整一天，累的我那驴浑身湿淋淋的，顺

◎汉语修辞艺术谈

着毛往下滴汗珠——你说叫人心疼不心疼？ （杨朔《雪浪花》）

兴旺没话说了，小二黑反要问他："无故捆人犯法不犯？"

（赵树理《小二黑结婚》）

"心痛"还是"不心痛"，"犯法"还是"不犯"，其实，说话人早已确定了，是"心痛"，是"犯法"，这也是无疑无问，称为选择式反问。

（二）反问的修辞作用

1. 激发本意

人们传达自己的思想感情的方法是不同的，有时，一个确定的意思，肯定的或否定的，喜欢的或厌恶的，可以直接告诉对方，于是，双方互相沟通。但有时，说话人，并不直接把自己的定见告诉听、读者，而是提供一定的条件，用反问的形式，"逼着"听、读者去思索判断，终于接受自己的观点和感情。例如：

许多国民党人肆无忌惮地天天宣传共产党"破坏抗战"、"破坏团结"，难道尽撤河防主力，倒叫做增强抗战吗？难道进攻边区，倒叫做增强团结吗？ （毛泽东《质问国民党》）

文中两个反问句，有一个共同特点，即先讲出国民党的行为，再反问。第一句，摆出国民党"尽撤河防主力"的事实，再问："倒叫做增强抗战吗？"第二句，摆出国民党"进攻边区"的行为，再问"倒叫做增强团结吗？"这就迫使对方或读者，对这些事实和行为加以思索，判断出：这不叫增强抗战（而是削弱抗战）；这不叫增强团结（而是破坏团结）。这些就是反问句的本意，而这一本意，不是作者直接说出来的，而是激发对方或读者的思考，自然得出的结论。再看一例：

长顺呜囔着鼻子，没有好气。"这一下把我的买卖揍到了底！家家有了收音机，有钱的没钱的一样可以听大戏，谁还听我的话匣子？谁？……" （老舍《四世同堂》）

如果长顺只说"谁还能听我的话匣子？谁？"是疑问，是设问，还是反问，不明确。而他在发问之前，先摆出了许多事实，"家家有了收音机"，"有钱的没钱的一样可以听大戏"，囊括无余，人们会想：谁还再听他的话匣子呢？没有人听了。这就是长顺的本意，它是用疑问的形式激发出来的。可见，此处用了反问的修辞方法，并且收到了预期的效果。

反问能激发本意，这在读者的心理上会引起强烈的反应，即在说话人的提问面前，听话人不能不思索，而这种思索又在充分的理由和大量事实制约下，不能不得出与问话相反的结论，所以，反问的方法，具有强大的表现力和感染力。在论辩是非，反驳谬论以及质问、答疑的时候常常采用这一方法，原因就在于此。如前所举："无故捆人，犯法不犯"，既是"无故"的随便捆人，犯不犯法？捆人者，不能回答"不犯法"，而只能承认"犯法"，这便是反问的力量之所在。

2. 加强语气

本来是没有疑问，而故意发问，而且是从确定了的意思之反面发问，自然是带有强烈的情绪，它反映到反问句上，就必然使语句的语气加重，以便给人以强烈的刺激。例如：

"城外头还照常用啊！能怪我吗？"常二爷提出他的理由来。

（老舍《四世同堂》）

常二爷的语意重点在"能怪我吗？"，本意是"不能怪我"。如果这样直说，是陈述自己的看法，语气平和、舒缓。而用反问句，则反诘的语气加重增强，目的是给人以强烈的刺激，引起反思。这样强烈的语气是与常二爷受屈辱之后的激愤情绪相一致的。

有时在一段文字里，连续使用若干反问句，更容易加强语气，使行文波澜起伏。例如：

以中国最广大人民的最大利益为出发点的中国共产党人，相信自己的事业是完全合乎正义的，不惜牺牲自己个人的一切，随时准备拿出自己的生命去殉我们的事业，难道还有什么不适合人民需要的思想、观点、意见、办法，舍不得丢掉的吗？难道我们还欢迎任何政治的灰尘、政治的微生物来玷污我们的清洁的面貌和侵蚀我们的健全的肌体吗？无数革命先烈为了人民的利益牺牲了他们的生命，使我们每个活着的人想起他们就心里难过，难道我们还有什么个人利益不能牺牲，还有什么错误不能抛弃吗？

（毛泽东《论联合政府》）

文中用了三个反问句，把语气舒缓的叙述同语气强烈的反诘有机地组织起来，使这段文字语气起伏跌宕，既强调了语意，又发人深省，仿佛在这咄咄逼人的语势之下，不能不承认作者的观点。这就是连续使用反问句，给读者反复刺激的效果。

（三）如何恰当地运用反问

1. 要弄清反问同疑问、设问的区别

疑问、设问和反问都是用疑问的形式来表达语意的，但三者有显著的区别。

疑问，是有疑而问，即说话人对某些现象或问题，确实有疑，而且要求对方给予回答。例如：

◎汉语修辞艺术谈

    区长问:"你就是刘修德?"答:"是!"问:"你给刘二黑收了
  个童养媳?"答:"是!"问:"今年几岁了?"答:"属猴的,十二
  岁了。"
                (赵树理《小二黑结婚》)
区长对自己不清楚的和需要验证的问题提出来,要求对方作答。这是有疑而问,称为疑问。在日常生活中,这种语言形式是举不胜举的。

  设问和反问,都是无疑问而问,是与疑问根本不同的一点。既然无"疑"为什么还要"问"呢?从前面对许多例子的分析中,可以看出,这乃是提高语言表达效果的手段,所以,人们把疑问句放在语法范畴里加以研究,而把设问、反问放在修辞范畴里加以研究。

  设问同反问也有显著地区别,也应搞清楚。

  设问的特点,是无疑而问,就是说,说话人对所问的问题,是有定见的,为引人注意,启发思考,才故意设问。其答案不在问话之中,而在问话之外。或自问自答,或问而不答,让听、读者在上下文中归纳答案(可参看设问辞格中的例子,此处不再列举)。

  反问的特点,也是无疑而问,但答案寓于问句之中,不在问句之外,不论肯定式、否定式,还是选择式,都是如此,这和设问不同。

  另外,疑问、设问和反问,在口语里都用疑问的语气来表示。在书面语中,疑问、设问用问号表示,而反问有时用问号,有时由于反诘的语气异常强烈,往往用叹号(!)表示。弄清楚三者的区别,对正确运用设问、反问辞格以及体会它们的修辞作用都是有益处的。

  2. 运用反问辞格,必须设置一定的语言环境

  运用反问辞格,必须设置一定的语言环境,否则,反问便不能成立。例如:

    那人把酒壶夺了过去,说:"蛇本来是没有脚的,你给它添上
  脚,还成蛇吗?"
                (寓言故事《画蛇添足》)
"还成蛇吗?"是肯定式反问,答案是否定的——"不成蛇了"。这个反问的成立,是建立在"蛇本来是没有脚的,你给它添上脚"这一基础之上的。换句话说,如果没有这一语言环境,孤立地说"还成蛇吗?"不能构成反问。

    如果一篇文章,一个演说,颠来倒去,总是那几个名词,一套
  "学生腔",没有一点生动活泼的语言,这岂不是语言无味,面目
  可憎,像个瘪三吗?
               (毛泽东《反对党八股》)
先摆出党八股的弊病:"颠来倒去,总是那几个名词,一套'学生腔',没有一点生动活泼的语言",再以否定式反问,这就为作出肯定的判断——的

确语言无味、面目可憎,像个瘪三——提供了令人信服的根据。否则,这一反问,就无从说起。

> 天这么黑了,这孩子还不回来,你说急人不急人? (《报》)

这里用了选择式反问,"急人"还是"不急人"呢?说话人心里是明白的,当然"急人"。读者也能明白,因为前面已经说了"天这么黑"、"孩子还不回来"这些条件,便顺乎情理地理解说话人的心情,的确很着急。

不难看出,运用肯定式反问,须具备可以得出否定意义的语言条件;运用否定式反问,须具备可以得出肯定意义的语言条件;运用选择式反问,则须具备可以进行肯定意义选择的语言条件。假如没有这些语言条件,反问辞格就失去了存在的基础。

3. 反问和设问结合运用

为了增强语言的表现力,有时把反问和设问结合起来使用。例如:

> 我把这心思去跟一位擅长丹青的同志商量,求她画。她说:"这可是个难题,画什么呢?画点零山碎水,一人一物,都不行。再说,颜色也很难调。你就是调尽五颜六色,又怎么画得出祖国的面貌? (杨朔《茶花赋》)

其实,这段话的意思,如果直接说,就是:用一幅画,画不出祖国的面貌特色。但是,这平铺直叙的话,缺乏感染人的力量。所以,作者借画家的口,先用设问"画什么呢?",以引起读者注意和思考,接着做了否定的回答。仿佛行文至此,也就可以了。然而,作者又宕开一笔,用了一个反问句,强调出一个"难"字,意在把自己的感受——伟大祖国是何等的壮丽多姿——告诉读者,引起共鸣。又如:

> 朋友们,当你听到这段英雄事迹的时候,你的感想如何呢?你不觉得我们的战士是可爱的吗?你不以我们的祖国有着这样的英雄而自豪吗? (魏巍《谁是最可爱的人》)

先用"你的感觉如何呢?"启发读者思考,紧接着又用两个反问句让读者自己作出肯定的回答。设问,把读者的注意力吸引过来,反问,把读者的思想感情扭转过来,二者兼用,读者就不能不受到作者感情的强烈感染。这就是巧妙运用反问、设问而产生的艺术力量。

五、层递

(一) 什么叫层递

根据语句之间的意义关系,把它们由小到大,由低到高,由浅入深,由轻到重(或反之),层层递进(或递退)地排列起来,这种修辞方法叫层

◎汉语修辞艺术谈

递。例如:

一个人写党八股,如果只给自己看,那倒还不要紧。如果送给第二个人看,人数多了一倍,已属害人不浅。如果还要贴在墙上,或付油印,或登上报纸,或印成一本书,那问题可就大了,它就可以影响许多人。 (毛泽东《反对党八股》)

从整体看,这段话是以党八股危害的逐步扩大为序排列的,即只给自己看,"倒还不要紧",给第二个人看,就"害人不浅",发表出去给更多的人看,则"问题可就大了,它就可以影响许多人",逐步深入,说明党八股危害的严重性。很明显,这是以范围的逐渐扩大为顺序排列的。

不难看出,层递须具备以下几个条件:

(1) 层递要有三个或三个以上的词语或句子。

(2) 层递要求意义关系上的渐进或渐退的顺序,不要求语句结构上的相同或相似。

(3) 层递的各项在数量、程度、范围等方面,要有明显的比例差异,这样,才能显示出其递进或递退的关系。

(二) 层递的类型

按照层递各项间的意义关系,可分为两种类型:

1. 逐层推进(递进)

层递的各项按照由小到大,由浅入深,由少到多,由低到高的顺序排列,使语意一层一层的推进。例如:

不懂就是不懂,不要装懂。不要摆官僚架子。钻进去,几个月,一年两年,三年五年,总可以学会的。

(毛泽东《论人民民主专政》)

例中的层递,是按时间长度由短到长的顺序排列的。说明不懂需要学习,学习需要时间,不论多少时间,总会学会的,不能"不懂装懂"。

不平还是改造的引线,但必须先改造了自己,再改造社会,改造世界;万不可单是不平。

(鲁迅《热风·随感录六十二·恨恨而死》)

"先改造自己,再改造社会,改造世界"这是范围的由小到大逐步扩大而构成的层递。

2. 逐层退缩(递退)

层递的各项按照由大到小,由深到浅,由高到低,由多到少的顺序排列,使语意一步步退缩。例如:

我们死去的若干万数的党员,若干千数的干部和几十个最好的

— 210 —

领袖遗留给我们的精神,也就是这些东西。

(毛泽东《为争取千百万群众进入抗日民族统一战线而斗争》)

从数量关系来看,"若干万"、"若干千"、"几十个"是由多到少逐层退缩的。

革命的动力,有无产阶级,有农民阶级,还有其他阶级中一切愿意反帝反封建的人,他们都是反帝反封建的革命力量。

(毛泽东《青年运动的方向》)

如果从在革命中的地位和作用的角度来看,"无产阶级"、"农民阶级"、"其他阶级……的人",是按由重到轻的顺序排列的。

(三)层递的作用

1. 使语意逐步加深

层递中的各项,是按照它们之间的逻辑关系排列的,或递进,或递退,依序推演下去,语意也就一层深似一层,给人以深刻的感受。例如:

自从有了左翼文坛以来,理论家曾经犯过错误,作家之中,也不但如苏汶先生所说,有"左而不作"的,并且还有由左而右,甚至于化为民族主义文学的小卒,书坊的老板,敌党的探子的,然而这些讨厌左翼文坛了的文学家所遗留下的左翼文坛,却依然存在,不但存在,还在发展,克服自己的坏处,向文艺这神圣之地进军。

(鲁迅《南腔北调集·论"第三种人"》)

由"左而不作"到"敌党的探子",这一层递是以其性质由轻到重排列的,语意不断加重,反映了左翼作家中成分复杂,斗争激烈;后面由"依然存在"到"向……进军",则是由低向高依次排列的,反映了左翼作家队伍在激烈斗争中,不断吐故纳新,越来越精干,具有强大的生命力。作者这样布置句子,突出地强调了这样的意思:问题虽然很严重,但无碍于左翼文坛的发展壮大。又如:

要紧的是举国上下都应认识到:国以民为本,民以食为天,食以粮为源。还是那一句:粮食第一!

(朱相远《对粮食第一的再认识》)

有时层递的若干项,既显示出各项之间的内在关系,又为突出主旨作了铺垫,使之脱颖而出。上一例就是从国与民、民与食、食与粮之间的互相依存关系,顺势排列,一步一步凸显出粮食的重要性,说明它是立国立民的根本这个道理。

我们现在是从事战争,我们的战争是革命战争,我们的革命战争是在中国这个半殖民地半封建的国家进行的。因此,我们不但要

◎汉语修辞艺术谈

>研究一般战争的规律，还要研究特殊的革命战争的规律，还要研究更加特殊的中国革命战争的规律。
>
>（毛泽东《中国革命战争的战略问题》）

从"不但要研究一般战争的规律"，到"还要研究特殊的革命战争的规律"，再到"还要研究更加特殊的中国革命战争的规律"，这样排列，即从大到小，由一般到个别，既显示出它们的共同特点，又显示出它们的特殊性，逐层烘托之中，强调了要"研究中国革命战争的规律"之重要意义。

2. 使感情不断强化

递进或者递退，语意一层比一层深入，而语气也随之不断加强，无论褒扬还是贬斥，情感态度表达得也会更为鲜明有力。

>主席把手抚在机窗的玻璃上，手指无声地弯动。直到飞机转了弯，奔上跑道，起在空中，在头顶上盘旋，然后向南飞去，人们还在仰着头，目光越过宝塔山的塔顶，望着南方的天空，久久地不肯离去。
>
>（方纪《挥手之间》）

从"飞机转了弯"到"然后向南飞去"，使人想像到飞机的每一个动作，都在牵动着群众的心，表达出依依难舍的深情。后面"……仰着头"到"久久不肯离去"，以人们视线转移的方位为序组织句子，表现出随着飞机的远去，人们依依难舍之情，也渐渐推向高潮。很明显，作者的高明，在于恰当地选择了人们注视飞机起飞和仰望飞机远去的过程，组成递进的句式，充分地表达了人民群众对毛主席无比深厚的感情。

寄情于景物描写，层递也是很有力的手法。例如：

>记得那次路过西长安街，我竟挪不动步——路旁的花畦里，一溜开着繁花：浓绿的叶子，淡红的朵儿，直开得成串，成团，成堆，成阵，现出一种让人目不暇接的气派来。
>
>（韩少华《"杏花村"随想》）

逐层逐层地把花儿开放得如此繁盛的景象，写得这般形象生动，不难看出，在作者的细致观察、赏玩中，充溢着多么浓厚的爱怜的情感啊。

>听说四川有一首民谣，大略是"贼来如梳，兵来如篦，官来如剃"的意思。
>
>（鲁迅《南腔北调集·谈金圣叹》）

这首民歌描写了"贼"、"兵"、"官"对百姓的敲诈、勒索，总之搜刮，一个比一个狠毒。在"如梳"、"如篦"、"如剃"生动形象的描述中，不难看出，随着"搜刮"越来越狠，百姓的怨恨之情也越来越烈。

212

（四）层递的运用

1. 要认识层递和排比的区别

层递与排比是两种不同的修辞方法。虽然层递和排比都由三个或三个以上的词组或句子组成，但却有明显的不同。排比的若干项，要求结构相同或相似，字数相当；而层递不然，只要能按照递进或递退顺序排列即可，语句并不要求有相同或相似的特点，字数也多少不拘。

2. 要辩证地看待层递中的递进和递退

层递中的递进和递退，有的时候是相对而言的。同一层递，从不同的角度看，可视为递进，也可视为递退。例如：

飞机迅速下降，二千、一千五、一千、五百米，巍峨的山影从机身旁掠过，好危险哪！　　　　　　（《为了六十一个阶级弟兄》）

如果从高度的角度看，由"二千"到"五百米"，是递退的；若从危险程度来看，则又是递进的，因为越是沿着山峦低空飞行，危险就越大。

第四节　表达——委婉含蓄

这一节将讲述双关、反语、婉曲等修辞方式。这些修辞方式，在不同的语言环境里，虽然发挥着不同作用，但是有一点是共同的，那就是委婉含蓄，让人思而得之，富有浓厚的意趣。语言交际，有时需要直截了当，但有时又需要曲折委婉地表达情意。双关、反语、婉曲等，就是行之有效的方法。

一、双关

（一）双关的特点

在特定的语言环境中，利用词语的同音性（或音近）或多义性的条件，使一句话具有双重意思，字面的意思不是作者所要表达的，而被字面意思掩盖的意思，才是作者真意之所在。这种表达的方法，就是双关。例如：

我心想，大不了你当家长，我当副家长，叫人笑我气管炎。

（郑九蝉《能媳妇》）

夜正长，路也正长，我不如忘却，不说的好罢。

（鲁迅《为了忘却的记念》）

文中的"气管炎"谐音"妻管严"，常为人们用来戏称怕老婆的人，以营造幽默风趣的效果。后例里的"夜正长，路也正长"，实际是指黑暗的社会还很长，奋斗的路还很长。前例是借助词语音同的条件构成，后例是借助词语意义条件（比如某些类似）和特殊的社会条件而构成。双关，有两层意思，表面意思和内含的意思，内含意思是真正要表达的。这就是现此而隐彼的方法。

（二）双关的类型

1. 谐音双关

利用词语声音的相同或相似的条件而构成。例如：

> 黄浦江上有座桥，
>
> 江桥腐朽已动摇。
>
> 江桥摇，
>
> 眼看要垮掉；
>
> 请指示，
>
> 是拆还是烧？
>
> （《天安门诗抄》）

诗中的"江"、"桥"、"摇"，与江青、张春桥、姚文元三人的名字里的一个字音相同或相似，因此表面说的是黄浦江上的桥，摇摇欲坠，实指"四人帮"行将垮台的样子。又如：

> 队员雷志不慎失手将酒瓶打落。摔个粉碎！当时谁也没在意。同桌的一位记者还替他解围说："没关系，碎碎平安！"可这竟成了不祥之兆。 （徐辉《长江漂流启示录》）

这里的"碎碎"，表面说的是酒瓶"摔个粉碎"，因与"岁岁"同音，而真正要说的是"岁岁平安"，图个吉利。

2. 语义双关

利用词语的多义性，构成一语两义，使人由此意联想到彼义，这就是语义双关，又叫借义双关。例如：

> 前些日子我不是回去几天吗，我亲眼看得明明白白，乡下的大姑娘小媳妇已经跟男人一样了，站在一块儿谁也不高，谁也不低了，我干吗还不回去呢？ （老舍《女店员》）

这里的"高""低"，一方面指身材的"高""矮"，又使人联想到社会地位的不高不低，暗指新社会男女平等。

3. 事物双关

所谓事物双关，就是借说眼前的现象、事件、情节，却又关涉另一现象、事件、情节，言在此而意在彼，又叫"指桑说槐"。例如：

> 根土婶正在喂鸡，发现屋里气氛不对头，猜想余望苟又出了什么馊主意。她把鸡食盆一摔，借着骂鸡，嚷了起来："你这只瘟

鸡，天都黑了，不往自己窝里钻，还满地乱窜。叫黄鼠狼叼去才好哩！"

(邓友梅《烟壶》)

根土嫂——喂鸡，骂鸡，轰鸡，咒鸡，都不是真实的意思，而是说给屋里的余望苟听的，想借此把他轰走，这就是指桑说槐。

在越剧《梁山伯与祝英台》里有一段唱词，也用了这类双关：

银心：前面到了一条河，

四九：漂来一对大白鹅。

祝：雄的就在前面走，雌的后面叫哥哥。

梁：不见二鹅来开口，哪有雌鹅叫雄鹅？

祝英台说的是眼前的物象、情景，一对大白鹅，雄雌相随，后叫前应，亲切美好。而真实的意思却是暗示给梁山伯，我们不也是这样的一对儿吗？向梁山伯亮明了自己的女儿身，吐露了爱慕情。可这书呆子并没有理解这言外之意。

(三) 双关的作用

1. 含而不露，发人深省

双关的一个重要作用，就是"意在言外，使人思而得之"。真正的意思，被掩蔽在表面意思之下，读者可以借助语境，通过联想，去了解，去揣摩真正的含义。这在特殊的社会背景中，处在特殊的场合里，表达不能直说，或不愿直说的意思，双关无疑是一种有效的方法。

在"四人帮"横行的年代，他们的倒行逆施，是不能揭露和批判的，人们敢怒而不敢直言，只好采用现此而隐彼的双关，以表达心声。例如：

神州遍地涨烽烟，莫只登楼意黯然。

惟有八亿团结紧，方见蟑螂好"可怜"。

(《天安门诗抄》)

"蟑螂"谐音"张郎"，暗指"张春桥"。诗的真正意思被字面意思所掩盖，通过同音双关，就会理解到：斗争激烈的现在，不能只是默然慨叹，只有团结起来，才能粉碎以"张春桥"为"狗头军师"的"四人帮"。这层意思，在那个年代，作者不能直说，读者只能意会。

有时人物的内心世界异常复杂，情感活动也激烈难控，又不愿或不便直言，往往用言在此而意在彼的方法，加以描绘。例如，《红楼梦》第八十九回，当黛玉听说宝玉与宝钗已经订婚，病得越发厉害，便有一段细节描写：

迟了好一会，黛玉才随便梳洗了，那眼中泪渍终是不干。又自坐了一会，叫紫娟道："你把藏香点上。"紫娟道："姑娘，你睡也没睡得几时，如何点香！不是要写经？"黛玉点点头儿。紫娟道：

◎汉语修辞艺术谈

"姑娘今日醒得太早,这会子又写经,只怕太劳神了罢。"黛玉道:"不怕,早完了早好。况且我也并不是为经,倒借着写字解解闷儿。以后你们见了我的字迹,就算见了我的面儿了。"

"不怕,早完了早好",字面上是说抄经的事,早抄完早好,实际上是绝望心理的反映,是万念俱灰,早死了早好之意。"以后你们见了我的字迹,就算见了我的面儿",是说见字如见人的意思,而实际却是"永别了"的婉辞。

这类双关意蕴极为丰富,或深刻含蓄,令人思索不尽,或弦外有音,令人回味无穷。

2. 诙谐幽默,饶有风趣

双关,不论是哪种类型,在一定的语境之中,有时会营造出诙谐幽默的情趣,使人轻松地会心一笑,或者感受冷嘲热讽的快意。例如,1937年上海日本人成立了"大道政府","大道"取《礼记》"大道之行也,天下为公"之意。可是中国的老百姓却叫它"大盗政府",谐音双关,以示贬斥、讽刺。(详见"凤凰卫视·1937双城记")又如:

电视剧《高粱红了》里有一细节:营长训斥了李春连长后,扭头走了。李春冲着营长的背影,说道:"土地爷放屁——一股神气呵!"发泄了不满,不服。而这一"发泄",又是半真半假,诙谐有趣。

许多歇后语都是由双关构成的,用以增添行文的趣味性,也是常见的。例如:

他左手朝大腿一拍:"警告爷们,爷们是老虎推磨——不听那套,对老百姓是外甥打灯笼——照舅(旧)!武工队你有能耐就施展吧,我姓侯的豁出去啦!"　　　　　　(《敌后武工队》)

"套"字面指"套牲口的套",实际是指武工队所宣传的政策和道理;"照舅"与"照旧"同音,意思是说与过去一样欺压百姓。这个家伙故意用诙谐俏皮的歇后语,一语双关,表明他满不在乎,顽抗到底。

在历史悠久,为人们喜闻乐见的对联里,也时常看到双关的身影,现举一例。清代文学家魏源11岁时,揭穿了当地一文痞抄袭他人文章的劣行。文痞非常恼火,夜里打着灯笼找到魏源,指着灯笼对魏源说:你看灯笼里面——"油蘸蜡烛,烛内一芯,芯中有火"。这明明是威胁,可魏源毫不畏惧,便对文痞说:你看灯笼外边——"纸糊灯笼,笼边多眼,眼里无珠"!反唇相讥,义正词严,文痞无奈。这是一副顶针双关对儿。闪耀着聪明智慧的光芒,充满了耐人寻味的意趣。

在报章杂志上,经常看到利用双关而拟的标题:

— 216 —

　　　　俄乌斗"气"　　　　　　　　　　　　　　　（《报》）
　　　　"菲"来横祸　　　　　　　　　　　　　　（《报》）
　　　　冰岛火山灰造成：
　　　　"灰"之不去也得去的烦恼　　　　　　　　（《报》）
　　　　"豆"你玩，"蒜"你恨，"姜"你军　　　　（《报》）
"俄乌斗'气'"的"气"，是指俄罗斯和乌克兰为天然气，闹得不可开交，又指"制气"；"菲"，指菲律宾，又指"飞"的意思；"灰"，指"火山灰"，又指"挥之不去"的意思等，都是由一个意思，关涉到另一个意思，婉转曲折，活泼有趣。上面最后一例，都是谐音双关："豆"与"逗"，"蒜"与"算"，"姜"与"将"同音，由这三种蔬菜，关涉到另外的意思。这是对张悟本之流极尽"忽悠"之能事，漫天要价、囤积居奇之行为的抨击，调侃式的幽默里充溢着有力的讽刺。

二、反语

（一）什么是反语

反语，就是说反话。不直接说出本意，而是用与本意相反的词句来表达本意。例如，"血沃中原肥劲草，寒凝大地发春华。英雄多故谋夫病，泪洒崇陵噪暮鸦。"（鲁迅《无题》）诗中的"英雄"，就是反语。不直接说"反动派的各派系的头子"，而称其为"英雄"，褒词贬用，增强了讽刺的效果。

（二）反语的类型

1. 讽刺性反语

这类反语一般说，都是用来揭露罪恶，或是抨击丑行的。例如：

　　究竟是以拯救人民为前提呢，还是以拯救战争罪犯为前提呢？按照国民党英雄好汉的《特别宣传指示》，是选择了后者……你们是"以拯救人民为前提"的大慈大悲的人们，为什么一下子又改成以拯救战犯为前提了呢？　　　　（《毛泽东选集》第四卷）

文中的"英雄好汉"、"大慈大悲的人们"，是反语，本意是指发动内战的罪大恶极的战争罪犯。冷嘲热讽，进行了有力的揭露和辛辣的讥刺。

2. 幽默性反语

有些反语并不带有讽刺的意味儿，只是为所说的话，增添诙谐风趣的色彩，使之生动活泼。例如：

　　丁四：（穿）怎样？
　　娘子：挺好，挺合身儿。

> 大妈：就怕呀，一下水就得抽一大块。
> 丁四：大妈，您专会说吉祥话儿！
>
> （老舍《龙须沟》）

丁四没有说"您专会说让人倒霉的话"，而是用它反面的意思说出来，幽默有趣，表现邻里的谈话活泼生动，亲切融洽。

（三）反语的修辞作用

1. 增强讽刺的力量

对于否定的事物，不直接用否定的语言来表述，而是用与此相反的话语去表述，甚至形容夸饰，使之与该事物构成巨大的反差，读者会领悟到作者的用意，那就是在内容与语言形式的矛盾中，所形成的嘲弄、讥讽那种辛辣的讽刺力量。例如：

> 确是有这么一种"国民党的自由主义人士"或非国民党的"自由主义人士"，他们劝告中国人民应该接受美国和国民党的"和平"，就是说，应该把帝国主义封建主义和官僚资本主义的残余当作神物供养起来，以免这几种宝贝在世界上绝了种。
>
> （《毛泽东选集》）

这里的"和平"，实际上是保存反动势力，任其卷土重来，使人民重新陷入水深火热之中；这里的"宝贝"指的是必须清除的历史垃圾。这些反语，把敌人隐藏在甜言蜜语背后的丑恶面目和险恶用心揭露出来，同时这种冷嘲热讽的笔触，让读者感到痛快淋漓。

> 假若当时我已经能够记事儿，我必会把联军的罪行写得更具体、更"伟大"、更"文明"。　　（老舍《小花朵集》）

把"联军的罪行"写得"更'文明'"、"更'伟大'"，显然是反语。在这种深刻的揭露和辛辣的讽刺里，可看出作者愤恨的感情。

有时对人物身上的落后面，或是某些缺点，也用反语给予批评，却是善意的讽刺。例如：

> 这时妇女们拿起这双鞋，这个看看，那个瞅瞅，有的冷笑，有的撇嘴。有个巧嘴妇女笑着说道："这么结实的鞋，怎舍得拿出来？"
>
> （马烽《刘胡兰传》）

二寡妇做了双底子垫的都是草纸、软得能拧成麻花的坏军鞋，可人们却故意说"结实"、"怎么舍得拿出来"，这些"反话"里包含着谴责和讽刺。

2. 增添幽默的情趣

反语的运用不一定都为冷嘲热讽，有时在特定的语境中，根据人物的性格特征，运用反语主要是为了使谈话或者行文诙谐幽趣，生动活泼。例如：

好，他不打就不打，咱给他门上埋个守门雷，明天是大年初一，叫他来个开门见喜。　　　　　　　（马烽、西戎《吕梁英雄传》）
不说"让鬼子挨炸"，而说"叫他来个开门见喜"，幽默风趣，反映了吕梁抗日英雄们必胜的信心和乐观主义精神。

最后张腊月无可奈何地笑骂道："我现在才认识你，你是个顶坏顶坏的女人啊！"她们俩人，虽说只相处了一天，可她们的友情是那么诚挚深厚……　　　　　　　（王汶石《新结识的伙伴》）
"顶坏顶坏的女人"并非本意，而是亲密朋友之间，开玩笑的话，活泼俏皮地表现了亲昵的感情。

（四）反语与双关的区别

反语和双关都有两层意思，即字面意思和真实意思（本意），但二者却有明显的不同。反语的字面意思与本意恰恰相反，而双关的本意，是字面话语所掩盖的所关涉的意思，包括人、事、物等，不一定是相反的关系。

三、婉曲

（一）婉曲的特点

不直接把本意和盘托出，而用委婉曲折的话语，烘托、暗示出来，"意在言外，使人思而得之"这种修辞方法叫婉曲。例如，本意是说："你光棍儿一条，无牵无挂"。可是说话人不这样直露，而要增加谈话的风趣，便说：

你当然不怕，吃饱了，连屋里的小板凳都不饿。他可是一大家子人哩。　　　　　　　（郑贤亮《河的子孙》）
"连屋里的小板凳都不饿"是光棍儿一人，没有牵挂的婉曲说法。又如："'史无前例'的逆风吹白了鬓发，我早已不再年青了。"这里也是不直言本意——"文化大革命"带来的政治磨难，而用"史无前例的逆风"委婉地表达出来。

（二）婉曲的类型

1. 委婉型

不直接说出本意，而用一种婉转含蓄的说法，让读者悟出其表达的本意。例如：

但他们有时候很固执，我有时候也不耐烦，这便用着叱责了，叱责了还不行，不由自主地，我的沉重的手掌便到他们身上了。于是哭的哭，坐的坐，局面才算定了。　　　　（《朱自清作品欣赏》）
这里不直接说"打孩子"，而用"沉重的手掌便到他们身上了"这个与打人

◎汉语修辞艺术谈

相关的动作来烘托此事，这是委婉的说法。又如：

> 她气鼓鼓的，当着众人的面，忘了姑娘家的娇羞，把搭在胸前的黑黑的辫子往后一甩，对我说：
> "听话，别哭啦。到了我的那一天，保证叫你来压轿！"
> （刘成章《压轿》）

秦娟虽在情急之中，也没有直说"到了我结婚的那一天"，而说"到了我的那一天"，婉转含蓄，符合姑娘难为情的心态。

2. 曲折型

不言本意，而是通过对与此相关的事物的描绘，把本意烘托出来。例如：

> 这平日里不显山，不露水，感情深沉的女人，此刻，那清亮的丹凤眼湿润了。她一把将二猛拉起，道："走，回家，欢欢心里想念着你呵！"
> （谭谈《山道弯弯》）

"她"不好意思，也不便直说自己深爱着"二猛"，而是拐了个弯儿，说自己的孩子"欢欢""想念着你呵"，这是曲折的表达。又如：

> 他走着，走着，路灯一盏一盏的亮了。他走着，走着，路灯又一盏一盏的灭了。
> （茹志鹃《丢了舵的小船》）

如果直说"他从白天走到黑夜，又从黑夜走到白天"，不免过于干瘪直露。而像文中所写，走到"路灯一盏一盏的亮了"，天黑了；又走到"路灯一盏一盏的灭了"，天亮了。借助对路灯明灭的描绘，读者想出"他"不停地"走"的状态，含蓄有味儿。

3. 避讳型

在语言表达中，有一些内容，或不能直说，或不宜直说，或不愿直说，往往采用回避掩饰的方式，即以与此相关的词语来表示，这就是避讳。避讳，也是委婉含蓄的表达方法，应属婉曲。例如：

> 尤氏道："你冷眼瞧瞧媳妇是怎么样？"凤姐儿低了半日头，说道："这实在没法儿了。你也该将一应的后事用的东西给他料理料理，冲一冲也好。"尤氏道："我也叫人暗暗的预备了。就是那件东西不得好木头，暂且漫漫的办罢。"
> （曹雪芹《红楼梦》）

对话中，不说"丧事"而说"后事"，不说"棺材"而说"后事用的东西"、"那件东西"，对这些忌讳的事物，用别的词语代替，是有意避讳。又如：

> 现在我写这篇小文便十分痛苦。所以我不愿称这篇小文是对他的悼念，而是为他到鲁迅安息的那个世界送行。在鲁迅先生身边安

息吧，萧军同志！　　　　　　　（刘绍棠《为萧军同志送行》）

我们的传统观念里，对自己尊敬的崇拜的人物去世，忌讳说"死"。以为说"死"，是不亲、不敬，甚至不吉利。因此，创造了许许多多的词语，进行曲折委婉地表达，以回避"死"字。上例中的"为他到鲁迅安息的那个世界送行"、"在鲁迅先生身边安息吧"，都是避讳的修辞方法。

委婉型、曲折型、避讳型，都是不直言本意，而是用相关的词语，或相关的事物的描绘，曲折婉转地把本意表达出来，引人深思，耐人寻味。

（三）婉曲的修辞作用

1. 含而不露，令人思而得之

有的时候，所要表达的内容，不愿直说，或不宜直说，而还要让对方明白，只好用婉曲的方法，提供必要的语言条件，引导别人去品味、去思索，从而心照不宣，意味深长。

这么多年过去了，她秀丽的容貌竟然没有多大变化，只是眼角和额上添了些岁月流逝的痕迹。　　　　（吕雷《火红的云霞》）

江古利被老伴儿戏弄得火起，吼道："谁和你嘻嘻哈哈？别儿戏似的！不嫁闺女，先添个外孙，你就鲜啦！"老伴骇然了。

（赵本夫《进城》）

女人最怕别人说自己"老"，而脸上的皱纹是"老"的明显的表征。所以换用一种婉转的说法，即"添了些岁月流逝的痕迹"，含而不露，但可想见，很得体。后一例，"不嫁闺女，先添个外孙"，说白了就是"未婚先孕"、"私生子"之类的意思。但是不能这样直说，只好用婉转的方法，避免难堪，避免尴尬。又如：

老妇人见阿弟瞪着细眼凝想，同时又搔头皮，知道有下文，愕然问："他谈什么？他看见他们那个的么？"　　　（叶圣陶《夜》）

"那个"指"被枪毙"，老妇人为儿子揪心、害怕，想问又不敢问让她撕心裂肺的结果，只好用"那个"回避过强的刺激。

2. 幽默讽刺，增添趣味性

曲折委婉地表达本意，打破了常规的表达，令人耳目一新，通过联想和想象，去理解本意，读者会获得许多愉悦。就此而言，婉曲之法，可使行文增添情趣。例如：

王茂林果真到王媛的学校去了，在那里"交涉"了足足三个小时。如果说这一百八十分钟有任何收获的话，那就是使他总算明白了学校——虽然是全市最好的重点学校——亦非圣地，那里的官

◎汉语修辞艺术谈

员们,打太极拳的功夫至少同其他地方的官员们一样好。

(陈冲《会计今年四十七》)

这是用"打太极拳的功夫"作比构成的婉曲,在生动活泼的描述中,对"官员们"扯皮、推托,"你急他不急"的低效率工作态度和作风,进行了辛辣的讽刺。

　　他老婆别的本事没有,地里活和家里的针线都做不到人前头,生娃子却不甘落后。一下生了五个,一个比一个大两岁,叫挨肩儿娃子。那女人常说:"越是怕,狼来吓,就怕有,一那个就有了。"一干人就打趣逗她:"那你就别那个了。"她却不听劝告,仍然"那个"。

(张宇《小偷和书记》)

文中的"那个",是指夫妻房事,难以直言。说者含而不露,听者明明白白,读者会感到活泼有趣。

第六章 结合运用，功效倍增

第一节 什么叫"结合运用"

自古及今的诗人、作家，在写作中运用辞格时，大体上有两种用法：

一种是，单独运用一个辞格来描述一件事物，或表达一个思想。例如，"中国只任虎狼侵食，谁也不管。"（鲁迅《无花的蔷薇之二》）在这句话中，作者以"虎狼"比喻帝国主义，这里以"比喻"这一辞格来描述社会现象。又如"白发空垂三千丈"（辛弃疾《贺新郎》）这里以"夸张"这一辞格来表达诗人的愁思。

另一种是，将两个或数个辞格结合起来运用。例如，"向您问好！白渡桥，我的钢铁的兄弟……"（芦芒《外滩，玫瑰色的早晨》）诗人怀着对新时代的上海外滩的赞美心情，向白渡桥问好，称它为"我的……兄弟"，这样，在这句中就结合运用了"呼告"和"拟人"两个辞格。又如，"每一个人在人类智慧的长河旁边，都不过像一只饮河的鼹鼠。在知识的大森林里面，都不过像一只栖于一枝的鹪鹩。"（秦牧《社稷坛抒情》）作者以"长河"比喻人类发展的历史，以"森林"比喻人类知识的宝库。这两个"比喻"形象地说明了人类知识的丰富和历史的悠久。同时，又以另外两个"比喻"（每一个人像一只"饮河的鼹鼠"、"栖于一枝的鹪鹩"）来作对比，更显示了人类社会整体的伟大、浩瀚。所以，在这段话中，作者结合运用了"比喻"和"对比"两个辞格。再如《红楼梦》中的刘姥姥说道："嗳，我也是知道艰难的，但俗话说的：'瘦死的骆驼比马大'呢，凭他怎样，你老拔根寒毛比我们的腰还粗哩！"刘姥姥进贾府求助，那位当家的凤姐却向她叹苦叫穷，说什么"大有大的艰难"，刘姥姥对此做了暗藏机锋而又很有分寸的回答。在这段答话中，作者结合运用"比喻"、"引用"、"对比"、"夸张"等辞格，既写出了刘姥姥的老于世故、巧于辞令、又借刘姥姥之口，形象地揭示了贫富悬殊的社会现象。

这里所说的辞格的"结合运用"，就是指的上述后一种用法。

◎汉语修辞艺术谈

有些修辞学著作，把这种用法称作辞格的"综合运用"。但是，从词义上来看，"综合运用"应是指的多种辞格综合在一起，如果是两个辞格相结合，就不能叫"综合运用"。而"结合运用"，既可以是两个辞格的结合，也可以是多个辞格的结合。所以，当我们在说明"两个或数个辞格"相结合的修辞现象时，以"结合运用"作为学术用语，似比"综合运用"更为准确、妥当。

在解释辞格的"结合运用"时，必须说明两点：

第一，在一首诗或一段文字中，虽然含有两个或数个辞格，但是如果它们不是共同描述一个事物，而是分别描述两个或数个事物，那么，这并不是辞格的"结合运用"。例如，"榴花红似火，稻穗笑弯了腰。"在这句诗中，前句的"红似火"这一"比喻"是形容榴花的；后句的"笑弯了腰"这一"拟人"，是修饰稻穗的。这两个辞格各自表达了一个独立的意思，因此，它们是被分别运用，而不是"结合运用"。又如："说时迟，那时快，薛霸的棍恰举起来，只见树背后雷鸣也似一声，那条铁禅杖飞将来，把这水火棍一隔，丢去九霄云外……"（施耐庵《水浒传》）这里的"雷鸣也似一声"，是用"比喻"这一辞格来描写鲁智深的吼声突然爆发，洪亮震耳；"丢去九霄云外"，是用"夸张"这一辞格来描写薛霸的水火棍被击脱手而飞出老远。这两个辞格，也是分别运用，而不是"结合运用"。

第二，有的"比喻"，其本身就兼有"夸张"的作用。例如，"这个黑大汉象一座铁塔"中的"象一座铁塔"，既是"比喻"，又是"夸张"。又如"（太尉）看身上时，寒栗子比馉饳儿大小……"（施耐庵《水浒传》第一回）说身上的"寒栗子"（鸡皮疙瘩）象"馉饳儿"（一种面果）那么大，既是"比喻"，又是"夸张"。像这一类是不是辞格的"结合运用"呢？也不是。因为，这两例都是通过"比喻"来达到"夸张"的目的，每例都只含有"比喻"这一辞格（尽管"比喻"中含着"夸张"之意，但它仍然只是一个辞格），而不是"比喻"和"夸张"两个辞格的"结合运用"。

总之，辞格的"结合运用"，就是这样一种修辞方法：把两个以上的辞格结合在一起，来共同描述一件事物，表达一个思想。

第二节 "结合运用"的形式

把两个以上的辞格结合在一起，便构成了辞格的复合形式。由于结合的方式、程度和范围等的不同，这种复合形式又可具体分为融合式、组合式和混合式三种。

一、融合式

融合式的特点是：两个或数个辞格，在内容上紧密地交织在一起，有机地融合成一个具有统一意义的修辞复合体。举例说明如下：

忽听窗外沙沙声，
梦中猛惊起，
疑是亿万珍珠落起。

（远千里《夜闻雨声》）

诗人在睡梦中听得窗外雨声，猛然惊起倾听，恍惚觉得是亿万颗珍珠落到地上。"亿万珍珠"四字中包含着"夸张"和"比喻"两个辞格。这两个辞格融合成一体，既描绘了一片雨声，又表达了久旱盼雨的诗人在听到雨声后所产生的惊喜心情。

上例的两个辞格包含在同一句诗中，因此，它们的融为一体是不言而喻的。下面的例子，则是两个辞格分在两句中，但它们之间仍然有着融合的关系：

在那文明的年月，北京的道路一致是灰沙三尺，恰似香炉。

（老舍《正红旗下》）

说道路上的灰沙有三尺厚，这是"夸张"；说道路好似香炉，这是"比喻"。这两个辞格所体现的内容是一致的，因为正是由于道路"灰沙三尺"，才会"恰似香炉"。在这里，"夸张"是"比喻"的前提，"比喻"是"夸张"的补充，两者融合成一个完整的意思，极其形象地写出了旧北京道路严重失修的情况，从而有力地讽刺了"那文明的年月"的不文明。

再看下面两例：

他朝起从楼上外望，迷迷茫茫的，象一张洁白的绒毡儿将大地裹着；大地怕寒便整个儿缩在毡里去了。　　（朱自清《别》）

作者通过小说中主人公"他"的眼睛来描写雪景。在后两句中，结合运用了"比喻"（把地上积雪比作一张白绒毡）和"拟人"（把大地人格化，说它因怕冷而缩在雪毡里）两个辞格，绘出了一幅别致的雪景图，并借此展示了主人公纯洁的心灵和凄清的心情。绒毡裹着大地，大地缩在毡里——很明显，这两个辞格所体现的内容，是互为表里，融为一体的。

且说武松请到四家邻舍，并王婆和嫂嫂，共是六人。武松掇条凳子，却坐在横头，便叫士兵把前后门关了。那后面士兵，自来筛

◎ 汉语修辞艺术谈

酒……前后共吃了七杯酒过。众人却似吃了吕太后一千个筵宴。

（施耐庵《水浒传》）

在这段文字的最后一句中，包含着"比喻"（"众人却似吃了……"）、"夸张"（"一千个筵宴"）和"引用"（"吕太后"的"筵宴"，即西汉初期刘邦死后，吕后在一次筵宴中企图杀死刘邦长子齐王刘肥的故事）三个辞格。这三个辞格融合于一句话中，简练而深刻地描绘出众人看到武松满脸杀气而忐忑不安的心情，以及他们在筵席上度时如年的感觉。当然，这一句话中的三个辞格，更是融合无间、密不可分。

上引四例，都是不同的辞格相融合。除此以外，还有两个或数个同一种辞格的融合，如数个"比喻"相融合，或数个"夸张"的辞格相融合。例如：

那溅着的水花，晶莹而多芒；远望去，象一朵朵小小的白梅，微雨似的纷纷落着。　　　　（朱自清《温州的踪迹·绿》）

瀑布撞击岩石，水花四溅。那晶莹的水花像一朵朵"白梅"，而这些"白梅"又像"微雨"似地纷纷落下去。作者以"白梅"比喻"水花"，又以"微雨"比喻"白梅"，实际上这两个连环着的"比喻"都是形容水花的，两个"比喻"融合成一个整体，写出了温州仙岩梅雨潭瀑布的美丽景色。

天上也是皎洁无比的蔚蓝色，只有几片薄纱似的轻云，平贴于空中，就如一个女郎，穿了绝美的蓝色夏衣，而颈间却围绕了一段绝细绝轻的白纱巾。　　　　（郑振铎《海燕》）

在这段文字中，一连运用了好几个"比喻"：把蓝色的天空，比作"女郎"穿了"蓝色夏衣"，而把"几片薄纱似的轻云"，比作女郎颈间的"白纱巾"。"薄纱似的轻云"，这本身也是"比喻"。作者把这几个异常新颖的"比喻"融合在一起，组成了一幅绝妙的图画，描绘出了一碧晴空的无比清丽。

黑云压城城欲摧。　　　　（李贺《雁门太守行》）

这句在现代文章中经常被引用的诗句，是唐代诗人李贺的名句。在这句诗中，诗人连用了两个"夸张"的辞格，来描写戍守雁门关的将士启关出征时的赫赫军威。"黑云压城"，这是夸张骑兵疾驰时尘土骤起，那浓重的黑色尘云无比沉重，直压城头；"城欲摧"，是夸张城头禁不住黑云的重压，似乎快被压塌了。这两个"夸张"之间，通过因果关系（由于"黑云压城"，因此"城欲摧"，前者是因，后者是果）融合在一起，产生了强烈的艺术感染力，使人在这短短七个字中，感受到了千军万马奔驰于塞外沙场的浩大声势。

　　　　老张的手是结实的手，
　　　　皮肉磨成硬骨头；
　　　　老张的手是粗大的手，
　　　　千斤重担举过头。
　　　　这双手，
　　　　火烧千遍不见黑，
　　　　万斤铁锤打不断，
　　　　……

　　　　　　　　　　　　　　　　（严阵《老张的手》）

在这几句诗里，诗人连用数个"夸张"的辞格，来描写老张的手。这几个"夸张"体现了同一个内容，都是形容老张的手结实有力，所以它们之间是融合的关系。

二、组合式

　　组合式的特点是：数个辞格在结构上组合在一起，构成一个具有完整形式的修辞复合体。一般来说，其中总有一个或两个辞格是章句上的辞格（如"排比"、"对偶"、"反复"等）。这种章句上的辞格，本身并不体现具体的内容，但它可以把别的辞格组合起来，构成整齐的或对称的形式。举例说明如下：

　　　　大理花多，多得园艺家定不出名字来称呼。大理花艳，艳得美
　　术家调不出颜色来点染。大理花娇，娇得文学家想不出诗句来描
　　绘。大理花香，香得外来人一到这苍山下，洱海边，顿觉飘飘然不
　　酒而醉。　　　　　　　　　　（曹靖华《点苍山下金花娇》）

这段文字中的四句是排句，每句中都含有一个"夸张"的辞格。本来，这四个"夸张"各自独立表达一个意义，分别形容大理花的"多"、"艳"、"娇"、"香"。现在，作者用"排比"把它们组合在一起，构成了一个形式整齐的修辞复合体，从而生动地描绘了苍山洱海、繁花似锦的景色，创造了一个娇艳馥郁、令人陶醉的美的境界。

　　　　茫茫的宇宙，冷酷如铁！
　　　　茫茫的宇宙，黑暗如漆！
　　　　茫茫的宇宙，腥秽如血！

　　　　　　　　　　　　　　　　（郭沫若《凤凰涅槃》）

诗人借凤的歌声来揭露旧世界中的黑暗污秽、血腥冷酷。这里，三句排句的前半句都是"茫茫的宇宙"，这是运用了"反复"的辞格。每句的后半句，

◎汉语修辞艺术谈

各含一个"比喻"。因此,在这三句中,诗人通过"反复"和"排比"把三个"比喻"组合在一起,构成了形式上统一、整齐而艺术感染力极强的修辞复合体。

以上两例,都是"排比"(或"反复"与"排比")和别的辞格相组合。下面两例,则是"对偶"和别的辞格相组合:

砖上面,是星,月,彩霞,
黎明轻抚着它,用玫瑰色的手掌,
砖下面,是泥,沙,土壤,
大地搂抱着它,用温热的胸膛。

(张廊《方砖赋》)

在这首诗中,诗人深情地歌唱了天安门广场上的方砖。上引两句诗是对句,上句把"黎明"人格化,下句把"大地"人格化。也就是说,诗人通过"对偶"把两个"拟人"的辞格组合在一起,构成一个对称、优美的修辞复合体,使天安门广场上的方砖具有了浓郁的诗情画意。

东海船如山,
贵州山似船,
多少船梯土哟,
——迭金块!
多少船梯田哟,
——架银台!

(张克《贵州的山》)

上引四句诗是两对对句。前面一对对句中,包含"船如山"和"山似船"两个"比喻"。后面一对对句中,也包含两个"比喻":把梯土比作金块,把梯田比作银台。这样,诗人通过"对偶"把几个"比喻"组合成一个整齐、对称的修辞复合体,巧妙地赞美了贵州山岭的众多和富饶。

三、混合式

混合式的特点是:在一个由多种辞格结合而成的修辞复合体中,既有融合式,又有组合式,两者混合在一起。举例说明如下:

新主义宣传者是放火人么,也须别人有精神的燃料,才会着火;是弹琴人么,别人的心上也须有弦索,才会出声;是发生器么,别人也必须是发生器,才会共鸣。

(鲁迅《随感录五十九·"圣武"》)

作者在这段文字中,形象而深刻地阐明了他关于宣传新主义必须与国情相结合的精湛见解。文中有三句排比。每句中包含一组"比喻":第一句以"放火人"、"燃料"、"着火"来比喻宣传工作;第二句以"弹琴人"、"弦索"、"出声"来比喻;第三句以"发生器"、"共鸣"来比喻。每一句内的各个"比喻",在内容上融为一体。同时,作者又通过"排比"把这三句组合成一个修辞复合体。也就是说,在这段文字中的各个辞格之间,既有融合的关系,又有组合的结构,因而是一种混合式的修辞复合体。

> ……(鲁达)扑的一拳,正打在(郑屠的)鼻子上,打得鲜血迸流,鼻子歪在半边,却便似开了个油酱铺,咸的、酸的、辣的,一发都滚出来……提起拳头来就眼眶际眉梢只一拳,打得眼棱缝裂,乌珠迸出,也似开了个彩帛铺的,红的、黑的、绛的,都绽将出来……又只一拳,太阳上正着,却似做了一个全堂水陆的道场,磬儿、钹儿、铙儿,一齐响。 (施耐庵《水浒传》)

嫉恶如仇的鲁提辖,三拳打死号称镇关西的恶霸郑屠。上文中三个分句,正是描写这著名的三拳。这三个分句,中间虽有其他词句间隔,但还是排比。作者通过"排比"把这三句组合在一起。而每句中包含的"排比"(如"咸的、酸的、辣的","红的、黑的、绛的","磬儿、钵儿、铙儿")以及"比喻"、"借代"、"双关"等辞格之间,则有着融合的关系。

> 十五的月亮,照在家乡,照在边关;
> 宁静的夜晚,我也思念,你也思念。
> ……
> 丰收果里,有你的甘甜,也有我的甘甜;
> 军功章啊,有我的一半,也有你的一半,
> ……
> 祖国昌盛,有你的贡献,也有我的贡献;
> 万家团圆,是我的心愿,也是你的心愿。
>
> (石祥《十五的月亮》歌词)

这首歌词辞句优美,意境深邃。上引的六句,是三对对句;后两对的对仗更为工整。在这六句的每一句中,都包含着两个以上的辞格,它们在内容上融为一体。例如,第一句的"照在家乡,照在边关",也含着"对比"、"示现"、"反复"三个辞格。第二句的"我也思念,你也思念",包含着"对比"、"示现"、"反复"三个辞格。因此,每一句中的各个辞格之间有着融合的关系。作者又通过"对偶"把它们组合在一起。这样,每一对对句就兼有融合式和组合式的特点,构成了混合式的修辞复合体。

◎汉语修辞艺术谈

第三节 "结合运用"的功效

　　一般地说，写作中运用辞格（即使是运用一个辞格），总是可以使作品的语言生动、形象鲜明，从而收到较好的修辞效果。但是，比较地看，结合运用两个或数个辞格而形成的辞格的复合体，由于它包含了比单个辞格更为丰富的内容，因此，其修辞效果就更为显著。

　　说到修辞效果，人们常爱举宋代女词人李清照《如梦令》中的"应是绿肥红瘦"句作为例子，认为女词人早晨醒来，想起院中海棠经过昨夜风雨的摧残，一定是花朵凋谢殆尽，枝头只剩下绿叶；但是，她不说"花少叶多"，而说"绿肥红瘦"，以"绿"借代海棠叶，以"红"借代海棠花，这样，就使词句色彩鲜明，产生了很好的修辞效果。这个意见是对的，但还只说了一半。其实，"绿肥红瘦"四字中，除了运用"借代"的辞格外，还运用了"对比"的辞格，将"绿肥"与"红瘦"相对比。正是由于"借代"和"对比"的结合运用，才使这"花"与"叶"各自的特色异常鲜明、突出，诗句也更加优美感人。

　　再以前面引述的《十五的月亮》为例，那"对偶"、"对比"、"反复"、"示现"等几个辞格的结合运用，使这首歌词具有了对称美、和谐美，也具有了美的旋律和节奏，增强了作品的艺术感染力，从而充分显示了辞格的复合形式所具有的突出的修辞效果。

　　再举一例：

　　　　我遇到了许多的眼睛，都异样地睁得很大：这里虽然有悲痛，但也有钢铁似的冷光；有忿怒，但也有成仁取义的圣哲的坚强；有憎恨，有焦灼，然而也有"余及汝偕亡"的激昂。

　　　　　　　　　　　　　　　　　（茅盾《炮火的洗礼》）

这段文字，生动地描写了"八·一三"事件后上海街头行人眼光中所蕴含的、对日本侵略者的愤怒感情和誓死抗敌的坚强意志。这段的后面三句是排比（末句的句式稍有变化），每句中分别含有"比喻"（"钢铁似的冷光"、"圣哲的坚强"）和"引用"（"余及汝偕亡"）等辞格。这些辞格本来各自独立，现在，作者通过"排比"把它们结合在一起，构成修辞复合体，从而产生了一种整齐的形式美和谐协的节奏感，使文章的修辞效果显著增强，令人在语调铿锵和气势磅礴的辞句中，看到了中国人民同仇敌忾的爱国精神和马革裹尸的战斗决心。

　　辞格的"结合运用"所产生的这种修辞效果，不仅可以加强作品的艺

第六章　结合运用，功效倍增

术感染力，而且可使作品的题旨和作者的思想感情得到充分、恰当、有效的表达，使作品所描写的人和事更有特色、更具深度。因此，辞格的"结合运用"还具有突出的文学功用。这种文学功用，主要表现在下面几个方面：

一、刻画人物的性格

通过"结合运用"来描写人物，不仅可以写得生动、形象，而且可以深刻地刻画出人物的性格。例如：

> 阿Q要画圆圈了，那手捏着笔却只是抖……他生怕被人笑话，立志要画得圆，但这可恶的笔不但很沉重，并且不听话，刚刚一抖一抖的几乎要合缝，却又向外一耸，画成瓜子模样了。
>
> （鲁迅《阿Q正传》）

被判死刑的阿Q，当他在供词上画押时，还在按照他的"精神胜利法"行事——立志要画的圆。当捏笔的手发抖而画不圆时，他不怪自己不会执笔，却责怪笔"很沉重"（这是"夸张"）、"不听话"（这是"拟人"）；他不怪自己画不圆，却责怪笔"向外一耸"（这是"拟人"），画成了"瓜子模样"（这是"比喻"）。这些辞格，都是描写阿Q画圆圈这一动作以及他的心理活动，因此它们之间是一种融合的关系。这样，作者通过"夸张"、"比喻"、"比拟"等辞格的结合运用，入木三分地刻画了阿Q愚蠢、糊涂、麻木不仁又很自负的性格和精神状态。

> 只有大姐的婆婆认为她既不俊美，也不伶俐，并且时常讥诮："你爸爸不过是三两银子的马甲！"
> ……
> 若是别人不愿意听，他便都说给我大姐，闹得大姐脑子里尽是春灯与风筝，以至耽误了正事，招得婆婆鸣炮一百零八响！
>
> （老舍《正红旗下》）

在上引的前段中，大姐的婆婆讥讽大姐的爸爸是"三两银子的马甲"。"三两银子"，是极度贬低大姐的爸爸，说他只值三两银子，所以是"夸张"；"马甲"，是"借代"领月饷的骑兵。作者在这里结合运用"夸张"和"借代"两个辞格，刻画出大姐的婆婆那一张刻薄嘴、一双势利眼。在上引的后段末句中，"鸣炮"是比喻大姐婆婆的叫嚷声、怒斥声；"一百零八响"是夸张"鸣炮"之多。也就是说，作者结合运用"比喻"和"夸张"两个辞格，巧妙地刻画出大姐的婆婆那爱挑剔、爱唠叨的性格。

◎汉语修辞艺术谈

二、揭示事物的内涵

以"结合运用"来描写事物,有时可以透过事物的现象,揭示事物的内涵。例如:

> 银杏……你这东方的圣者,你这中国人文的有生命的纪念塔,你是只有中国才有呀,一般人似乎也并不知道。
>
> ……
>
> 真的啦,陪都不是首善之区吗?但我就很少看见你的影子;为什么遍街都是洋槐,满园都是幽加里树呢? (郭沫若《银杏》)

这篇散文,写于抗日战争时期的重庆。上引两段文字之间,隔着一些段落,但是,这两段在修辞上却有着密切的关系。后段中的"你的影子",这个"你",就是前段中的"银杏"。把这两段联系起来,就可看出:作者通过"呼告"、"拟人"、"比喻"、"设问"、"双关"、"对比"等多种辞格的结合运用,借助对银杏的赞美,在歌颂祖国悠久历史和灿烂文化的同时,深刻有力地揭露和讽刺了当时充斥于重庆的那种忘记了中国的文明和尊严,一味媚外崇外的洋奴思想。

> 至于我们穷旗兵们,虽然好歹地还有点铁杆庄稼,可是已经觉得脖子上仿佛有根绳子越勒越紧! (老舍《正红旗下》)

"铁杆庄稼",是比喻骑兵每月稳到手的饷银;越勒越紧的"绳子",是比喻旗兵的日子越来越不妙。两个"比喻"之间,有着对比的关系。作者通过结合运用"比喻"和"对比"两个辞格,不仅揭示出旗兵们这种坐享其成的好日子不长了,也勾勒出了清王朝末年那日落西山、气息奄奄的景象。

三、抒发丰富的感情

当以"结合运用"这种修辞方法来写作诗歌或抒情散文时,往往能以十分简洁的文字,抒发极其丰富的感情。例如:

> 在这薄霭和微漪里,听着那悠然的间歇的桨声,谁能不被引入他的美梦去呢?只愁梦太多了,这些大小船儿如何载得起呀?
>
> (朱自清《桨声灯影里的秦淮河》)

作者与友人乘游艇徜徉在南京秦淮河上,那悠然的桨声,把他引入了对金陵古都、秦淮胜地的历史的回忆和现实的思考中去。这里,作者运用了"通感"这一方法,从听觉变为思忆,又以梦来"比喻"思忆。那秦淮的历史是如此悠久,那人生的现实是如此纷繁,因而人们的"美梦"(回忆和思索)必然多得不可胜数;只怕这些梦太多太重,以致河上的大小船儿也载不起它！这里，作者运用了感觉"转化"方式（有些修辞学著作把这归入"通感"辞格），把抽象的梦（思忆）转化成有分量的东西，并加以"夸张"。所以，在这段文字中，作者结合运用了"通感"、"夸张"、"比喻"、"设问"等多种辞格，充分抒发了他怀古思今的丰富感情。

> 二十年呵，我献给她的太少，太少，
> 而她，却给我以诗人的热情，战士的无畏！
> 她用暴雪，激励我攀登的勇气，
> 她用狂风，吹动我生命的帆樯。
> 戈壁红柳，告诉我坚韧而不卑微，
> 雪山劲松，教育我坚强而不献媚，
> 绿洲白杨，启示我团结而不孤傲，
> 冰峰雪莲，诱导我纯洁而不自美……
>
> （周涛《天山南北》）

诗人以深厚的感情歌颂"她"——祖国的边陲新疆。在前段中，把新疆人格化；在后段中，把红柳、劲松、白杨、雪莲人格化。前段的后两句是对句，后段的四句是排比。诗人正是通过结合运用"对偶"、"排比"、"拟人"等辞格，充分表达了自己对祖国边陲的热爱，并生动地记录下自己从"天山南北"的大自然中所得到的富有哲理意味的感受。

四、创造动人的意境

以"结合运用"这种修辞方法来创作文学作品，往往可以创造出优美动人的意境。例如：

> 夜更深，山更幽，月儿害羞，
> 谁奏起了动人心弦的夜曲？
> 是船头上那位年轻的水手啊，
> 轻把橹，山歌如泉顺水流！
>
> （虎子《九澧船夫曲·小夜曲》）

云中掩映的明月，好像一个怕羞的少女，偷窥着船头上年轻的水手，倾听他舒展美妙的歌喉。在这里，诗人结合运用了"拟人"、"设问"、"比喻"等辞格，把情和景交融在一起，创造了异常优美的意境。

> （王小玉）唱了十数句之后，渐渐的越长越高，忽然拔了一个尖儿，象一线钢丝抛入天际，不禁暗暗叫绝。那知她于那极高的地方，尚能回环转折。几啭之后，又高一层，接连有三四叠，节节高起。恍如由傲来峰西面攀登泰山的景象：初看傲来峰削壁千仞，以

◎汉语修辞艺术谈

为上与天通;以至翻到傲来峰顶,才见扇子崖更在傲来峰上;及至翻到扇子崖,又见南天门更在扇子崖上;愈翻愈险,愈险愈奇。

(刘鹗《老残游记》)

在这段文字中,作者结合运用了"比喻"、"夸张"和"层递"等辞格,把大明湖畔歌女王小玉的美妙歌声,描写得淋漓尽致;而且也写出了作者自己听歌时的感受和想象。这样,作者通过辞格的"结合运用",创造了一个优美的意境,使读者仿佛也亲耳聆听到那婉转动人的歌声而产生"愈险愈奇"的遐思。

五、渲染事物的景色

通过辞格的"结合运用"来描写景物,可以多方面、多层次地渲染景和物的形象和环境,加强艺术效果。例如:

好!黄山松,我大声为你呼好,
谁有你挺的硬,扎的稳,站的高;
九万里雷霆,八千里风暴,
劈不歪,砍不动,轰不倒! (张万舒《黄山松》)

在这几句诗中,诗人结合运用了"呼告"、"反问"、"夸张","排比"和"对偶"等多种辞格,以渲染的艺术手法,歌颂了黄山青松的挺拔、坚强、刚毅和无畏。

雪浪万里,
惊涛万里,
鼓角万里,
风雷万里,
直奔大海,
不回头,
白昼黑夜,
无止休!
摇醒
一片片土地,
跨越
一重重峡谷,
汇合
一条条水系…… (沙白《大江东去》)

在这一段中,诗人结合运用了"排比"、"夸张"、"比喻"、"拟人"等辞格,描写了千古不息奔流及其激动人心的波涛声,渲染和烘托出了大江的雄伟、壮美、浩荡和磅礴的气势。

除了上述各点而外,辞格的"结合运用"还具有讽刺、含蓄、铺陈、精练等文学功用,不再一一举例。

综上所述,可以看出,辞格的"结合运用"是一种效果显著的修辞方法。它与文学有着密切的关系。因此,我们必须结合文学作品来分析和研究这种修辞方法。另一方面,对这种修辞方法的研究和使用,无疑也有助于我们更好地欣赏和研究文学作品,更好地进行文学创作。

◎汉语修辞艺术谈

后　记

　　《汉语修辞艺术谈》是为大学非中文专业学生学习汉语而编写的一部教材。本教材得到中国人民大学"985"工程的支持，即将出版，这是一件很有意义的事情，在此谨致谢意。

　　在全世界掀起学习汉语热的当今，中国大学生提高汉语修养的必要性与重要性是不言而喻的。可是汉语是浩瀚无边的大海，在有限的课时内，讲授什么内容，怎么讲授才能收到理想的效果，这是一个难题。

　　在多年的教学实践中，我们发现非中文专业的学生，虽然具有了一定的语言表达能力，但也存在不少问题，如遣词造句平淡乏味，选用句式死板单一，表情达意直露浅薄等，反映出不少人的语文修养和驾驭语言的能力有待提升。面对这样的现实，我们确定以现代汉语的"修辞"作为讲授的内容，因为"修辞"就其实质而言，就是研究如何提高语言的表现力和感染力的一门学问。这正是非中文专业学生急待学习的语言知识。

　　"修辞"的内容也是极为丰富的，如何取舍也很重要。我们本着"少而精"的原则，设计了以下几个方面的内容：

　　　　锤炼语句，讲求"三性"、"三美"
　　　　选用句式，讲求"灵活多变"
　　　　情意表达，讲究丰富多彩

　　讲授这些内容，让学生首先树立起这样的观念，遣词造句，进行表达，不能只停步于"语句通顺、意思明白"这样的要求，还要追求"好与美"的境界。一个意思，可以用不同的语言形式来表达，我们应该选择那个最好、最美的，使我们的语言表达具有强大的表现力和感染力，让人爱读、爱听、乐意接受你所传递的信息。

　　语言表达活动，是一个人综合素质的集中体现。因此，本教材许多时候从正反两个方面举例，加以对比说明，力避抽象的干巴巴的理论说教。"修辞"带有综合性特点，属边缘学科。分析修辞现象，自然要从语句构想的思维过程入手。这就关涉到文学、史学、心理学、美学等学科的知识。这种多层次、多角度的分析，让学生对于修辞活动有一个全面的、立体的了解和

— 236 —

后　记

认识。这样，对提高学生的语言表达能力和语言的鉴赏能力是有益处的。有了鉴赏能力，就会在阅读中汲取更多的营养，来丰富自己，提高驾驭语言的能力。

"大学汉语"的教学，始终提倡和鼓励"将知识转化为能力"的学习风气。怎么转化，唯一有效的途径就是"语言实践"——多写多说。于是，激发了学生写作的热情。不设题目，不限文体，观察领悟，有感而发。有散文、小说、诗歌、论文等。日前出版的《"798"一角有架琴》就是其中的一小部分优秀之作。

大学非中文专业学生的汉语教学，应引起足够的关注，因为学生的未来需要，社会的发展需要。我们应为提高学生的语言表达能力和语言鉴赏能力而努力。

本教材的编写和出版，得到业内人士及同窗好友的热情鼓励和大力支持。蔡华同、王捷二位专家，将他们富有创新性的研究成果"修辞格的结合运用"，并入书中，使教材内容完整起来，令人感动。该书的出版，也是对王捷女士在天之灵的最好慰藉。

本教材的出版得到中国人民大学，特别是文学院的领导和老师们精神的激励和物质的支援。

中国传媒大学路宝君教授，不仅对书稿提出许多宝贵意见和建议，还欣然为之作序。资深的经验丰富的付友梅老师，不仅对书稿精心推敲、增删，还补充了不少典型例句，使书的内容更加丰富。

中国人民公安大学出版社及中国人民公安大学唐永德教授都为本书的出版付出了许多许多。

上述领导和朋友们为本书的编写和出版，给予了大力支持，付出了许多宝贵的时间和精力，在此表示衷心的感谢。

限于水平，书中疏漏和错误之处，在所难免，欢迎专家学者和广大读者批评指正。

王漫宇

2015·5·15